深圳律师实务丛书

医疗美容机构
合规执业实务

主　编　彭建军
副主编　刘藕英

PRACTICAL GUIDE TO COMPLIANCE IN
MEDICAL COSMETOLOGY INSTITUTIONS

法律出版社
LAW PRESS · CHINA
北京

图书在版编目（CIP）数据

医疗美容机构合规执业实务 / 彭建军主编 ；刘藕英副主编. -- 北京 ：法律出版社，2025. --（深圳律师实务丛书）. -- ISBN 978-7-5244-0361-6

Ⅰ. D922.164

中国国家版本馆 CIP 数据核字第 20257X4M49 号

医疗美容机构合规执业实务
YILIAO MEIRONG JIGOU HEGUI ZHIYE SHIWU

彭建军 主 编
刘藕英 副主编

策划编辑 朱铁佳
责任编辑 朱铁佳
装帧设计 鲍龙卉

出版发行 法律出版社
编辑统筹 司法实务出版分社
责任校对 裴 黎
责任印制 胡晓雅
经　　销 新华书店

开本 710 毫米×1000 毫米 1/16
印张 19　**字数** 300 千
版本 2025 年 8 月第 1 版
印次 2025 年 8 月第 1 次印刷
印刷 三河市龙大印装有限公司

地址：北京市丰台区莲花池西里 7 号（100073）
网址：www.lawpress.com.cn
投稿邮箱：info@lawpress.com.cn
举报盗版邮箱：jbwq@lawpress.com.cn

销售电话：010-83938349
客服电话：010-83938350
咨询电话：010-63939796

书号：ISBN 978-7-5244-0361-6
定价：72.00 元

凡购买本社图书，如有印装错误，我社负责退换。电话：010-83938349

深圳律师实务丛书
编　委　会

本 书 编 委 会

主　　　编：彭建军

副 主 编：刘藕英

编写组成员：黄淳芝　彭　程　李　纯

回归专业　潜心钻研
促进高质量发展

斗转星移，继往开来。深圳市律师协会自2012年启动“深圳律师实务丛书”（以下简称丛书）出版工作以来，至今已出版实务专著48部，内容涵盖诸多专业领域，全面展现了深圳律师业务的研究成果和实务经验，已成为深圳市律师协会推进行业专业化建设的品牌项目。

鼓励和引导律师著书立说是深圳市律师协会推动律师专业化的一项长期性的重点工作。丛书旨在充分发挥深圳市律师协会的业务指导作用，通过鼓励深圳律师和深圳市律师协会各专业委员会撰写实务专著，可以有效提升律师业务水平，增强律师业务能力，保证律师服务质量，以专业引领和成果共享助推深圳律师行业高质量发展。

本套丛书凝集着深圳律师的心血与经验，展现了深圳律师的专业水平。本套丛书在律师业务的众多领域，汇集了深圳律师的业务成果，总结了深圳律师的执业经验，体现了深圳律师的专业能力，彰显了深圳律师的职业精神。这一本本专著必将成为深圳律师专业化发展史上一颗颗璀璨的明珠，永远镶嵌在深圳律师专业化发展的史册上。

2023年是全面贯彻落实党的二十大精神的开局之年，深圳律师要深学细悟笃行党的二十大精神，让党的二十大精神在深圳律师行业落地生花，要以习近平法治思想为指引，大兴专业研究之风，切实回归专业，潜心研究，深挖专业和实务问题，以高品质的法律服务保障行业的高质量发展。开展业务和实务研究不能脱离实际，必须密切关注经济社会发展和法治建设，聚焦其中的热点、难点、堵点问题，深入开展有针对性的研究，进而提出应用对策与实践指引，也期待深圳律师能输出更多的法律实务研究成果，并能形成专著与同行共享，这本身也是律师业务领域的一种先行示范。

希望本套丛书成为广大实习人员、执业律师期待、必备的好工具，也希望未来能够出版更多、更好的供律师们学习提高、掌握律师实务知识与技能的好专著！

张　斌

深圳市律师协会会长

2023 年 1 月 9 日

前　言

“医疗美容”作为一种新兴行业，受到越来越多的人，尤其是青年、中年人的青睐。人们需要美、追求美的热情也空前高涨，医疗美容深受爱美者的追捧。深圳，作为中国最早的经济特区、新兴一线城市、中国特色社会主义先行示范区，也正在努力打造“医美之都”。

随着医疗美容的普及，医疗美容行业得到了迅速的发展。但医疗美容行为仍然是一种医疗行为，医疗美容必然伴随医疗行为本身所固有的风险。很多商业机构介入医疗美容市场，使行业间的发展水平参差不齐，导致医疗美容实际效果与个人期望值不相等同，从而引发了不少医疗损害或消费者权益纠纷。笔者根据十几年来作为医疗美容机构法律顾问的经验，并对代理的相关医疗美容侵权或消费纠纷案件进行总结，发现绝大多数医美机构因缺乏合规执业指导或法律风险管理而出现很多完全可以规避的法律风险，以至于在医疗美容纠纷诉讼中常处于被动或不利地位。医疗美容行业的健康发展离不开法律、法规的保驾护航，而让医疗美容行业的从业人员知晓、掌握与医疗美容有关的法律法规，进而在医疗美容执业活动中依法依规开展执业活动，对如今高速发展的医疗美容行业更具有十分重要的现实意义。为此，加强医疗美容机构合规建设，掌握适当的合规执业指引，防范执业风险，成为当今医疗美容机构合法合规执业的必要前提，亦是笔者写作此书的目的。

本书着重介绍了关于医疗美容机构合规执业及相关法律风险防控的法律法规及案例实务。本书共分为三篇，第一篇是总论；第二篇是医疗美容机构合规执业管理，主要从机构设置、从业人员、医疗器械及药事、医务管理、运营（营销及服务）、投融资、财税、新技术应用及行政、刑事责任风险防范等角度，结合法律规定、法律风险管理等要求对医疗美容机构进行全方位、全流程逐一论述；第三篇是案例，精选了中国裁判文书网部分涉及医疗美容的民事、刑事、行政案例及笔者承办的部分案件进行分析，使读者能结合实际对相关法律风险进行防控。本书最后的二维码是本书附录部分，主要收录了医疗美容机构常用医疗服务合同、病历范本，扫码可见，供广大读者参考使用。

本书内容全面、新颖，深入浅出，注重法律规定和临床实践相结合。在编写过程中，首先，注重内容，本书以医疗美容有关的法律法规为依据，尤其援引了《民法典》相关规定，详细阐述了与医疗美容有关的风险防控的研究内容；其次，编者力图将与医疗美容有关的法律法规的主要内容和临床实践主要环节的风险防控内容进行全覆盖，还以附录形式收录了医疗美容机构执业中常用的医疗文书范本，真正实现“一本在手，执业无忧”！本书既可供医疗美容投资机构、从业机构及其从业人员学习使用，也可供与医疗美容机构相关的培训机构、其他专科医疗机构从业人员、从事医疗纠纷防控研究的法律工作者及学生参考阅读。

由于编者水平有限，书中若存在疏漏和不足之处，敬请广大读者批评指正。

彭建军

2025 年 5 月

目　录

第一篇　总　　论

第二篇　医疗美容机构合规执业管理

第三篇　案　　例

第一篇

总　论

第一章 概 述

第一节 医疗机构的定义与分类

一、医疗机构的定义

广义而论,医疗机构是指依法定程序设立的,专门从事疾病诊断和治疗活动的卫生机构的总称。具体而言,依据我国《医疗机构管理条例》的规定,医疗机构是指以救死扶伤、防病治病、为公民的健康服务为宗旨,从事疾病诊断、治疗活动,并经依法登记,取得医疗机构执业许可证的医院、卫生院、疗养院、门诊部、诊所、卫生所(室)以及急救站等机构。医疗机构是医疗产业链的主体,是实现医疗服务的关键部分。

一般来讲,医疗美容机构包括医疗执业许可证执业范围仅为医疗美容类的相对独立的专科性质医疗机构和综合性医疗机构内设的医疗美容科室。

二、医疗机构的分类

根据医疗服务功能、区域等分类,医疗机构可分为十四大类,分别是:(1)综合医院、中医医院、中西医结合医院、民族医医院、专科医院、康复医院;(2)妇幼保健院、妇幼保健计划生育服务中心;(3)社区卫生服务中心、社区卫生服务站;(4)中心卫生院、乡(镇)卫生院、街道卫生院;(5)疗养院;(6)综合门诊部、专科门诊部、中医门诊部、中西医结合门诊部、民族医门诊部;(7)诊所、中医诊所、民族医诊所、卫生所、医务室、卫生保健所、卫生站;(8)村卫生室(所);(9)急救中心、急救站;(10)临床检验中心;(11)专科疾病防治院、专科疾病防治所、专科疾病防治站;(12)护理院、护理站;(13)医学检验实验室、病理诊断中心、医学影像诊断中心、血液透析中心、安宁疗护中心;(14)其他诊疗机构。

根据医疗机构投资主体属性分类,医疗机构可分为:公立医疗机构,即由政府投资或控股的医疗机构;民营医疗机构,即主要由民营资本投资控股的医疗机构。从投资主体来源又可以分为内资医疗机构、外资医疗机构、中外合资医疗机构等。

根据经营目的、营利性质分类,医疗机构可分为非营利性医疗机构和营利性医疗机构。

另外,根据原卫生部于1989年发布的《医院分级管理办法(试行)》之规定,医疗机构(一般指综合医院)按功能、任务不同又划分为一、二、三级。各级医疗机构经过评审,按照医院分级管理标准确定为甲、乙、丙三等,三级医院增设特等,共三级十等。

第二节　医疗美容与生活美容

随着我国社会经济的不断发展,以及人民群众生活水平的不断提高,公众对形体、形象的期待和要求越来越高。美容,因其可以改善人体外表,提高生活质量,逐渐受到大众的青睐。目前,依美容方式以及风险程度不同,可以区分为医疗美容和生活美容。

一、医疗美容概述

根据我国2016年修订的《医疗美容服务管理办法》的规定,医疗美容的定义为“运用手术、药物、医疗器械以及其他具有创伤性或者侵入性的医学技术方法对人的容貌和人体各部位形态进行的修复与再塑”。另外,在2017年修正的《医疗机构管理条例实施细则》中,将医疗美容定义为“使用药物以及手术、物理和其他损伤性或者侵入性手段进行的美容”。两种表述虽略有差别,但可以看出,医疗美容行为的基本特征可以归纳为“创伤性(损伤性)

及侵入性”，其实质属于医疗行为，从事该种行为的机构应当依法取得医疗执业许可证并获批相应的诊疗科目，相关从业人员应当具备相应的医师或护理等医疗从业资质。

二、生活美容概述

生活美容由我国商务部于2004年发布的《美容美发业管理暂行办法》进行规制，其中对生活美容的定义为“运用手法技术、器械设备并借助化妆、美容护肤等产品，为消费者提供人体表面无创伤性、非侵入性的皮肤清洁、皮肤保养、化妆修饰等服务的经营性行为”。其中，核心要素是“无创伤性、非侵入性”，主要目的是控制其可能对人体产生的风险，保障求美者的人身安全。生活美容常见机构为美容院、美容美体中心等，相对而言，其只需取得市场监督管理部门的营业执照，相关从业人员取得卫生部门的健康证并具有一定的技能即可。

三、医疗美容与生活美容的区分

在卫生健康主管部门组织的执法实践中，常见的违法行为就是美容院等生活美容机构未取得医疗机构执业许可证而开展医疗美容服务，且很多违法行为当事人往往并不知道其行为已经超越了生活美容的范围。可见，区分生活美容与医疗美容，有现实的必要性。

首先，从法律规定的定义分析，其核心要素主要是美容行为是否具有“创伤性（损伤性）”和“侵入性”。如具备创伤性（损伤性）或侵入性，则属于医疗美容；如不具备创伤性（损伤性）或侵入性，则归入生活美容。

当然，实践中有些美容项目，可能创伤（损伤）或侵入的特征并不明显，需要结合其他学科知识，认真甄别和判断。例如，美容项目中常见的“脱毛”“祛斑”究竟属于生活美容，还是医疗美容，就值得研究。在我国《化妆品监督管理条例》中，对于特殊化妆品的定义为“用于染发、烫发、祛斑美白、防晒、防脱发的化妆品以及宣称新功效的化妆品”。也就是说，具有“祛斑”功能的，不仅是药品，也可能是用于生活美容的化妆品。另外，在《医疗美容项目分级管理目录》中，采用激光或其他光（电磁波）治疗脱毛，属于医疗美容[“①激光治疗：包括除皱、消除皮肤松弛、脱毛、磨削，去瘢痕，去文身和文眉，去除色素性皮损，治疗血管性疾病所致皮肤异常，治疗皮肤增生物；②强脉冲光(IPL)治疗:包括除皱、消除皮肤松弛、脱毛、针对色素性皮损和血管性疾病所致皮肤异常的 IPL 治疗,皮肤瘢痕 IPL 治疗。”]。因此,“脱毛”“祛斑”有可能是生活美容,也有可能是医疗美容。那么,对此如何进行区分呢?关键在于其采用的美容手段是否具有创伤性和侵入性?如果使用化妆品进行“脱毛”“祛斑”,其风险较小,则应该属于生活美容;如果采用药品或特定器械进行“脱毛”“祛斑”,其风险较大,具有创伤性和侵入性,则应当归于医疗美容。

其次,从美容行为的方法、性质分析,要看是否采用了医学手段。如果运用了手术、医疗器械及药物等医学技术方法,如采用各种辅助检查、实验室检查、服用或输注药品、安装医疗器械、进行手术操作、有创操作等,则属于医学手段,具体实施人员应当接受过系统的训练并取得相应的从业资质,才能够完成这些专业工作,同时,这些医学手段都可以溯源到医学教材或诊疗规范、指南,是医学专业知识长期积累、反复论证所形成的智力成果。如果操作不当,将可能产生损害求美者身体健康的严重后果。那么,这无疑属于医学美容的范畴。反之,如果不采用医学手段,仅是运用手法技术、器械设备并借助化妆、美容护肤等产品,为消费者提供皮肤清洁、皮肤保养、化妆修饰等服务,如帮助求美者贴敷面膜,就应当归属于生活美容。

当然,单纯从采取医学手段而论,诊疗活动是指“对疾病作出判断和消除疾病、缓解病情、减轻痛苦、改善功能、延长生命、帮助患者恢复健康”,这些目的可以归纳、概括为诊断或治疗。而医疗美容的求美者,并非因病求医,大部分医疗美容的求美者身体健康,因此,医疗美容的目的与诊疗活动既有联系,也有重要区别。如果是修复,与诊疗活动更接近,如果是再塑,则是正常形态的重新塑造。

最后,从美容行为的主观目的或消费者的需求分析,要看是为了皮肤清洁、保养或化妆修饰还是对人的容貌或人体各部位形态进行修复与再塑。

生活美容的目的,往往仅是皮肤清洁、保养或化妆修饰,不会有一些创伤性或侵入性的、涉及诊疗的行为。而进行医疗美容的目的,则是对人的容貌和人体各部位形态进行修复与再塑。

在此有必要说明,医疗美容培训机构因培训目的而进行的学员之间相互注射的行为,一般不认为是通常意义上的医疗美容。根据《医疗机构管理条例实施细则》第 88 条第 2 款、第 3 款和《医疗美容服务管理办法》第 2 条的规定,美容培训机构学员之间相互注射的行为,不属于诊疗活动或医疗美容行为,也不应当认定为非法行医。另外,在其他科目如外科、口腔科、眼科、皮肤科、中医科等相关临床学科中,在疾病治疗过程中也会涉及相关医疗美容项目,但因其优先具有疾病治疗的目的,故一般也不纳入医疗美容的监管范畴。医疗美容与生活美容的区别见表1-1。

表1-1 医疗美容与生活美容的区别

对比项	医疗美容	生活美容
定义	运用手术、药物、医疗器械以及其他具有创伤性或者侵入性的医学技术方法对人的容貌和人体各部位形态进行的修复与再塑	运用手法技术、器械设备并借助化妆、美容护肤等产品,为消费者提供人体表面无创伤性、非侵入性的皮肤清洁、皮肤保养、化妆修饰等服务的经营性行为
方法及手段	符合国家标准的各类药物、手术(包括外科手术和激光等治疗),以及符合国家标准的各类医疗器械,如激光、光子治疗(光子嫩肤)等	符合国家标准的各类化妆品、保健品和非医疗用器材,如运动器材、按摩器材等
学科组成	医疗美容目前主要分为以下四科:美容外科、美容牙科、美容皮肤科、美容中医科	法律法规暂未对生活美容进行分类,通常认为包括形象设计、化妆技巧、发型设计及理发、皮肤护理、美体塑身、SPA等
从业人员资格	必须经卫生健康主管部门核定并办理执业注册手续	无行业准入标准。美容师职业资格证仅作为美容行业技能水平的评定
经营场所	具有医疗机构执业许可证的医疗美容机构	各类美容美发店、美容院、美容中心、养生馆、美甲美睫店等
行政管理	市场监管部门及卫生健康主管部门、中医药管理部门	市场监管部门
许可资质	设置医疗机构批准书、医疗机构执业许可证	公共场所卫生许可证

第二章 医疗美容法律关系

第一节 医疗美容法律关系概述

一、医疗美容法律关系的概念和特征

法律关系,是以法律规范为基础形成的、以法律权利与法律义务为内容的社会关系。作为社会关系中特殊的一种,法律关系具有三个明显的特征:第一,法律关系是以法律规范为基础形成的社会关系,并不是所有的社会关系都需要由法律调整,如恋爱关系、好意施惠关系,通常不需要也不适宜由法律调整,所以这些就不是法律关系。第二,法律关系是法律主体之间的社会关系,并不是所有的人都能成为法律主体,也不是所有的法律主体都是人。第三,法律关系是以权利和义务关系为内容的社会关系。这是法律行为区别于道德习惯、宗教信仰等社会关系最主要的区别。

医疗美容法律关系,是指在医疗美容机构及其医务人员提供医疗美容服务,对求美者的容貌和人体部位进行修复和再塑的过程中,形成的以权利义务关系为内容的社会关系。医疗美容法律关系是以医疗法律规范为基础形成的,以医疗美容机构和求美者之间的权利义务关系为内容的社会关系。具体而言,医疗美容法律关系具有以下特征。

(一)医疗美容法律关系主体地位平等

民事法律关系区别于其他法律关系最本质的特征就是民法调整的是平

等主体之间的人身和财产关系。民法基本原则之一的平等原则，是指民事主体的法律地位平等，各自享有独立的人格，在民事法律关系中地位平等，互不隶属，能够各自独立地表达自己的意志，并对自己的行为负责。平等原则在民事法律关系中体现在民事权利能力平等、民事主体地位平等和民事权益平等地受法律保护这三个方面。在医疗美容法律关系中，医疗美容机构和求美者的法律地位是平等的，求美者可以根据自己的意愿选择医疗美容机构和医疗美容措施，而医疗美容机构也有权拒绝求美者不合理的服务要求。双方均能独立表达自己的意志，并对各自的行为负责，二者互不隶属。

（二）医疗美容法律关系遵循自愿原则

医疗美容合同的内容是根据求美者和医疗美容机构双方真实有效的意思表示而成立的，体现当事人的意志。这也是民事法律关系的基本原则——自愿原则。在民事活动中，民事主体根据自己的意志，行使自己的民事权利，参与民事法律关系，国家不应对民事法律关系过多地进行干预，并且民事主体之间可以协商设立、变更或者终止民事法律关系。当事人的意志优先于任意性法律规范。医疗美容法律关系正是双方达成合意而发生的，是在意思表示一致的基础上形成的，是医疗美容双方主体意思自治的体现。

（三）医疗美容法律关系的责任承担具有补偿性

医疗美容法律关系中的当事人地位平等，因此，其中一方不能惩罚另一方，惩罚只能适用于不平等主体之间的法律关系，如行政法律关系和刑事法律关系，且是通过国家强制力对相对方进行惩罚。在医疗美容法律关系中，如果求美者受到损害，其不能直接私自对医疗美容机构进行惩罚，只能向有关司法机关提出赔偿的诉讼请求，且范围主要限于对其所受到的损失进行补偿。

医疗美容机构和求美者双方在法律地位上属于平等的民事主体，并且是在双方平等自愿的前提下成立医疗美容合同，所以医疗美容法律关系应当属于民事法律关系。

二、医疗美容法律关系的种类

(一)医疗美容服务合同法律关系

医疗法律关系可以分为医疗合同关系、医疗无因管理关系和强制医疗关系这三类。医疗美容法律关系应当归属于医疗合同关系,其权利义务是求美者和医疗美容机构双方通过签订民事合同予以确定的,符合合同的法律特征,受《民法典》的调整。《民法典》第464条第1款规定,合同是民事主体之间设立、变更、终止民事法律关系的协议。

医疗美容合同是一种民事行为,是医疗美容机构和求美者双方在平等、自愿的基础上以意思表示一致为要素,并对意思表示的内容赋予法律效果,以设立、变更、终止民事权利义务为目的的民事行为。医疗美容合同的性质为服务合同。

服务合同,是指按照约定,一方当事人根据另一方的要求提供服务,并获得服务报酬的合同类型。在医疗美容合同中,医疗美容机构根据求美者的要求,提供医疗美容服务,并接受求美者支付的报酬,因此双方就形成了医疗美容服务合同关系。医疗美容服务合同不同于一般的服务合同,医疗美容是运用医疗手段直接对人体通过侵入或创伤的方式实现对美的塑造,对求美者的容貌或人体进行修复,以此来获得报酬,具有营利性。最高人民法院《民事案件案由规定》中的"服务合同纠纷"其中一类就是"医疗服务合同纠纷",这也就是说,最高人民法院明确医疗合同的性质为服务合同。那么医疗美容这种同样运用医学手段、外科操作来履行合同义务的行为,也应当属于服务合同。虽然医疗美容的目的与普通医疗行为的目的不同,医疗美容是非诊疗性的医疗行为,求美者大多为健康的正常人,没有明显的疾病体征,也不会危及生命健康,有充足的时间对医疗美容机构进行选择,对医疗美容手段进行了解,但是医疗美容从手段上看仍然具有医疗性,因此医疗美容的特殊性并不能改变其医疗行为的属性。医疗美容机构属于医疗机构,医疗美容合同属于医疗服务合同。

(二)医疗美容侵权法律关系

医疗美容侵权责任,是指在医疗美容服务中,医疗美容机构违反法律规定,没有尽到医疗美容诊疗合理的注意义务,对求美者的人身权和人格权等造成损害,或医疗美容服务未达到预期的效果,对求美者的容貌造成损害,甚至毁容和死亡,由此应当承担的侵权责任。

在医疗美容活动中,由于医疗手段的侵入性特点,如果给求美者造成损害的后果满足一定的条件,就可能形成医疗美容侵权法律关系。具体构成要件如下:(1)医疗美容机构的违法美容诊疗行为。无行为即无责任,行为是导致侵权发生的原因。如果医疗美容机构的诊疗行为和诊疗手段皆是合法、合规并且符合医疗美容诊疗常规的,即使求美者出现了损害,医疗美容机构也不应承担责任。(2)求美者有损害后果。通常求美者的损害事实包括人身损害、财产损害和精神损害。(3)医疗美容机构的违法美容诊疗行为与求美者的损害后果之间存在因果关系。因果关系,是指医疗美容机构的违法美容诊疗行为和求美者的损害之间存在引起与被引起的联系。如果求美者在医疗美容过程中未遵循医嘱而造成自身损害,医疗美容机构则不需承担侵权责任。(4)医疗美容机构具有主观过错。根据过错的理论,医疗过错分为故意和过失,其中故意又分为直接故意和间接故意,是指医疗美容机构因主观或人为因素导致求美者的损害后果。当然,如果因故意造成严重后果的,将涉嫌刑事犯罪;过失又分为一般过失和重大过失,通常,只有医疗美容机构或医务人员因重大过失导致求美者损害后果才需承担侵权责任。同时具备以上四个要件就需要承担医疗美容侵权责任。

三、医疗美容法律关系的主体

医疗美容法律关系的主体,可以简称为医疗美容法律主体,是指在医疗美容法律关系中享有权利承担义务的人。这里的"人"既可以是有生命的并具有法律人格的自然人,也可以是组织,是拟制的人,是法律赋予同自然人一样有独立的人格和意志的组织体。法律主体直接影响着法律关系的形成、变更和终止。医疗美容法律关系的主体包括医疗美容机构和求美者。

(一)医疗美容机构

1. 具备医疗美容科室的医疗机构

开办医疗机构应当取得医疗机构执业许可证。关于医疗机构的设置条件、许可或备案,我国《医疗机构管理条例》及其实施细则有明确规定,本书

第二篇第一章“医疗美容机构设置管理”中也会详细叙述。在医疗机构中设置医疗美容科室同样需要满足我国《医疗美容服务管理办法》中有关医疗设备、从业人员等的条件和要求,并在其诊疗服务范围中明确医疗美容相关科别名称。

2. 医疗美容机构

医疗美容机构,是指以开展医疗美容诊疗业务为目的,具有相应的从业人员,在卫生健康主管部门备案,具有独立承担民事责任能力的医疗机构。医疗美容机构是医疗美容法律关系的主体。因为医疗美容机构是医疗机构,所以医疗美容机构的设立也要符合医疗机构的基本条件。

除此之外,医疗美容机构的设立还要满足《医疗美容服务管理办法》第 5 条规定的设置条件。《医疗美容服务管理办法》明确了医疗美容机构的设置要符合《医疗机构基本标准(试行)》。那么医疗美容机构的设立不仅要满足医疗机构的基本条件,也要满足医疗美容机构的设立条件。

除了在机构的设置上,设置医疗美容机构比普通医疗机构更为严格外,医疗美容机构中的执业人员的从业要求也比一般的医疗人员更为严格。《医疗美容服务管理办法》第 11 条规定,负责实施医疗美容项目的主诊医师必须同时具备下列条件:(1)具有执业医师资格,经执业医师注册机关注册。(2)具有从事相关临床学科工作经历。其中,负责实施美容外科项目的应具有 6 年以上从事美容外科或整形外科等相关专业临床工作经历;负责实施美容牙科项目的应具有 5 年以上从事美容牙科或口腔科专业临床工作经历;负责实施美容中医科和美容皮肤科项目的应分别具有 3 年以上从事中医专业和皮肤病专业临床工作经历。(3)经过医疗美容专业培训或进修并合格,或已从事医疗美容临床工作 1 年以上。(4)省级人民政府卫生健康主管部门规定的其他条件。此外,从事医疗美容护理工作的人员,应同时具备下列条件:(1)具有护士资格,并经护士注册机关注册;(2)有 2 年以上护理工作经历;(3)经过医疗美容护理专业培训或进修并合格,或已从事医疗美容临床护理工作 6 个月以上。

从机构的设置到主诊医师的资质再到护理人员的资质,医疗美容机构都具有比普通医疗机构更严格的标准,只有符合医疗机构的相关规定,满足医疗美容机构的规定,且在医疗美容机构工作的医务人员也满足相应的规定,才能成为医疗美容法律关系合格的主体,否则就会构成非法行为,不能产生医疗美容法律关系。

（二）求美者

除了医疗美容机构，求美者是医疗美容法律关系的另一主体。求美者仅限于求美者本人，而不包括陪同的家属、朋友和有利害关系的人及单位。在医疗美容服务合同的履行过程中，医疗美容行为是作为医疗行为直接作用于求美者的人身的，并且在此关系中，直接享有权利和承担义务的主体就是求美者本人。可能会出现求美者不是完全行为能力人或丧失意识表达能力的情况，这时虽然作出医疗决定的是求美者的法定代理人或其他无因管理人，但根据代理的法理特征，代理人行为的法律效果直接归属于被代理人，应当是被代理人和相对人之间产生民事法律关系，因此医疗美容法律关系的主体仅限求美者本人。若求美者因医疗意外或医疗过错而死亡，其家属和利害关系人可能成为医疗美容损害赔偿的当事人，但仍不能取代求美者本人在医疗美容法律关系中的主体地位。

四、医疗美容法律关系的客体

医疗美容法律关系的客体，是指医疗美容法律关系主体享有民事权利和承担民事义务所共同指向的对象。建立民事法律关系是为了保护某种利益、获取某种利益或分配转移某种利益。因此，民事法律关系的客体是连接民事权利和民事义务的桥梁。

从罗马法以来，民事法律关系的客体是权利客体。权利客体的范围比“物”的概念的范围更为广泛，其是指权利主体所支配的各种权利的对象，除包括物外，还包括各种权利、利益和行为，其中行为包括作为和不作为。民事法律关系的客体具有以下特征：(1)利益性。民事法律关系的客体是指能满足人们利益需要的载体。民事主体享有的民事权利是为了满足自己的某种利益需要。如父母对未成年子女的权利客体是身份利益，这种利益是为了满足未成年子女的利益需要，如果没有利益需要，就不存在该种权利了。人的利益需要是多种多样的，不仅有物质利益需要，还有非物质利益需要，如精神利益需要。因此，民事法律关系的客体包括物质利益和非物质利益。(2)客观性。民事法律行为的客体是客观存在的，不以主体的意志为转移。不能客观存在的事物当然不能成为法律关系的客体。(3)法定性。哪些事物能够成为民事法律关系的客体，通常都由法律明确规定。因此，法律的变动也会导致法律关系客体的变动。（4）可支配性。民事法律关系的客体应该是人们可以支配和利用的事物，能够被人们控制的事物才适合由法律来调整，才能成为民事法律关系主体权利义务所共同指向的对象。人们控制客观事物的能力是随着科技的发展逐渐增强的，现在无法掌控的事物，将来可能会由于科学技术的创新而变得可控。

医疗美容法律关系是医疗美容法律主体之间的权利义务关系，但关于医疗美容法律关系的客体存在不同的认识。有观点认为，医疗美容法律关系的客体是医疗美容这种医疗行为本身；也有观点认为，医疗美容法律关系的客体是求美者受法律所保护的人身权益，包括生命权和健康权。但大多数观点认为，求美者在医疗美容行为过程中的人身权益，如生命健康权和对美的追求，都只是医疗美容行为的目的，是双方共同努力想要达成的目标，而不应是医疗美容法律关系的客体。在医疗美容服务合同中，医疗美容机构的义务是在保障求美者的知情同意权和自主选择权的情况下为求美者实施合适正确的医疗美容行为，同样这也是求美者的权利。这是双方权利义务所共同指向的对象，因此医疗美容行为才是医疗美容法律关系的客体。

第二节　医疗美容机构的权利和义务

一、医疗美容机构的权利

我国的医疗美容执业是以医疗美容机构执业为基础的，目前医疗美容人员不能个人执业，必须在医疗机构中执业。因此，在讨论医疗美容法律关系时涉及的医方的权利，其实也就是医疗美容机构的权利。

作为医疗美容执业主体享有的权利属于医疗美容服务法律关系主体特有的权利，其是在向求美者提供医疗美容活动过程中依法享有的权利，也是法律赋予其的在医疗美容服务活动过程中的权利。如果医疗美容机构的权利没有落实，那么其医疗美容执业活动就会遇挫，不仅难以进行医疗美容执业活动，其自身也很难生存和发展。因此，必须明确医疗美容机构作为医疗美容执业主体依法应当享有的权利，其本质就是医疗美容经营权，主要包括以下三方面的权利。

（一）开展医疗美容活动的权利

医疗美容机构在获得医疗美容执业许可之后，便有权在注册登记的执业地点、执业范围内开展医疗美容活动。开展医疗美容活动的权利是医疗美容机构的基本权利。医疗美容机构获得执业许可后，就可以发布医疗美容广告，对外宣传和招揽医疗美容业务。在具体的医疗美容服务过程中，可以在法律允许的范围内开展医疗美容活动，有权根据求美者自主选择的方式和内容实施相应的医疗美容行为。

（二）收取医疗美容服务费用的权利

在医疗美容服务市场化的当下，医疗美容服务均为收费项目，医疗美容的市场化，意味着医疗美容机构在为求美者提供医疗美容服务的同时，应当收取求美者交纳的医疗美容服务费用。按照市场等价交换的原则，如果求美者不支付医疗美容费用，医疗美容机构就有权拒绝提供服务。

医疗美容不同于普通医疗行为。普通的医疗机构，在患者生命垂危需紧急救治的情况下，即使患者无力支付医疗费用，医疗机构也不能拒绝救治，而是应当以生命为重，以救死扶伤的人道主义精神和法律规定的紧急救治义务对患者进行救治。在医疗美容的情境下，不会对求美者的生命健康权造成威胁，因此，医疗美容机构不需要承担紧急救治的义务，在求美者无力承担医疗美容费用时可以拒绝诊疗，这是医疗美容机构的权利。

（三）管理医疗美容执业人员的权利

医疗美容机构是医疗美容执业人员执业的场所，医疗美容机构为医疗美容执业人员提供了执业的平台，国家对医疗美容机构实施执业许可管理，医疗美容机构对医疗美容执业人员进行管理。医疗美容执业人员众多，卫生行政管理部门人员有限，如果医务人员都由卫生行政管理部门进行监管，势必会造成监管不到位的局面。因此，由医疗美容机构对医疗美容执业人员进行管理，医疗美容执业人员实际履行医疗美容服务的义务，而医疗美容机构收取医疗美容费用并对求美者承担相应的法律责任，并依据约定的薪资标准给医疗美容执业人员发放薪金。因此，医疗美容机构和医疗美容执业人员是管理与被管理、雇用与被雇用的关系。那么医疗美容机构当然享有管理医疗美容执业人员的权利。

二、医疗美容机构的义务

(一)美容诊疗的义务

在医疗美容法律关系中,美容诊疗义务是医疗美容机构的主要义务。根据求美者的要求,依据求美者的面部和身体特征,运用医疗美容诊疗技术,以求达到求美者对美的追求。在医疗美容过程中,如果医疗美容机构的工作人员由于过失没有尽到法定的义务或合同约定的义务,给求美者的身体健康甚至生命造成损害,那么医疗美容机构就应当承担相应的医疗美容损害赔偿责任。由此可以看出,在医疗美容行为过程中,实际效果十分重要,医疗美容机构承担着保障实际效果的义务。《医疗美容服务管理办法》中对医疗美容执业人员的资格准入要求很高,因为医疗美容执业人员不仅承担着普通医务人员保障求美者生命健康的义务,还承担着改善求美者容貌和身体外观的义务。医疗美容机构在履行美容诊疗义务时需要遵循无伤害原则。

无伤害原则在医学伦理学的基本原则中处于首要地位。无伤害原则具有两方面的含义,即消极意义和积极意义。从消极意义上说,无伤害原则是指“不为”,也就是不做伤害求美者的事;从积极意义上说,无伤害原则是指“有所为”,也就是做有益于求美者的事。因此,“无伤害”是指有所为而又不伤害。一般的医疗行为是要求医疗机构和医务人员为患者治疗疾病、缓解痛苦并不能给患者带来经济上、精神上和技术上的伤害。而医疗美容行为的追求是让原本健康的面容和身体变得更美,从而满足求美者对美认知的心理需求。也就是医疗美容行为要在满足身体健康的生理需求之上寻求对美的心理需求。因此,无论求美者如何要求,医疗美容的项目、方式如何,都不能对求美者的生命健康造成损害,要在无伤害的原则下实施医疗美容技术,而不能为满足求美者对美的心理追求而牺牲求美者的健康甚至是生命。

(二)如实告知的义务

医疗美容机构的告知和说明义务,是指在医疗美容服务过程中,涉及求美者的切身相关利益时，要如实告知求美者并取得其同意才能开展相应的医疗美容干预措施。根据《民法典》第1219条的规定，医务人员在诊疗活动中应当向求美者说明病情和医疗措施。需要实施手术、特殊检查、特殊治疗的，医务人员应当及时向求美者具体说明医疗风险、替代医疗方案等情况，并取得其明确同意；不能或者不宜向求美者说明的，应当向求美者的近亲属说明，并取得其明确同意。

在医疗美容活动中，医疗美容机构及其医务人员应该告知的内容主要有以下五个方面：(1)医疗美容机构和医务人员的基本情况、美容专长等。(2)求美者的容貌身体情况和医疗美容技术的方式和手段。(3)医疗美容措施的医疗风险、替代医疗美容方案等。(4)求美者美容治疗的药物服用、医疗美容器械的使用等。(5)医疗美容过程中出现紧急情况时，若需要更换医疗措施或医疗美容医师的，应及时进行告知。

(三)保护求美者隐私的义务

依据《医师法》第23条第3项的规定，医师在执业活动中应履行关心、爱护、尊重求美者，保护求美者的隐私。由于医疗美容活动的特点，求美者大多是对自己的容貌身体不自信所以寻求医疗美容手段的介入，因此医疗美容的项目和手段等相关情况都可能成为求美者不愿为外人知晓的隐私。求美者来医疗美容机构就医，双方应该在互相信任的基础上开展医疗美容活动，求美者基于足够的信任将自己的容貌和身体交给医疗美容医师，因此医疗美容机构及其工作人员都应当保护求美者的隐私。《民法典》也对医疗机构及其医务人员违反保密义务的后果进行了规定，如果医方泄露求美者的隐私或者未经其同意公开病历资料，造成求美者损害的，应当承担相应的侵权责任。

(四)制作和保管医疗美容病历的义务

医疗美容病历是求美者身体情况和医疗美容措施的载体，不仅具有医疗功能，同时还具有证据功能。从医疗的角度来看，从面诊到手术再到术后恢复情况，病历都是最直观的证明，有利于更好地根据求美者的情况变化进行医疗美容手段的实施和调整；从法律的角度来看，如果发生医疗美容损害纠纷，因病历是医疗美容活动各个过程的记载，所以可根据病历认定医疗美容机构是否尽到了应尽的医疗美容诊疗义务。因此医疗美容机构应当如实制作并妥善保管医疗美容病历。

《医师法》第 24 条第 1 款规定，医师实施医疗、预防、保健措施，签署有关医学证明文件，必须亲自诊查、调查，并按照规定及时填写病历等医学文书，不得隐匿、伪造、篡改或者擅自销毁病历等医学文书及有关资料。在发生医疗美容损害纠纷争议时，可以在医疗美容机构和求美者双方在场的情况下封存相关医疗美容病历。此外，《医疗机构管理条例实施细则》第 53 条也规定，医疗机构的门诊病历的保存期不得少于 15 年，住院病历的保存期不得少于 30 年。如果医疗美容机构不按时制作或妥善保管医疗美容病历，不仅会承担相应的行政责任，还有可能因推定医疗美容行为有过错而承担医疗美容损害的民事责任。

第三节　求美者的权利和义务

一、医疗美容关系中求美者的概念及特征

医疗美容求美者，是指基于个人对美的精神追求，通过医疗美容治疗手段，对正常外貌形态进行修复和再塑的群体。在医疗美容活动中，求美者和医疗美容机构是平等的民事法律主体，应充分遵循平等、自愿、诚实信用和意思自治的原则。同时，因为医疗美容本身的特殊属性，求美者与普通医疗救治的求美者存在明显的差异和区别。相对于普通医疗行为，其主要有以下三种特征。

（一）以追求人体美为目的

普通医疗行为是对患者实行救死扶伤、防病治病、恢复健康的治疗性医疗行为，但医疗美容是对无疾病求美者的正常容貌和形态进行修复和再塑的医疗行为，具有对美的精神需求，并希望以此获得社会大众的认同和赞许，符合社会大众的基本审美眼光。

（二）与心理感受密切关联

医疗美容是满足求美者心理需求的行为，求美者的心理状态对其治疗

操作和疗效的评价至关重要。在医疗美容中,求美者往往有自卑、自我封闭、缺乏自信心等心理异常,甚至出现焦虑、强迫及抑郁等精神症状,容易因一时冲动或受到他人鼓动而进行医疗美容,事后又后悔不已。

(三)与医疗美容机构关系更加平等

与一般医疗救治不同,医疗美容服务的对象是无疾患的正常人,在医疗美容中,美容行为不存在紧迫性,求美者的自主决定权更为明显,与医疗美容机构之间的关系更加平等。

二、医疗美容求美者的权利

在医疗美容活动中,医务人员与求美者两个角色相辅相成,享有和承担着各自的权利义务。传统思维往往偏向强调医务人员的权益,但鉴于医疗美容的特殊属性,求美并非疾病救治那般危及生命健康,不具有紧急性,求美者权利保障的需求空间更大,更值得审慎和重视。

(一)生命健康权

求美者的生命健康权,是指求美者的生命安全和身心健康不受非法侵犯的权利。生命健康是每个公民享有的权利,是每个人生而有之的基本人权。生命健康权包括生命权和健康权两项人身权,生命权是以生命安全为内容的,他人不得非法干涉的权利,未经司法程序任何人不能随意干涉和剥夺。健康权是指人体器官及各系统乃至身心不受非法伤害的权利。我国制定和颁布的一系列医事法律法规的宗旨就是为了保护和促进就医者(也包括求美者)的生命健康权。生命健康权是求美者求美的基础,没有生命健康,美就无从谈起。

(二)身体权

求美者的身体权,是指求美者维持身体的完整和行动自由,并对自己的面貌、器官、肢体、组织享有所有权和支配权。身体权不同于生命健康权,有些侵害身体权的行为,不侵害健康权,如医务人员在医疗美容活动中擅自剪除求美者的头发、指甲等,或因过错损害他人不能自由拆卸的假肢。

（三）知情同意权

求美者的医疗美容知情同意权，是指求美者有权向医务人员了解自己的容貌状况、医师将要采取的医疗美容技术手段以及可能带来的风险和相关替代医疗美容方案等信息，并在此基础上决定接受何种医疗美容具体措施的权利。据此，求美者的知情同意权由两部分组成，一是知情权，二是同意权。知情是前提，求美者只有在对个人信息和医疗美容相关信息充分知情的情况下做出选择，从而进入同意的阶段，这个过程才是完整的知情同意。因此，求美者的知情同意权又被称为"知情选择权""自我决定权"等。

1. 知情权

医疗美容知情权属于个人信息知情权的范围，是指求美者享有的在医疗美容活动中与其个人人身信息相关的权利，属于求美者人身权的组成部分。

由于求美者缺乏相应的医学知识，双方信息严重不对称，因此求美者知情权的实现有赖于医疗美容医务人员的充分告知，《医师法》第 25 条明确规定，医师应当如实向患者或其家属介绍病情，首次从法律层面明确了医务人员的告知义务和求美者的知情权利。《民法典》更是细化了求美者知情权的具体内容，第 1219 条规定，医务人员在诊疗活动中应当向患者说明病情和医疗措施。需要实施手术、特殊检查、特殊治疗的，医务人员应当及时向患者具体说明医疗风险、替代医疗方案等情况，并取得其明确同意；不能或者不宜向患者说明的，应当向患者的近亲属说明，并取得其明确同意。医务人员未尽到前款义务，造成患者损害的，医疗机构应当承担赔偿责任。具体到医疗美容的领域内，医疗美容医务人员应当向求美者说明其容貌情况和医疗美容措施。需要实施医疗美容手术、特殊医疗美容检查、特殊医疗美容治疗的，应当向求美者说明医疗风险和替代医疗美容方案等情况。

2. 同意权

医疗美容同意权，是求美者在充分知情的前提下，选择是否接受医疗美容服务和具体方案的权利，因此又称"选择权""自我决定权"。医疗美容自我决定权是具有完全民事行为能力的求美者对自己身体和财产的绝对权。具体包括两个方面：第一，求美者对于自己的容貌和身体有自主权，有权同意或拒绝医务人员的医疗美容行为；第二，求美者在进行医疗美容活动时，有权对自己的财产进行处分,享有自主权。

在医疗美容活动中,求美者知情不是目的,而是求美者选择和决定的基础,只有在充分知情的基础上所做的选择和决策,才能更好地保护求美者的人身权利和财产权利。损害求美者知情权的行为,本质是损害了求美者的选择权和自决权,从而直接或间接地损害了求美者的身体健康权。如果医疗美容医务人员没有向求美者充分告知会影响其决定的重要信息,就损害了求美者的医疗美容同意权。

(四)隐私权

隐私权,是指自然人享有的对其个人的、与公共利益无关的个人信息、私人活动和私有领域进行支配的一种人格权。隐私权的内容非常广泛,它包括个人的私人活动、私人信息和个人领域。求美者的个人隐私是在接受医疗美容过程中只向医务人员公开的且不愿让他人知晓的私人信息,如医疗美容经历、病理、生理、心理上的缺陷等。如果这些资料被擅自公开将严重侵犯求美者的隐私权。求美者就医是为了追求外在形象的提升,有别于疾病患者就医问诊。这要求医务人员在医疗美容活动中,更加注重求美者的情感和心理体验,尊重求美者的人格和尊严,保护求美者的隐私权。

保护求美者的隐私,这既是职业道德的要求,也是法定义务。虽然《宪法》未确立隐私权,但其在第 38 条规定了公民的人格尊严不受侵犯,这在很大程度上可以作为隐私权的宪法基础。我国《民法典》第 1226 条规定,医疗机构及其医务人员应当对患者的隐私和个人信息保密。泄露患者隐私和个人信息,或者未经患者同意公开其病历资料的,应当承担侵权责任。《医师法》也规定了医师对于患者隐私的保密义务,患者的隐私权同样受到法律保护。求美者的隐私权不同于一般人的隐私权,因为在医疗美容诊疗过程中,求美者需要把关于身体、医疗美容经历等所有信息毫不保留地告诉医师,医师获得了求美者的隐私,那么就需要保密,任何侵犯求美者隐私的行为都是不允许的。

对于求美者隐私权的保护,需要注意以下几个方面:(1)除法律法规规定外,未经求美者同意,不得把求美者的医疗美容病历资料交与除相关医务人员外的其他人或组织阅读;(2)临床医学美容报告及研究,未经求美者本人同意,不得将其真实姓名和真实病历对外公开报道,或作为文学作品报道;(3)拍摄临床医学美容摄影资料应充分征求求美者意见,不得随意拍摄可能暴露求美者身份或特征的影像,更不能把相关拍摄内容作为艺术摄影作品公之于众;(4)临床美容手术直播或电视播放必须征得求美者的同意及书面授权,并应坚持避免暴露身份或隐私的原则。

(五)肖像权

肖像权,是指自然人以在自己的肖像上所体现的人格利益为内容,享有的制作、使用、公开以及许可他人使用自己肖像的具体人格权。根据我国《民法典》第1018条第1款的规定,肖像是通过影像、雕塑、绘画等方式在一定载体上所反映的特定自然人可以被识别的外部形象。肖像权不仅局限于面部容貌,还包括体貌、背影、漫画等,同时,肖像权人有权禁止以歪曲、侮辱或其他不正当方式侵害自己的肖像。

相比原《民法通则》,《民法典》对肖像权的保护进行了更加完善、具体的规定,主要有:第一,将肖像权主体由“公民”扩大至“自然人”,并将肖像权的侵权行为范围由“使用”扩大至“制作、使用、公开或许可他人使用”;第二,删去了对肖像权侵权须“以营利为目的”的表述;第三,新增肖像权合理使用及许可使用的相关规定;第四,新增对姓名等许可使用及自然人声音的保护参照肖像权的相关规定。

在医疗行为尤其是医疗美容行为中,经常会涉及对求美者面部等部位的修复或再塑,为确保以后对医疗美容效果进行比对,必须有对求美者相应部位的拍照留存等。故医疗美容机构及其医务人员在工作中,需特别注意以下五个方面:

(1)诊疗工作。诊疗时,在将求美者照片等肖像权内容归入病历时,必须获取权利人(求美者)的书面授权。同时,注意避免肖像信息的不正当公开情形。

(2)学术交流活动。医学科研人员、医务人员应提前进行合法性审查,非必要不公开有关信息。若肖像信息必不可少,需提前获取权利人的同意,并留存书面证据。使用或公开时,行为人应对肖像进行模糊、遮挡等技术处理。

(3)对外宣传。拍摄宣传照片、视频时,医疗机构,特别是医美或皮肤病诊治等机构,应保护出镜人员,包括求美者、机构内部人员及其他入院或注册人员的肖像信息，并提前对宣传内容进行合法性审查，征求肖像权人的书面同意，留存书面证据。医疗机构不得伪造或丑化肖像内容，不得擅自改变肖像的使用方式或使用目的。

(4)网络风险防范。医疗美容机构应建立健全数字化风险防范系统，指定专业人员对该系统进行定期的检查、维护，并根据互联网及数字化的发展及时进行系统更新及漏洞修补。

(5)声音、姓名保护。医疗美容机构及医务人员还需要特别注意对求美者声音、姓名等权利的尊重和保护。如录制求美者对自身成功经验分享的音频时，应对求美者声音进行技术处理，消除求美者声音的可识别性。

随着互联网的快速发展，新媒体触手可及，视频照片铺天盖地，对肖像权的侵犯不再仅局限于影楼未经许可陈列顾客照片的行为。医疗美容机构一定要在《民法典》的指引下，规范开展诊疗活动和医院管理，保护求美者等群体的合法权益。

(六)查阅、复制病历资料权

从医疗角度来看，医疗美容病历是求美者在整个医疗美容活动的全部信息记载，是求美者的身体状况和医疗美容行为进展的载体。从法律意义来说，医疗美容病历是医疗纠纷处理的依据，更是医疗诉讼中重要的证据类型。《医疗纠纷预防和处理条例》明确规定，患者有权查阅、复制其门诊病历、住院志、体温单、医嘱单、化验单(检验报告)、医学影像检查资料、特殊检查同意书、手术同意书、手术及麻醉记录、病理资料、护理记录、医疗费用以及国务院卫生主管部门规定的其他属于病历的全部资料。由此可知，求美者可以查阅、复制全部医疗美容病历，包括主观病历和客观病历。如果医疗美容机构和医务人员不履行“提供查阅、复制”的法定义务，要承担相应的法律责任。

(七)获得赔偿权

因医务人员的过错导致医疗美容损害发生的，求美者及其家属可以通过调解、仲裁、诉讼等方式维护合法权益，并有权提出损害赔偿的要求。根据我国《民法典》第1167条的规定，侵权行为危及他人人身、财产安全的，被侵权人有权请求侵权人承担停止侵害、排除妨碍、消除危险等侵权责任。可见,求美者具有请求医疗美容机构承担民事责任的权利。求美者具有获得赔偿权,并不单单是指经济赔偿,还包括了多种承担民事责任的方式。例如,医师侵犯了求美者的隐私权,在没有财产损失的情况下,完全可以请求医院赔礼道歉等。

三、医疗美容求美者的义务

正如孟德斯鸠所言,自由就是做法律许可的事,一旦超越法律,自由就变成不自由,这个边界就是他人的权益。求美者在享受法律权利的同时,也负有相应的法律义务,求美者完全履行自己的义务,不仅有利于自身权益的实现,也是对医师权利的尊重和对良好医疗秩序的维护。

(一)配合美容诊疗的义务

在医疗美容活动中,求美者有配合医务人员美容诊疗的义务,包括如实告知医师自己的身体情况、既往美容史等与美容诊疗相关的信息,不得隐瞒、欺骗,并且要按照医嘱进行相应的美容检查和美容治疗。求美者不仅要在进行具体医疗美容方案的过程中配合医务人员,也要在医疗美容方案实施完毕后遵守医务人员的交代。对美的追求,不仅需要医务人员按照医疗美容的诊疗规范履行义务,也需要求美者的配合。《民法典》第1224条明确规定医疗机构免责的原因之一为患者或者其近亲属不配合医疗机构进行符合诊疗规范的诊疗。具体在医疗美容领域内,如果由于求美者的故意隐瞒、错误告知和不遵守医嘱等其受到生命健康损害,医方不承担民事责任,由求美者自行承担。

(二)支付医疗美容费用的义务

医疗美容服务是一种有偿的服务行为,因此,医疗美容机构为求美者提供医疗美容服务,理应收取医疗美容服务费用。求美者在接受医疗美容服务后,不论对美容效果是否满意,均应按照约定支付医疗美容费用。这是求美者的义务,要杜绝以对医疗美容效果不满意为由拒绝支付费用的现象。如求美者认为自己的权利受到侵犯,可以通过正确的法律途径,按照《民法典》等法律法规来维护自己的权利,不得采取非法手段。

（三）遵守医疗美容秩序的义务

遵守医疗美容秩序是求美者的法定义务。“医闹”扰乱了正常医疗美容秩序，并对其他求美者的合法权利构成潜在威胁，同时侵犯了公众利益。求美者依法履行维护医疗美容秩序的义务不仅有利于其他求美者有序就医，而且有利于自己获得更优质的医疗美容服务。如果求美者认为自身权利受到损害，应当按照法定程序依法维护自身合法权益，不得以扰乱医疗美容秩序为手段胁迫医方满足自己的诉求。

（四）履行医疗美容合同约定的其他义务

医疗美容机构和求美者是平等的医疗美容服务合同民事主体，双方可以充分根据自己的真实意思表示平等协商、自愿约定医疗美容的服务内容、服务报酬、服务条件、预期效果、衡量标准，甚至是争议的解决方式、赔偿金额等。据此，较之普通疾病治疗的患者，求美者在选择医疗美容机构时，完全可以事先签订严格完备的医疗美容服务合同，切实保障自身权益。当然，求美者也应当履行合同中双方约定的义务。

第三章 医疗美容法律风险概论

第一节　医疗美容法律风险特点

医疗美容行为虽然是一种医疗行为，但对于求美者而言，并非必不可少或必须进行的，且通常被认为是一种商业行为，故无论是求美者的预期，还是实际效果、社会评价、纠纷裁判，均有别于一般医疗行为，就此决定了医疗美容的法律风险必然存在以下特点。

一、违约与侵权均可能被作为诉求案由

一般医疗纠纷案件，患者主张的大多为医疗侵权，案由为医疗损害责任纠纷。但是，在医疗美容纠纷中，由于求美者有更多的参与机会，一般双方会订立医疗美容合同，因此，有些案件中医疗美容机构可能被要求承担违约责任。侵权纠纷案件和违约纠纷案件的举证责任、证明标准、赔偿项目都存在明显区别，应当引起注意。

二、医疗美容纠纷率更高

一直以来，医疗美容纠纷案件数量占到有关医疗纠纷案件统计数据中较高的比例。究其原因，主要有以下几点。

(一)医疗美容的效果更直观

医疗美容的目的，是改善或重塑容貌和形体，其效果通常显而易见，与

其他疾患的治疗相比，其效果更直观。求美者自己或周围的人不需要通过专业的知识或仪器，就可判断其效果，如隆鼻手术、重睑手术、减肥治疗等，治疗前后的效果评估非常直接。而一般诊疗活动的评价，相对来说没有这么直观，或可能存在时间的滞后性，以及需要专业上的认识。

(二)求美者比一般求美者期待更高

医疗美容是锦上添花的艺术，也就是说，医疗美容不是必须进行的诊疗操作，这与其他患者就诊有着本质的区别。一般患者就医，都是由于身体上的疾患，需要通过诊疗活动来明确诊断、提供治疗或康复服务，是患者不得不选择的结果，否则会危及生命健康。但是，医疗美容不同，求美者并不存在身体上的疾患，更多的是因为心理上对容貌或形体的更高追求，才成为就医者，是可进行可放弃的选择。因此，求美者会比一般患者期待值更高，这就成了医疗纠纷高发的原因之一。

(三)医疗美容效果评价体系更复杂

医疗美容疗效的评价体系不仅在于肌体健康和功能，还有美学效果、心理效果和社会效果。首先，医疗美容是一种具有创伤性或侵入性的医疗行为，是为了人体审美的目的而导致的一种对人体不可避免的局部伤害，这种伤害有可能诱发人体的某些潜在性疾病，因此，保证人体健康是医疗美容的基本前提，不能以牺牲人体的部分生理功能为代价而片面地追求美容的效果。其次，医疗美容的目的是利用美学来修复或重塑容貌、形体，以达到美化的效果。一般来说，美学效果又是与心理效果相辅相成的，良好的美学效果可带来积极的社会心理效果，凡经医疗美容获得满足感，增强自信心，就是达到了良好的社会心理效果。

但是，有时可能是求美者的人格异常、审美观异常或其他原因，造成医疗美容实际效果与其心理预期的效果产生差异；有时即使医疗美容技术达到了良好的美学效果，却难以达到积极的社会效果。在医疗美容中，因此种复杂的效果评价体系导致的纠纷并不少见，亦应引起医疗美容机构的注意。

三、医疗美容的责任承担比例更高

相比一般医疗损害案件，司法机构往往认为医疗美容本身具有一定的商业性，是非必要的一种医疗行为，因而，在判断医疗过错与损害结果之间的因果关系以及责任比例时，往往会要求医疗机构承担更高的责任比例。

第二节　医疗美容法律风险评估

法律风险评估是对潜在法律问题及其可能后果的系统分析过程，旨在识别、评估和优先处理法律风险。通过审查与经营活动有关的法律法规、合同条款和执业规范，帮助经营主体制定应对策略，以降低诉讼、合规和声誉风险，确保合法运营，保护自身利益。

医疗美容法律风险评估，首先应当进行法律风险信息收集，然后对所收集的法律风险信息进行识别，包括构建法律风险识别框架，并进行查找、分类，最终生成法律风险清单。在形成法律风险清单后，再进行法律风险分析和评价，即为法律风险评估全过程。

一、法律风险信息收集

在医疗美容整个过程中需要全面收集与自身经营活动相关的法律法规、合同文本、内部规章制度等信息。

二、法律风险识别

法律风险识别，是进行法律风险评估的前提，也是法律风险管理的核心内容。通过法律风险识别，可全面、系统和准确地描述医疗美容机构的法律风险状况，为进一步管理风险奠定基础。

（一）构建法律风险识别框架

构建法律风险识别框架的目的，是保证法律风险识别的全面性、准确性、系统性，将法律风险管理由经验管理上升为标准管理。医疗美容机构可以根据自身特点，构建切合自身实际情况的识别框架。可以根据法律风险主体（岗位及人员），以及法律风险来源（如规章制度、执行情况等）进行构建。医疗美容机构中，根据岗位设置，医务人员大体可以分为主诊医师、其他医师（又称为助理医师）、护理人员（护士），大型的机构人员构成可能更加复杂,可以进一步细分。同时,医疗美容机构还会有相应的管理人员,负责医疗质量、人力资源、后勤保障、物资采购等。另外,医务人员以及管理人员中还会有辅助人员,如辅助科室工作人员,负责检查、检验、供血等。

风险来源有多种分类方法,就医疗美容而言,可以分为基本配置、规章制度、执行情况、相关案例以及投诉建议等,具体说明如下。

(1)基本配置。其是指机构及人员的配置是否符合法律规定,如从事医疗美容护理工作的人员,应同时具备下列条件:具有护士资格,并经护士注册机关注册;具有 2 年以上护理工作经历;经过医疗美容护理专业培训或进修并合格,或已从事医疗美容临床护理工作 6 个月以上。具体可详见本书第二篇"医疗美容机构合规执业管理"第二章"医疗美容机构从业人员管理"相关内容。

(2)规章制度。其是指依据法律法规、诊疗规范,在需要建立规章制度的岗位建立相应的书面制度,供相应岗位的人员查阅。如在国家卫生健康主管部门的支持下,医疗美容在《临床技术操作规范》以及《临床诊疗指南》中,有相应的分册和篇章,对医疗美容的具体操作进行了相应的描述,诊疗活动中应当遵守这些基本原则。

(3)执行情况。任何制度,其执行情况均直接关系该制度的生命力。在建立了医疗美容的相关制度后,还要跟踪落实其执行情况。制度未得到执行,有的是因为执行者执行不力,还有的是因为制度本身脱离实际,无法执行,这些都应当受到关注。

(4)相关案例。包括其他医疗美容机构的典型案例,以及自身已经发生的案例,后者又可进一步分为已经处理完毕的案例和还在处理之中的案例。相关案例可以引导医疗美容机构对法律风险实行有重点、有针对性的管理,是法律风险识别的重要资料来源。

(5)投诉建议。对于正在运行的医疗美容机构,每天面对大量的求美者,若其中有些流程不尽合理,便可能给求美者带来损害。求美者对于医疗美容机构的投诉或建议,是医疗美容机构进行法律风险管理的重要资源,可以有效促进诊疗服务质量的改进,防止损害发生或扩大。

(二)查找法律风险事件

查找法律风险事件,是根据已经构建的法律风险识别框架,逐一对照、排查，对可能存在的法律风险隐患予以全面、准确、系统地梳理。

查找法律风险事件可以由医疗美容机构的内部法务人员进行，也可以聘请专业律师进行，一般采用问卷调查、访谈调研、头脑风暴、德尔菲法、检查表法等方式。对于已经发生尚未处理的案例或投诉建议，则无须查找，直接列入法律风险清单。

（三）形成法律风险清单

对查找到的法律风险事件可能带来法律风险隐患的情况，要进行归类、整理，确定法律风险，并进行相应的编号或设定名称。然后，将这些法律风险事件及法律风险统一列表，并根据自身需要列示每一法律风险事件及法律风险适用的法律法规、可能产生的法律后果、相关案例、法律风险意见及其涉及的业务单元和部门、经营管理流程等信息，形成法律风险清单。

医疗美容机构的法务人员或外聘律师在构建法律风险识别框架后，逐一查找法律风险事件，并形成医疗美容机构自身的法律风险清单。例如，在查找法律风险事件时收到法院的应诉通知书，有求美者向法院提起民事诉讼，认为医疗美容失败，要求承担赔偿责任——这种事件必然要列入法律风险清单，为今后的法律风险应对提供素材。

三、法律风险分析及评价

法律风险分析，是指对识别出的法律风险进行定性、定量分析，为法律风险的评价和应对提供支持。法律风险分析主要考量法律风险发生的可能性以及法律风险的影响程度。就医疗美容行业而言，对法律风险的管理尚处于起步阶段，还需要不断摸索和完善，故医疗美容机构在对法律风险分析时应当结合自身实际，依据国家法律法规进行逐一分析。

法律风险评价是根据法律风险分析的结果，确定法律风险等级，对于法律风险发生可能性高，影响程度大的法律风险事件，优先重点关注，立即采取应对措施；对于法律风险发生可能性高，但影响程度小，或法律风险影响程度大，但发生可能性低的法律风险事件，可以在解决优先重点关注的事件之后再行应对；对于法律风险发生可能性低，影响程度小的法律风险事件，跟踪关注。

第三节　医疗美容法律风险应对

法律风险应对是法律风险管理的落脚点，是法律风险管理机构（内部为法务部门，外部指律师事务所）针对法律风险或法律风险事件采取的相应措施，将法律风险控制在可承受、可预期范围之内。法律风险应对包括法律风险发生前的防范、法律风险发生时的控制以及法律风险发生后的处理。

医疗美容作为高风险行业，要特别重视事前防范，将风险处理于萌芽状态；一旦发生法律风险，要及时采取应对措施，防止损害扩大；事件处理完毕后，要举一反三，找出根源，吸取教训。

一、事前防范法律风险

医疗美容机构事前防范法律风险，是对已经形成的法律风险清单进行分析评估，将各种需要处理的法律风险事件予以妥善处理，该配置的资源及时配置；该制定的规章制度及时制定；无法落实的制度要找出原因，使其有效执行；认真研究相关案例，有针对性地采取措施；及时处理投诉建议，促进流程改善、服务水平提高。例如，针对法律风险来源，使基本配置符合法定要求、制定必备的规章制度、检查落实规章制度的执行情况等；针对法律风险清单中出现的案例，区分情况具体应对，有针对性地采取应对措施；针对投诉建议，在列入法律风险清单后及早妥善处置，将风险规避于萌芽状态，防止更大损害的发生。

二、事中控制法律风险

对于已经发生、等待处理的法律风险事件，要及时、妥善地处置，防止损害扩大，风险扩散。

（一）采取必要措施，防止损害扩大

一旦发生医疗美容法律风险事件，要第一时间采取措施，防止损害扩大。如求美者在手术过程中发生意外，要按照医疗规范积极救治，尽量避免造成人身损害，或尽量降低人身损害后果的损害程度。如本院技术能力不

够，要及时邀请外院会诊或转外院继续治疗。

(二)及时固定证据，分析发生原因

医疗美容法律风险事件的发生，可能是因为医疗技术操作不当，也可能是因为医疗产品存在缺陷，或可能存在其他原因，因此，应第一时间固定相关证据，如封存现场实物，及时送检等。固定证据的目的是为今后查明原因、明确责任提供客观依据。如果没有固定好现场证据，可能会导致争议难以解决，甚至要承担举证不能的法律后果。

(三)建立新闻发言人制度

医疗美容事件很受媒体关注，医疗美容机构在发生相关事件后，应当建立新闻发言人制度，可以由资深法务或专业律师担任新闻发言人，对于事件的发生、原因、进展以及处理情况统一口径，坦诚客观地发布消息，以免引起不必要的社会误解，防止自身声誉受到不良影响。

三、事后处理法律风险

医疗美容法律风险事件发生后，医疗美容机构应当及时应对并处理，尽可能地控制和减少继续发生的风险。对于已经形成医疗争议及医患纠纷案件的处理，根据我国《民法典》《民事诉讼法》《医疗事故处理条例》等的规定，大致包括以下步骤(因篇幅有限，具体程序不在本书中介绍)。

(一)收集保全证据

具体包括复印(复制)封存病历；封存现场实物，如药品、血液、血制品、医疗器械、植入体等；对于出现死亡病例的，还应当及时组织进行尸检等。

(二)协商和调解

根据《人民调解法》《医疗事故处理条例》等的规定，发生医疗争议，医患双方可以协商解决；不愿意协商或者协商不成的，当事人可以向医患纠纷人民调解组织或卫生行政管理部门提出调解申请，也可以直接向法院提起民事诉讼。

（三）鉴定

鉴定，是指鉴定人运用科学技术或者专门知识对专门性问题进行鉴别或判断并提供鉴定意见的活动。因医疗活动往往比较复杂，涉及的专门性问题较多，可能涉及的比较常见的鉴定有医疗事故技术鉴定、医疗过错司法鉴定、伤残等级鉴定、产品缺陷鉴定等。

（四）审判（仲裁）程序

如果双方无法达成调解协议，则可以向法院提起民事诉讼，一般诉讼程序包括：立案受理、举证质证、法庭调查、判决等；双方达成仲裁协议，向医疗纠纷仲裁机构申请仲裁。

第四节　监督与检查

医疗美容机构应实时跟踪内外部法律风险环境的变化，及时监督与检查法律风险管理流程的运行状况，以确保法律风险应对计划的有效执行，并根据发现的问题持续改进法律风险管理工作。

医疗美容行业对法律风险管理的认识还处在起步阶段，需要一个逐步探索和改进的过程，应通过监督与检查，将法律风险管理工作逐步与日常业务活动融为一体，互相促进和提高。

法律风险管理监督与检查可以分为定期监督与检查和不定期监督与检查，前者应作为医疗美容机构的业务活动组成之一，每半年或一年组织一次；后者则是对与法律风险管理有关的突发情况进行的紧急处理。

一、定期监督与检查

医疗美容机构对法律风险的认识和管理是个逐步积累经验的过程，从构建法律风险识别框架，对法律风险进行评估，到进行法律风险应对，都需要不断改进、不断完善，使其真正融入自身各项业务活动之中，成为各部门、各岗位的自觉活动。

法律风险的定期监督与检查一般由法务部门主持，没有法务部门的可以外聘专业律师,每半年到一年进行一次,也可由法务部门联合专业律师共同主持。这将改变传统的法律顾问模式,从过去被动法律咨询、出现问题才考虑法律风险应对,转化为主动进行法律风险管理。监督与检查的内容包括以下方面。

(一)法律法规是否有变化

法律风险管理,离不开对法律法规的跟踪和遵循,一旦有新的法律法规出台,或原有法律法规修订、废除,都应当对法律风险管理进行重新梳理,从法律风险识别框架到法律风险清单,以及法律风险应对,认真分析法律法规的变化对这些法律风险管理流程是否会产生影响,如果有影响,应当及时调整。

(二)机构自身有无重大变化

医疗美容机构在经营过程中,可能发生股东变动、经营策略调整、兼并收购等情况,一旦发生这些变化,可能对法律风险管理产生影响,因而,在监督与检查过程中,应充分分析可能出现的问题,并采取对应的措施。例如,医疗美容机构增加新的诊疗项目,则应当根据这些变化重新构建法律风险框架,查找法律风险事件,进而形成新的法律风险清单和应对计划。

(三)有无重大法律事件发生

无论是机构自身发生案例,还是收到的投诉建议,或其他医疗美容机构发生的重大事件,都应当引起法律风险监督与检查的关注,将其纳入监督与检查的内容,对照自身的法律风险管理流程,判断是否存在疏漏、失误或盲区,进而进行相应的调整。

(四)风险应对计划是否得到落实

在法律风险应对计划制订后,这些计划是否得到有效执行,执行中遇到什么困难或阻碍,都应当成为法律风险监督与检查的内容之一。如果法律风险应对计划无法执行,应当分析其原因,如果是计划本身存在缺陷,则应当考虑重新制订计划;如果计划本身没有缺陷,而是缺乏执行力,则应当采取有效措施,包括强化奖惩机制,督促计划的落实。

（五）进行法律风险绩效评估

任何改革，包括新建的法律风险管理流程，都可能受到过往的思维惯性或既得利益的阻碍和抵触，或者因机构和人员的惰性，导致管理无法施行或流于形式，为此，建立法律风险管理绩效评估机制，对各部门、各岗位法律风险管理成绩进行量化，奖励先进，惩戒落后，可以有效地提高法律风险管理的积极性和自觉性。

例如，每年对法律风险管理成效进行考评，对于法律风险应对计划落实到位的，给予奖励；对于法律风险管理应对计划没有落实的，给予惩戒；对于法律风险事件重复发生，甚至屡次发生的，要给予更严厉的处理。

（六）法律风险识别框架有无必要改进

法律风险管理的前提，就是构建法律风险管理框架，之后一系列的管理活动，都是根据法律风险管理框架来推进的。在进行法律风险监督与检查时，应当重新考量法律风险识别框架是否需要修正或调整，是否需要增加或减少内容，是否需要进行结构性的调整，以利于法律风险管理效率和效果的提高。

二、不定期监督与检查

在定期监督与检查之外，对于需要紧急处理的情况，应当启动不定期监督与检查，如重大法律事件的发生、重要法律法规及政策的变化、自身发生重大结构的调整等，以免因处理不及时而出现损害。

（一）重大法律事件的发生

其他机构发生的典型事件，以及自身发生的法律风险案例，都可以认为是重大法律事件。如果是其他机构发生的典型事件，则应当在法律风险识别框架中查找相应的法律风险事件，并形成相应的法律风险清单，然后根据其原因，制订法律风险应对计划和措施；如果是自身的案例，则应立即进入事中法律风险控制、事后法律风险处理程序。

（二）重要法律法规及政策的变化

重要法律法规及政策的出台、修改和废除，往往对法律风险管理产生重大影响，且不容迟疑，需要马上处理。例如，2014年1月1日新版《医疗机构病历管理规定（2013年版）》施行，取代了之前2002年发布的文件，这种情况下，医疗机构应当及时采取对应措施，启动法律风险监督与检查程序，认真梳理自身的规章制度是否符合新的规定。

（三）自身发生重大结构调整

医疗美容机构自身发生重大变化，要适时调整法律风险管理流程，即重新构建法律风险识别框架，之后再查找法律风险事件，形成新的法律风险清单，并据此制订相应的法律风险应对计划和具体措施。

第二篇

医疗美容机构合规执业管理

第一章 医疗美容机构设置管理

第一节 医疗美容机构设置

医疗美容,是指运用手术、药物、医疗器械以及其他具有创伤性或者侵入性的医学技术方法对人的容貌和人体各部位形态进行的修复与再塑。美容医疗机构,是指以开展医疗美容诊疗业务为主的医疗机构。也就是说,医疗美容机构属于医疗机构的范畴,因此从机构的设置到相关从业人员的资质,医疗美容机构都需要有比普通医疗机构更严格的标准,只有符合医疗机构的相关规定,并且满足医疗美容机构的特殊规定,才能成为医疗美容法律关系合格的主体。

根据我国《医疗机构管理条例》及其实施细则、《医疗美容服务管理办法》的相关规定,对医疗美容机构设置采取行政许可制和备案制(仅限于设置诊所)两种形式。除诊所外,采取行政许可形式设置医疗机构的条件、要求及流程主要涉及以下几个方面。

一、机构设置申请条件与特殊要求

(一)机构设置申请条件

根据《医疗美容服务管理办法》第5条的规定,申请举办美容医疗机构或医疗机构设置医疗美容科室必须同时具备下列条件:(1)具有承担民事责任的能力;(2)有明确的医疗美容诊疗服务范围;(3)符合《医疗机构基本标准(试行)》;(4)省级以上人民政府卫生行政主管部门规定的其他条件。

但是,有下列情形之一的,不得申请设置医疗机构:(1)不能独立承担民事责任的单位;(2)正在服刑或者不具有完全民事行为能力的个人;(3)发生二级以上医疗事故未满5年的医务人员;(4)因违反有关法律、法规和规章,已被吊销执业证书的医务人员;(5)被吊销医疗机构执业许可证的医疗机构法定代表人或者主要负责人;(6)省、自治区、直辖市政府卫生健康主管部门规定的其他情形。有前面(2)(3)(4)(5)所列情形之一者,不得充任医疗机构的法定代表人或者主要负责人。

(二)执业人员要求

除了在机构的设置上,医疗美容机构比普通医疗机构更为严格外,医疗美容机构中执业人员的从业要求也比一般的医疗人员更为严格。未经卫生行政主管部门核定并办理执业注册手续的人员不得从事医疗美容诊疗服务。

负责实施医疗美容项目的主诊医师必须同时具备下列条件:(1)具有执业医师资格,经执业医师注册机关注册。(2)具有从事相关临床学科工作经历。其中,负责实施美容外科项目的应具有6年以上从事美容外科或整形外科等相关专业临床工作经历;负责实施美容牙科项目的应具有5年以上从事美容牙科或口腔科专业临床工作经历;负责实施美容中医科和美容皮肤科项目的应分别具有3年以上从事中医专业和皮肤病专业临床工作经历。(3)经过医疗美容专业培训或进修并合格,或已从事医疗美容临床工作1年以上。(4)省级人民政府卫生行政主管部门规定的其他条件。不具备上述规定的主诊医师条件的执业医师,可在主诊医师的指导下从事医疗美容临床技术服务工作。

从事医疗美容护理工作的人员,应同时具备下列条件:(1)具有护士资格,并经护士注册机关注册;(2)具有两年以上护理工作经历;(3)经过医疗美容护理专业培训或进修并合格,或已从事医疗美容临床护理工作6个月以上。

二、机构设置申请程序

（一）申请与受理

申请设立医疗美容机构的单位或者个人，应按照《医疗机构管理条例》以及《医疗美容服务管理办法》中申请设置医疗机构的规定，提交下列文件。

1. 设置申请书

不设床位或者床位不满100张的医疗机构，向所在地的县级人民政府卫生行政主管部门申请；床位在100张以上的医疗机构和专科医院按照省级人民政府卫生行政主管部门的规定申请。卫生行政主管部门应当自受理设置申请之日起30日内，作出批准或不批准的书面答复；批准设置的，发给医疗机构批准书。

2. 设置可行性研究报告

报告应包括以下内容：（1）申请单位名称、基本情况以及申请人姓名、年龄、专业履历、身份证号码；（2）所在地区的人口、经济和社会发展等概况；（3）所在地区人群健康状况和疾病流行以及有关疾病患病率；（4）所在地区医疗资源分布情况以及医疗服务需求分析；（5）拟设医疗机构的名称、选址、功能、任务、服务半径；（6）拟设医疗机构的服务方式、时间、诊疗科目和床位编制；（7）拟设医疗机构的组织结构、人员配备；（8）拟设医疗机构的仪器、设备配备；（9）拟设医疗机构与服务半径区域内其他医疗机构的关系和影响；（10）拟设医疗机构的污水、污物、粪便处理方案；（11）拟设医疗机构的通信、供电、上下水道、消防设施情况；（12）资金来源、投资方式、投资总额、注册资金（资本）；（13）拟设医疗机构的投资预算；（14）拟设医疗机构5年内的成本效益预测分析。

可行性研究报告应一并附上申请设置单位或者设置人的资信证明。申请设置门诊部、诊所、卫生所、医务室、卫生保健所、卫生站、村卫生室（所）、护理站等医疗机构的，可以根据情况适当简化设置可行性研究报告内容。

3. 选址报告和建筑设计平面图

申请医疗机构执业登记必须填写医疗机构申请执业登记注册书，并向登记机关提交下列材料：（1）设置医疗机构批准书或者设置医疗机构备案回执；（2）医疗机构用房产权证明或者使用证明；（3）医疗机构建筑设计平面图;(4)验资证明、资产评估报告;(5)医疗机构规章制度;(6)医疗机构法定代表人或者主要负责人以及各科室负责人名录和有关资格证书、执业证书复印件;(7)省、自治区、直辖市卫生行政主管部门规定提供的其他材料。

申请门诊部、诊所、卫生所、医务室、卫生保健所和卫生站登记的,还应当提交附设药房(柜)的药品种类清单、卫生技术人员名录及其有关资格证书、执业证书复印件以及省、自治区、直辖市卫生健康主管部门规定提交的其他材料。

县级以上地方人民政府行政部门对申请人提出的医疗美容机构设置许可申请,应当根据下列情况分别做出处理:(1)申请事项依法不需要取得医疗美容机构设置许可的,应当即时告知申请人不受理。(2)申请事项依法不属于卫生行政主管部门职权范围的,应当即时做出不予受理的决定,并告知申请人向有关行政机关申请。(3)申请材料存在可以当场更正的错误的,应当允许申请人当场更正,由申请人在更正处签名或者盖章,注明更正日期。(4)申请材料不齐全或者不符合法定形式的,应当当场或者在5个工作日内一次告知申请人需要补正的全部内容。当场告知时,应当将申请材料退回申请人;在5个工作日内告知的,应当收取申请材料并出具收到申请材料的凭据。逾期不告知的,自收到申请材料之日起即为受理。(5)申请事项属于本行政机关职权范围,申请材料齐全、符合法定形式,或者申请人按照要求提交全部补正材料的,应当出具行政许可受理通知书。

县级以上地方人民政府卫生行政主管部门对申请人提出的申请决定予以受理的,应当出具受理通知书;决定不予受理的,应当出具不予受理通知书,说明不予受理的理由,并告知申请人依法享有申请行政复议或者提起行政诉讼的权利。

(二)审查与决定

登记机关在受理医疗机构执业登记申请后,应当对申请人提交的申请材料进行审查。需要对申请材料的实质内容进行核实的,应当在规定时限内进行审查和实地考察、核实,并对有关执业人员进行消毒、隔离和无菌操作等基本知识和技能的现场抽查考核。现场核查应当由符合要求的核查人员进行。核查人员不得少于2人。

除可以当场作出行政许可决定的外,县级以上地方人民政府卫生行政主管部门应当自受理行政许可申请之日起 20 个工作日内作出行政许可决定,20 日内不能作出决定的,经本行政机关负责人批准,可以延长 10 个工作日,并应当将延长期限的理由告知申请人,但是,法律、法规另有规定的,依照其规定。

县级以上地方人民政府卫生行政主管部门认为医疗机构设置许可申请涉及公共利益的重大事项,需要听证的,应当向社会公告并举行听证。医疗机构设置许可直接涉及申请人与他人之间重大利益关系的,县级以上地方人民政府卫生行政主管部门在作出行政许可决定前,应当告知申请人、利害关系人享有要求听证的权利。申请人、利害关系人在被告知听证权利之日起 5 个工作日内提出听证申请的,卫生行政主管部门应当在 20 个工作日内组织听证。听证期限不计算在行政许可审查期限之内。

县级以上地方人民政府卫生行政主管部门应当根据申请材料审查和现场核查等情况,对符合条件的,作出准予医疗机构设置的决定,并颁发设置医疗机构批准书和医疗机构执业许可证;对不符合条件的,应当及时作出不予许可的书面决定并说明理由,同时告知申请人依法享有申请行政复议或者提起行政诉讼的权利。

医疗机构执业登记的事项如下:(1)类别、名称、地址、法定代表人或者主要负责人;(2)所有制形式;(3)注册资金(资本);(4)服务方式;(5)诊疗科目;(6)房屋建筑面积、床位(牙科治疗椅);(7)服务对象;(8)职工人数;(9)执业许可证登记号(医疗机构代码);(10)省、自治区、直辖市卫生行政主管部门规定的其他登记事项。门诊部、诊所除登记前款所列事项外,还应当核准登记附设药房(柜)的药品种类。

申请医疗机构执业登记有下列情形之一的,不予登记:(1)不符合设置医疗机构批准书核准的事项;(2)不符合《医疗机构基本标准(试行)》;(3)投资不到位;(4)医疗机构用房不能满足诊疗服务功能;(5)通信、供电、上下水道等公共设施不能满足医疗机构正常运转;(6)医疗机构规章制度不符合要求;(7)消毒、隔离和无菌操作等基本知识和技能的现场抽查考核不合格;(8)省、自治区、直辖市卫生行政主管部门规定的其他情形。

医疗机构执业许可证发证日期为许可决定作出的日期,校验期根据不同类型的医疗机构有所区别。具体来说,床位在 100 张以上的综合医院、中医医院、中西医结合医院、民族医医院以及专科医院、疗养院、康复医院、妇幼保健院、急救中心、临床检验中心和专科疾病防治机构的校验期为5年;其他医疗机构的校验期为3年。需要注意的是,在校验期届满前6个月,持证人必须凭原医疗机构执业许可证及其副本,向有权的人民政府卫生行政主管部门申请换领新证。关于校验,《医疗机构管理条例》第21条规定:床位不满100张的医疗机构,其医疗机构执业许可证每年校验1次;床位在100张以上的医疗机构,其医疗机构执业许可证每3年校验1次。校验由原登记机关办理。

三、诊所设置备案条件及程序

根据我国《诊所备案管理暂行办法》的规定,单位或个人设置诊所采用备案制。

(一)备案主体

单位或者个人设置诊所应当报拟设立诊所所在地县级人民政府卫生健康行政主管部门或中医药主管部门备案,取得诊所备案凭证后即可开展执业活动。

(二)设置条件

设置诊所应当同时具备下列条件:(1)个人设置诊所的,须经注册后在医疗卫生机构中执业满5年;单位设置诊所的,诊所主要负责人应当符合上述要求;(2)符合诊所基本标准;(3)诊所名称符合《医疗机构管理条例实施细则》等相关规定;(4)能够独立承担民事责任。《医疗机构管理条例实施细则》规定不得申请设置医疗机构的单位和个人,不得设置诊所。

(三)提交材料

诊所备案应当提交下列材料:(1)诊所备案信息表;(2)诊所房屋平面布局图(指诊所使用房屋按照比例标识,注明功能分布和面积大小);(3)诊所用房产权证件或租赁使用合同;(4)诊所法定代表人、主要负责人有效身份证明和有关资格证书、执业证书复印件;(5)其他卫生技术人员名录、有效身份证明和有关资格证书、执业证书复印件;(6)诊所规章制度;(7)诊所仪器设备清单;(8)附设药房(柜)的药品种类清单;(9)诊所的污水、污物、粪便处理方案，诊所周边环境情况说明；(10)按照法律法规要求提供的其他相关材料。

法人或其他组织设置诊所的，还应当提供法人或其他组织的资质证明、法定代表人身份证明或者其他组织代表人身份证明。

县级人民政府卫生健康行政主管部门或中医药主管部门收到备案材料后，对材料齐全且符合备案要求的予以备案，发放诊所备案凭证。

第二节　医疗美容机构分级标准管理及设置法律风险管理

一、医疗美容机构基本标准

医疗美容机构基本标准分为三级整形外科医院（目前我国暂不设一、二级整形外科医院）、医疗美容医院、医疗美容门诊部、美容整形外科诊所及医疗美容诊所。

（一）三级整形外科医院

1. 床位

住院床位总数120张以上。

2. 科室设置

(1)临床科室

至少设有整形外科、麻醉科。

(2)医技科室

至少设有药剂科、检验科、放射科、手术室、病理科、消毒供应室、病案室。

3. 人员

每床至少配备1.03名卫生技术人员；每床至少配备0.4名护士；至少有12名具有副主任医师职称的医师。

4. 房屋

每床建筑面积不少于60平方米；病房每床净使用面积不少于6平方米；

日平均每门诊人次占门诊建筑面积不少于4平方米。

5. 设备

（1）基本设备：呼吸机、麻醉机、心电监护仪、体外除颤器、自动血压监测仪、吸入麻醉药浓度测定仪、整形外科手术相应的各种手术器械、显微镜、1/10000分析天平、血气分析仪、自动生化分析仪、尿分析仪、血球计数仪、免疫酶标仪、离子分子仪、酸度仪、恒温培养箱、超净工作台、X光机及暗室成套设备、脉搏氧饱和度监测仪、呼气末二氧化碳浓度测定仪、冰冻切片机、消毒灭菌密闭柜、紫外线灯、高压灭菌设备、电冰箱、洗衣机。

（2）病房每床单元设备：与二级综合医院相同。

（3）有与开展的诊疗科目相应的其他设备。

6. 制度

制定各项规章制度、人员岗位责任制，有国家制定或认可的医疗护理技术操作规程，并成册可用。

7. 注册资金

注册资金到位，数额由各省、自治区、直辖市卫生行政主管部门确定。

（二）医疗美容医院

1. 床位和牙科治疗椅

住院床位总数50张以上，美容床20张以上，牙科治疗椅10台以上。

2. 科室设置

（1）临床科室：至少设有美容外科、口腔科、皮肤科、理疗科、中医科、设计科、麻醉科。

（2）医技科室：至少设有药剂科、检验科、放射科、手术室、病理科、技工室、影像室、消毒供应科、病案室。

3. 人员

每床（椅）至少配备1.03名卫生技术人员；每床（椅）至少配备0.4名护士；至少有8名具有副主任医师职称的医师。

4. 房屋

每床建筑面积不少于60平方米；病房每床净使用面积不少于6平方米；每牙科治疗椅建筑面积不少于60平方米，诊室每牙科治疗椅净使用面积不少于6平方米；每美容床建筑面积不少于40平方米，每美容床净使用面积不少于6平方米;日平均每门诊人次占门诊建筑面积不少于4平方米。

5. 设备

(1)基本设备:呼吸机、电动吸引器、心电监护仪、体外除颤器、自动血压监测仪、口腔综合治疗台、超声洁治器、涡轮机、光敏固化灯、银汞搅拌机、正颌外科器械、光固化烤塑机、铸造与烤瓷设备、X光牙片机、口腔全景X光机、麻醉机、二氧化碳激光机、高频电治疗机、皮肤磨削机、离子喷雾器、文眉机、皮肤测量仪、1/10000分析天平、自动生化分析仪、尿分析仪、酶标仪、离子分析仪、酸度仪、恒温培养箱、超净工作台、电冰箱、器械柜、石蜡切片机、紫外线灯、高压灭菌设备、洗衣机、X光机及暗室成套设备、血气分析仪、超声波美容治疗机、多功能健胸治疗机、美容外科手术相应的各种手术器械。

(2)病房每床单元设备:与二级综合医院相同。

(3)有与开展的诊疗科目相应的其他设备。

6. 制度

制定各项规章制度、人员岗位责任制,有国家制定或认可的医疗护理技术操作规程,并成册可用。

7. 资金

注册资金到位,数额由各省、自治区、直辖市卫生行政主管部门确定。

(三)整形外科门诊部

1. 科室设置

至少设有整形外科、观察室、手术室、药房、化验室、处置室、治疗室、消毒供应室。

2. 人员

每台手术床至少配备2.7名卫生技术人员;至少有5名医师,其中至少有1名从事整形外科工作5年以上并具有副主任医师以上职称的整形外科医师;至少有5名护士,其中至少有1名具有护师以上职称的护士。

3. 房屋

建筑面积不少于150平方米;每室必须独立;手术室使用面积不少于15平方米,在2台手术床的基础上,每增加1台手术床应增加手术室使用面积7平方米。

4. 设备

(1)基本设备:手术床2台和相应的成套整形外科手术器械、吸引器、显微镜、电冰箱、双极电凝器、紫外线消毒灯、高压灭菌设备。

(2)有与开展的诊疗科目相应的其他设备。

5. 制度

制定各项规章制度、人员岗位责任制,有国家制定或认可的医疗护理技术操作规程,并成册可用。

6. 资金

注册资金到位,数额由各省、自治区、直辖市卫生行政主管部门确定。

(四)医疗美容门诊部

1. 床位

至少设有美容床4张,手术床2台。

2. 科室设置

(1)临床科室

至少设有美容外科、皮肤科、物理治疗室、美容咨询室。

(2)医技科室

至少设有药房、化验室、手术室、治疗室、处置室、消毒供应室。

3. 人员

每台手术床至少配备2.4名卫生技术人员;每张美容床至少配备1.4名卫生技术人员;至少有5名医师,其中至少有1名从事美容外科临床工作5年以上并具有副主任医师以上职称的医师和1名从事皮肤科临床工作5年以上的医师;至少有5名护士,其中至少有1名具有护师以上职称的护士。

4. 房屋

建筑面积不少于200平方米;每室必须独立;手术室净使用面积不少于15平方米;诊室每美容床净使用面积不少于6平方米。

5. 设备

(1)基本设备:手术床2台和相应的成套美容外科手术器械、离子喷雾器、多功能美容仪、皮肤磨削机、二氧化碳激光治疗机、吸引器、电冰箱、双极电凝器、紫外线消毒灯、高压灭菌设备。

(2)有与开展的诊疗科目相应的其他设备。

6. 制度

制定各项规章制度、人员岗位责任制，有国家制定或认可的医疗护理技术操作规程，并成册可用。

7. 资金

注册资金到位，数额由各省、自治区、直辖市卫生行政主管部门确定。

(五)美容整形外科诊所

1. 科室设置

至少设有诊室、手术室、治疗室、消毒供应室。

2. 人员

每台手术床至少配备2.4名工作人员；至少有1名取得医师资格后从事5年以上美容整形外科工作的具有主治医师以上职称的整形外科医师；至少有1名护士。

3. 房屋

建筑面积不少于60平方米；每室必须独立；手术室使用面积不少于12平方米。

4. 设备

(1)基本设备：手术床1台和相应的成套整形外科手术器械、电动吸引器、显微镜、双极电凝器、电冰箱、紫外线灯、高压灭菌设备、药品柜。

(2)有与开展的诊疗科目相应的其他设备。

5. 制度

制定各项规章制度、人员岗位责任制，有国家制定或认可的医疗护理技术操作规程，并成册可用。

6. 资金

注册资金到位，数额由各省、自治区、直辖市卫生行政主管部门确定。

(六)医疗美容诊所

1. 科室设置

至少设有诊室、治疗室、消毒供应室。

2. 人员

至少有1名取得医师资格后从事5年以上医疗美容工作的相应专科医

师;至少有1名护士。

3. 房屋

建筑面积不少于40平方米;每室必须独立。

4. 设备

(1)基本设备:美容床、电冰箱、紫外线灯、高压灭菌设备、药品柜。

(2)有与开展的诊疗科目相应的其他设备。

5. 制度

制定各项规章制度、人员岗位责任制,有国家制定或认可的医疗护理技术操作规程,并成册可用。

6. 资金

注册资金到位,数额由各省、自治区、直辖市卫生行政主管部门确定。

二、医疗美容项目分级管理

随着医疗美容的程度逐步深入,更多更深层次的医疗美容技术被使用,因此需要对医疗美容项目进行分类细化,进行针对性的风险规制,以期对其进行有效的法律规制,有效解决当前出现的各种医疗纠纷。

《医疗美容项目分级管理目录》规定,根据医疗美容项目的技术难度、可能发生的医疗风险程度,对医疗美容项目实行分级准入管理。医疗美容项目根据诊疗科目不同,分为美容外科、美容牙科、美容皮肤科和美容中医科,其中医疗美容科为一级诊疗科目,美容外科、美容牙科、美容皮肤科和美容中医科为二级诊疗科目。美容外科项目根据手术难度和复杂程度以及可能出现的医疗意外和风险大小又分为四级。

(一)美容外科项目分级原则及具体分级

1. 分级原则

依据手术难度和复杂程度以及可能出现的医疗意外和风险大小,将美容外科项目分为四级。

一级:操作过程不复杂,技术难度和风险不大的美容外科项目。

二级:操作过程复杂程度一般,有一定技术难度,有一定风险,需使用硬膜外腔阻滞麻醉、静脉全身麻醉等完成的美容外科项目。

三级:操作过程较复杂,技术难度和风险较大,因创伤大需要术前备血,并且需要气管插管全麻的美容外科项目。

四级:操作过程复杂,难度高、风险大的美容外科项目。

2. 美容外科项目分级

(1)一级项目

头面部:重唇修复术,招风耳矫正术,眉修整术,眉提升术,重睑成形术,下睑袋矫正术,内眦成形术,隆鼻术,鼻尖成形术,隆鼻术后硅胶取出术,鼻小柱及鼻孔成形术,唇峰、薄唇增厚术,唇珠美容术,厚唇矫正术,酒窝成形术,唇系带成形术,颞部填充术,隆颏术,颊脂肪垫去除术。

乳房、躯干:乳头内陷矫正术、乳头乳晕缩小术、脂肪抽吸术(吸脂量<1000mL)。

会阴部:处女膜修补术、阴蒂肥大缩小术、小阴唇成形术。

其他:体表小肿瘤切除术、瘢痕切除缝合术、穿耳孔术、皮肤磨削术(面积不超过面部1/4)、酒渣鼻切割术、皮肤肿物切除术、腋臭手术、毛发移植术、自体脂肪注射移植术、皮肤扩张器技术、A型肉毒毒素美容注射。

(2)二级项目

头面部:隐耳矫正术、杯状耳矫正术、耳畸形矫正术、菜花耳矫正术、驼峰鼻矫正术、鹰钩鼻矫正术、鼻畸形矫正术、鼻翼缺损修复术、颞部除皱术、额部除皱术、内窥镜下除皱术、中面部除皱术。

乳房、躯干:隆乳术、乳房下垂矫正术、乳房液态填充物取出术、脂肪抽吸术(1000mL≤吸脂量<2000mL)。

会阴部:阴茎延长术、阴茎增大(增粗)术、阴道紧缩术。

(3)三级项目

头面部:全颜面皮肤磨削术、全颜面及颌颈部除皱术、不良文饰修复术。

乳房及躯干:脂肪抽吸术(2000mL≤吸脂量<5000mL)。

(4)四级项目

头面部:颧骨降低术、下颌角肥大矫正术、上下颌骨其他成形术。

乳房、躯干:巨乳缩小术(乳房肥大+重度下垂)、腹壁成形术。

3. 美容外科项目的分级管理

可开展一级项目的机构:(1)设有医疗美容科或整形外科的一级综合医院和门诊部;(2)设有医疗美容科的诊所。

可开展一级、二级项目的机构:(1)设有医疗美容科或整形外科的二级综合医院;(2)设有麻醉科及医疗美容科或整形外科的门诊部。

可开展一级、二级、三级项目的机构:美容医院。

可开展一级、二级、三级、四级项目的机构:(1)三级整形外科医院;(2)设有医疗美容科或整形外科的三级综合医院。

(二)美容牙科项目

按照《医疗美容项目分级管理目录》的规定,美容牙科项目暂未进行分级,但该目录对美容牙科的项目进行了列举,主要包括牙齿美容修复技术、牙周美容技术操作、牙殆畸形美容矫治。

1. 牙齿美容修复技术

包括牙齿形态修整、牙齿漂白、复合树脂粘结修复、瓷贴面修复、嵌体修复、桩核冠修复、金属烤瓷冠桥修复、全瓷冠修复、临时冠修复、可摘局部义齿美容修复、全口义齿美容修复、即刻义齿美容修复、种植义齿美容修复、粘结固定桥美容修复、柔性义龈美容修复、隐形义齿美容修复、套筒冠义齿美容修复、覆盖义齿美容修复。

2. 牙周美容技术操作

包括洁治术、牙龈切除术、牙龈成形术、牙冠延长术、根尖复位瓣术、侧向转位瓣术、双乳头瓣移位术、冠向复位瓣术、自体游离龈瓣移植术、牙周引导组织再生术、牙槽骨修整术。

3. 牙殆畸形美容矫治

包括错殆畸形的诊断、分类和矫治设计,常见错殆畸形的矫治,正颌外科病例的正畸矫治,活动性矫治器矫治,功能性矫治器矫治,固定矫治器矫治。

三、医疗美容机构设置法律风险管理

(一)医疗机构需依法取得医疗机构执业许可证方可执业

医疗美容机构必须经卫生行政主管部门登记注册并获得医疗机构执业许可证后方可开展执业活动。未取得医疗机构执业许可证,不得开展诊疗活动,违反规定擅自执业的,依照《基本医疗卫生与健康促进法》的规定予以处罚;诊所未经备案执业的,由县级以上人民政府卫生行政主管部门责令其改正，没收违法所得，并处3万元以下罚款；拒不改正的，责令其停止执业活动。

（二）医疗机构执业许可证须按照要求按时校验，逾期未校验的不得从事诊疗活动

医疗美容机构应当按照《医疗机构管理条例》规定的时间按时对医疗机构执业许可证进行校验。逾期不校验医疗机构执业许可证仍从事诊疗活动的医疗机构，由县级以上人民政府卫生行政主管部门责令其补办校验手续；拒不校验的，吊销其医疗机构执业许可证。

（三）医疗美容机构须聘请取得相应执业资质的医师、护士等人员从事相关医疗美容服务活动

《医疗机构管理条例》第47条规定，使用非卫生技术人员从事医疗卫生技术工作的，由县级以上人民政府卫生行政主管部门责令其限期改正，并可处以1万元以上10万元以下的罚款；情节严重的，吊销其医疗机构执业许可证或者责令其停止执业活动。

《医师法》第59条规定，非医师行医的，由县级以上人民政府卫生健康主管部门责令停止非法执业活动，没收违法所得和药品、医疗器械，并处违法所得2倍以上10倍以下的罚款，违法所得不足1万元的，按1万元计算。第63条规定，违反该法规定，构成犯罪的，依法追究刑事责任；造成人身、财产损害的，依法承担民事责任。

（四）医疗机构的诊疗项目需符合其医疗机构执业许可证核准的诊疗科目，医疗机构不得擅自扩大诊疗范围

医疗美容机构和医疗美容科室应根据自身条件和能力在卫生行政主管部门核定的诊疗科目范围内开展医疗服务，未经批准不得擅自扩大诊疗范围。医疗美容机构及开设医疗美容科的医疗机构不得开展未向登记机关备案的医疗美容项目。诊疗活动超出登记或者备案范围的，由县级以上人民政府卫生行政主管部门予以警告、责令其改正，并可以根据情节处以1万元以上10万元以下的罚款；情节严重的，吊销其医疗机构执业许可证或者责令其停止执业活动。

（五）医疗美容机构需按照其级别开展不同风险等级的诊疗服务

医疗美容机构在开展诊疗服务时，应当符合原卫生部办公厅《医疗美容项目分级管理目录》的规定，按照不同级别开展相应风险等级的诊疗服务，不得开展超出其能力的高风险诊疗项目。

第二章 医疗美容机构从业人员管理

第一节 医疗美容机构执业医师

《医师法》规定，医师是指依法取得医师资格，经注册在医疗卫生机构中执业的专业医务人员，包括执业医师和执业助理医师。医师应当坚持人民至上、生命至上，发扬人道主义精神，弘扬敬佑生命、救死扶伤、甘于奉献、大爱无疆的崇高职业精神，恪守职业道德，遵守执业规范，提高执业水平，履行防病治病、保护人民健康的神圣职责。

医疗美容机构执业医师，是指依法取得执业医师资格或者执业助理医师资格，经注册在医疗美容机构中从事医疗美容专业的医务人员。主要分为两类：医疗美容主诊医师和医疗美容非主诊医师（不能独立执业的医疗美容医师）。医疗美容主诊医师，是指具备《医疗美容服务管理办法》第 11 条规定的条件，负责实施医疗美容项目的执业医师。医疗美容非主诊医师又包括两类：执业助理医师和未取得医疗美容主诊医师资格的执业医师。无论能否独立执业，医疗美容执业医师都应当先取得执业医师资格或者执业助理医师资格，这是医疗美容医师执业的首要前提。

一、医疗美容执业医师的考试与注册制度

（一）医师资格和医师执业注册

1. 医师资格考试的种类

我国医疗行业准入实行的是执业医师资格考试制度，即考核申请考试者是否具备从事医师工作所必需的专业知识与技能的考试。医师资格考试由省级以上人民政府卫生健康主管部门组织实施。

2. 医师资格考试的条件

（1）执业医师资格考试的条件。

根据《医师法》第9条的规定，具有下列条件之一的，可以参加执业医师资格考试：①具有高等学校相关医学专业本科以上学历，在执业医师指导下，在医疗卫生机构中参加医学专业工作实践满一年；②具有高等学校相关医学专业专科学历，取得执业助理医师执业证书后，在医疗卫生机构中执业满二年。

（2）执业助理医师资格考试的条件。

根据《医师法》第10条的规定，具有高等学校相关医学专业专科以上学历，在执业医师指导下，在医疗卫生机构中参加医学专业工作实践满一年的，可以参加执业助理医师资格考试。

此外，《医师法》第11条第1款、第2款规定，以师承方式学习中医满3年，或者经多年实践医术确有专长的，经县级以上人民政府卫生健康主管部门委托的中医药专业组织或者医疗卫生机构考核合格并推荐，可以参加中医医师资格考试。以师承方式学习中医或者经多年实践，医术确有专长的，由至少2名中医医师推荐，经省级人民政府中医药主管部门组织实践技能和效果考核合格后，即可取得中医医师资格及相应的资格证书。

3. 医师资格证书的取得和医师执业的领域范围

医师资格考试成绩合格，取得执业医师资格或者执业助理医师资格，发给医师资格证书。

取得医师资格的，可以向所在地县级以上地方人民政府卫生健康主管部门申请注册。医疗卫生机构可以为本机构中的申请人集体办理注册手续。除有《医师法》规定不予注册的情形外，卫生健康主管部门应当自受理

申请之日起20个工作日内准予注册，将注册信息录入国家信息平台，并发给医师执业证书。未注册取得医师执业证书，不得从事医师执业活动。

医师经注册后，可以在医疗卫生机构中按照注册的执业地点、执业类别、执业范围执业，从事相应的医疗卫生服务。中医、中西医结合医师可以在医疗机构中的中医科、中西医结合科或者其他临床科室按照注册的执业类别、执业范围执业。医师经相关专业培训和考核合格，可以增加执业范围。法律、行政法规对医师从事特定范围执业活动的资质条件有规定的，从其规定。经考试取得医师资格的中医医师按照国家有关规定，经培训和考核合格，在执业活动中可以采用与其专业相关的西医药技术方法。西医医师按照国家有关规定，经培训和考核合格，在执业活动中可以采用与其专业相关的中医药技术方法。

（二）医疗美容医师执业注册

医疗美容医师包括能独立执业的医疗美容主诊医师和不能独立执业的医疗美容非主诊医师。医疗美容非主诊医师，是指执业助理医师和不能单独执业医疗美容的执业医师，要在医疗美容主诊医师的负责和指导下从事医疗美容活动。无论能否独立从事医疗美容活动，医疗美容医师都应当具备医师资格证书和医师执业证书。在此基础上，能够独立执业的医疗美容主诊医师，需要满足更加严苛的条件。依据原国家卫生计生委《关于加强医疗美容主诊医师管理有关问题的通知》的要求，应当对医疗美容主诊医师资格的准入和认定进行有序监管，对医疗美容主诊医师的专业实行备案管理。

负责实施医疗美容项目的主诊医师必须同时具备下列条件：(1)具有执业医师资格，经执业医师注册机关注册。(2)具有从事相关临床学科工作经历。其中，负责实施美容外科项目的应具有6年以上从事美容外科或整形外科等相关专业临床工作经历；负责实施美容牙科项目的应具有5年以上从事美容牙科或口腔科专业临床工作经历；负责实施美容中医科和美容皮肤科项目的应分别具有3年以上从事中医专业和皮肤病专业临床工作经历。(3)经过医疗美容专业培训或进修并合格，或已从事医疗美容临床工作1年以上。(4)省级人民政府卫生行政主管部门规定的其他条件。

经过审查条件合格后，须所在执业医疗美容机构对其医疗美容主诊医师的专业进行核定，并将核定结果报核发其医疗机构执业许可证的卫生行政主管部门备案。卫生行政主管部门收到备案信息后，在指定的受理期限内在医疗美容主诊医师的医师执业证书“备注”页登记核定专业和备注时间，并加盖卫生行政主管部门公章后，及时录入国家卫生行政主管部门医师管理信息系统。

二、医疗美容医师的执业规则

（一）医疗美容医师在执业活动中享有的权利

既作为公民又作为执业医师的医疗美容医师，依法享受公民和执业医师权利的同时，也享有选择美容手术的权利。由于其在执业活动中面对的就医者大部分是健康人群中的求美者，因此，医疗美容医师除了享有医师的执业自主权、执业条件保障权、专业研习权、获得尊重权、获取报酬权及参与民主管理权之外，还享有以下三种权利：(1)术前心理诊断权，即了解就医者求美动机，分析主客观缺陷与预期的差距，必要时鉴别就医者精神心理状态。(2)选择美容手术权，即医疗美容医师可以拒绝为严重心理障碍求美者、经期或者妊娠期女性求美者、精神病求美者、难以达到主观美容目的的求美者和有违伦理道德的求美者进行医疗美容手术。(3)术后监护权，即在手术后，医疗美容医师可以根据情况要求求美者来院复查，行使监护权。这是由于大部分医疗美容手术属于门诊手术，相当数量的求美者因医学美容术后知识匮乏且手术部位创伤不大，往往对术后护理采取轻视的态度，因此，医疗美容医师享有术后监护权。

（二）医疗美容医师在执业活动中应履行的义务

首先，在执业活动中，医疗美容医师要履行作为一名执业医师应尽的义务，如依法执业、恪守医德、尊重求美者、勤勉执业、健康促进。其次，投身于医疗美容领域时，应该具备整形外科学、医学美学、美容解剖学、美容心理学、美术学、医学美容艺术基础、美容药物学、医学美容技术、美容化妆品学、美容皮肤学、心理学等多学科知识，并积极履行执业活动中的义务。具体包括：(1)告知说明义务。改变过去求美者被动接受医疗美容手术的模式，用通俗易懂的话语充分告知求美者手术方式及相关信息，让其在完全知情的前提下选择适合自己的手术方式。(2)恪守局部微创和整体不伤害的原则，最大限度地确保求美者身体健康、功能正常,且手术的美容效果、心理效果和社会效果得到改善。(3)宣传义务。大力宣传医疗美容的基本常识,宣扬正确的审美标准和审美理念,力求杜绝无证美容、非法行医的现象,使医疗美容行业健康蓬勃地发展。

(三)医疗美容医师的执业规则

医疗美容医师有严格的执业规则:(1)在实施医疗美容项目的要求方面,因医疗美容服务实行主诊医师负责制,所以只能在医疗美容主诊医师负责或在其指导下实施医疗美容项目;(2)在执业医师要求方面,医疗美容执业医师要严格执行有关法律法规和规章,遵守医疗美容技术操作规程;(3)在治疗前对求美者的告知方面,医疗美容执业医师必须向求美者本人或者亲属书面告知治疗的适应证、禁忌证、医疗风险和注意事项等,并取得求美者本人或监护人的签字同意,未经监护人同意,不得为无行为能力或者限制行为能力人实施医疗美容项目;(4)在尊重就医者隐私权方面,医疗美容执业医师要尊重求美者的隐私权,未经求美者本人或监护人同意,不得向第三方披露求美者病情及病历资料。

三、医疗美容医师的培训与考核

(一)执业医师的考核与培训

县级以上人民政府卫生健康主管部门应当有计划地组织协调县级以上医疗卫生机构对乡镇卫生院、村卫生室、社区卫生服务中心等基层医疗卫生机构中的医疗卫生人员开展培训,提高其医学专业技术能力和水平。有关行业组织应当为医师接受继续医学教育提供服务和创造条件,加强继续医学教育的组织、管理。

县级以上人民政府卫生健康主管部门或者其委托的医疗卫生机构、行业组织应当按照医师执业标准,对医师的业务水平、工作业绩和职业道德状况进行考核,考核周期为3年。对具有较长年限执业经历、无不良行为记录的医师,可以简化考核程序。

对考核不合格的医师,县级以上人民政府卫生健康主管部门应当责令其暂停执业活动3个月至6个月,并接受相关专业培训。暂停执业活动期满，再次进行考核，对考核合格的，允许其继续执业。

（二）医疗美容医师的考核与培训

医疗美容主诊医师根据执业医师的标准进行考核和培训。除此之外，由各省行政部门负责对医疗美容主诊医师的培训及日常管理考核工作，实现培训进修基地动态管理，并向社会公布培训进展情况。

1. 考核

在考核对象上，对医疗美容主诊医师进行考核。在考核机构上，主要是行政部门委托主诊医师所在的医疗美容机构对其进行考核，并择期前往卫生健康主管部门进行备案。在考核专业和执业范围上，主要是核对专业和执业范围相对应的情况，即核定为美容外科专业的，其执业范围应为临床类别外科专业；核定为美容外科专业—眼科方向的，其执业范围应为临床类别眼耳鼻咽喉科专业；核定为美容牙科专业的，其执业范围应为口腔类别口腔专业；核定为美容皮肤科专业的，其执业范围应为皮肤病与性病专业；核定为美容中医科专业的，其执业范围应为中医类别中医专业、中西医结合专业。

2. 培训

各地方卫生行政部门设立统一的培训基地，做到统一培训。以江苏省为例，江苏省原卫生计生委《关于加强医疗美容主诊医师管理有关问题通知的通知》规定，培训应在江苏省医疗美容培训基地进行，培训基地分别在东南大学附属中大医院（美容外科）、江苏省中医院（美容中医科）、江苏省口腔医院（美容口腔科）、江苏省人民医院（美容外科眼科方向）、中国医学科学院皮肤病医院（美容皮肤科）。外省的培训证明须省级卫生行政主管部门出具该培训基地为本省培训基地的证明。

第二节　医疗美容机构执业护士

护士是指经执业注册取得护士执业证书，按照《护士条例》的规定从事护理活动，履行保护生命、减轻痛苦、增进健康职责的卫生技术人员。医疗美容执业护士，是指经执业注册，从事医疗美容护理工作的执业护士。

取得护士资格并经护士注册机关注册，是成为医疗美容执业护士的前提。因此，医疗美容执业护士不仅应符合执业护士的条件，还应同时符合以下三个条件：(1)资格上，其有护士资格，并经护士注册机关注册；(2)经历上，具有2年以上护理工作经历；(3)经过医疗美容护理专业培训或进修并合格，或已从事医疗美容临床护理工作6个月以上。

一、医疗美容护士执业资格考试制度

医疗美容护士的执业条件是在满足护士资格的前提下，经专业培训、进修或从事医疗美容护理工作6个月以上，相对于医疗美容主诊医师的苛刻条件，医疗美容护士与临床护士的要求差异甚微。因此，下文主要对护士执业资格的考试制度进行阐述。

(一)考试原则、科目与条件

1.考试原则

护士执业资格考试遵循公平、公开、公正的原则。实行国家统一考试制度。统一考试大纲，统一命题，统一合格标准。护士执业资格考试原则上每年举行一次，具体考试日期在举行考试3个月前向社会公布。

2.考试科目

护士执业资格考试包括专业实务和实践能力两个科目。分别考查的是运用与护理工作相关的知识，有效而安全地完成护理工作的能力，以及运用护理专业知识和技能完成护理任务的能力。一次考试通过两个科目为考试成绩合格。

3.考试条件

申请参加护士执业资格考试者需要满足以下条件：在中等职业学校、高等学校完成国务院教育主管部门和国务院卫生主管部门规定的普通全日制3年以上的护理、助产专业课程学习，包括在教学、综合医院完成8个月以上护理临床实习，并取得相应学历证书的，可以申请参加护士执业资格考试。

(二)考试申请

申请参加护士执业资格考试的人员，不仅应当按国家价格主管部门确定的收费标准缴纳考试费，还应当在公告规定的期限内报名，并提交以下材料:(1)护士执业资格考试报名申请表;(2)本人身份证明;(3)近6个月二寸免冠正面半身照片3张;(4)本人毕业证书;(5)报考所需的其他材料。若申请人为在校应届毕业生,应当持有所在学校出具的应届毕业生毕业证明,到学校所在地的考点报名。若申请人为非应届毕业生,可以选择到人事档案所在地报名。

(三)考试合格证明

护士执业资格考试成绩于考试结束后的45个工作日内公布,由报名考点发放考生成绩单,若成绩合格可取得考试成绩合格证明,这将作为申请护士执业注册的有效证明。

二、护士执业注册制度

(一)护士执业注册的条件

只有当护士经执业注册取得护士执业证书后,才能按照注册的执业地点从事护理工作。未经执业注册取得护士执业证书者,不得从事诊疗技术规范规定的护理活动。

申请护士执业注册应当满足以下四个条件:(1)具有完全民事行为能力;(2)在中等职业学校、高等学校完成国务院教育主管部门和国务院卫生主管部门规定的普通全日制3年以上的护理、助产专业课程学习,包括在教学、综合医院完成8个月以上护理临床实习,并取得相应学历证书;(3)通过国务院卫生主管部门组织的护士执业资格考试;(4)符合国务院卫生主管部门规定的健康标准。

另外,在时间上,申请应当自护士通过执业资格考试之日起3年内提出,若逾期提出申请的,则除应具备申请条件第(1)项、第(2)项和第(4)项规定条件外,还应在符合国务院卫生主管部门规定条件的医疗卫生机构接受3个月临床护理培训并考核合格。

(二)护士执业注册机构

申请护士执业注册的,应当向批准设立拟执业医疗机构或者为该医疗机构备案的卫生主管部门提出申请。

收到申请的卫生主管部门应当自收到申请之日起20个工作日内作出决定，对具备《护士条例》规定条件的，准予注册，并发给护士执业证书；对不具备《护士条例》规定条件的，不予注册，并书面说明理由。护士执业注册有效期为5年。

（三）护士执业注册变动

1. 护士执业注册变更

护士在执业注册有效期内变更执业地点的，应当向批准设立拟执业医疗机构或者为该医疗机构备案的卫生主管部门报告，并提交以下材料：（1）护士变更注册申请审核表；（2）申请人的护士执业证书。收到申请的卫生主管部门应当自收到报告之日起7个工作日内为申请护士办理变更手续。护士跨省、自治区、直辖市变更执业地点的，收到报告的卫生主管部门还应当向其原注册部门通报。县级以上地方卫生行政主管部门应当通过护士执业注册信息系统，为护士变更注册提供便利。但如果护士承担注册执业机构批准的卫生支援、进修、学术交流、政府交办事项等任务和参加卫生健康主管部门批准的义诊，在签订帮扶或者托管协议的医疗卫生机构内执业，以及从事执业机构派出的上门护理服务等，则不需要变更执业地点。

2. 护士执业注册延续

护士执业注册有效期届满需要继续执业的，应当在有效期届满前30日，准备以下材料提交至原注册部门申请延续注册：（1）护士执业注册申请审核表；（2）申请人的护士执业证书。注册部门自受理之日起20日内进行审核，若审核合格，则予以延续注册。

若出现以下两种情形，不予延续注册，并出具书面说明：（1）不符合《护士执业注册管理办法》第7条规定的健康标准的；（2）被处暂停执业活动处罚期限未满的。

3. 护士执业重新注册

有下列情形之一的，拟在医疗卫生机构执业时，应当重新申请注册：（1）注册有效期届满未延续注册的；（2）受吊销护士执业证书处罚，自吊销之日起满两年的。重新申请注册的，按照《护士执业注册管理办法》第9条的规定提交材料；中断护理执业活动超过3年的，还应当提交在省、自治区、直辖市人民政府卫生健康主管部门规定的教学、综合医院接受3个月临床护理培训并考核合格的证明。

4. 护士执业注册注销

护士执业注册后有下列情形之一的，原注册部门办理注销执业注册：(1)注册有效期届满未延续注册；(2)受吊销护士执业证书处罚；(3)护士死亡或者丧失民事行为能力。

第三节　医疗美容机构从业人员行为规范

一、医疗美容执业医师行为规范

医疗美容执业医师首先应当是执业医师，应当遵守一般医疗机构对从业人员行业规范的基本要求；此外，还应严格遵守医疗美容基本操作和行业规范。例如，术前给予求美者正确的审美引导；未经求美者同意的不得公布其术前术后照片；等等。《医疗机构从业人员行为规范》中明确了医疗机构从业人员基本行为规范，医疗美容执业医师应予以遵守：(1)以人为本，践行宗旨；(2)遵纪守法，依法执业；(3)尊重求美者，关爱生命；(4)优质服务，医患和谐；(5)廉洁自律，恪守医德；(6)严谨求实，精益求精；(7)爱岗敬业、团结协作；(8)乐于奉献，热心公益。

二、医疗美容护士行为基本规范

医疗美容护士要做到以下行为规范：(1)不断更新知识，提高专业技术能力和综合素质，尊重关心爱护求美者，保护求美者的隐私，注重沟通，体现人文关怀，维护求美者的健康权益。(2)严格落实各项规章制度，正确执行临床护理实践和护理技术规范，全面履行医学照顾、病情观察、协助诊疗、心理支持、健康教育和康复指导等护理职责，为求美者提供安全优质的护理服务。(3)工作严谨、慎独，对执业行为负责。发现求美者病情危急，应立即通知医师；在紧急情况下为抢救重危求美者生命，应及时实施必要的紧急救护。(4)严格执行医嘱，发现医嘱违反法律、法规、规章或者临床诊疗技术规范，应及时与医师沟通或按规定报告。(5)按照要求及时准确、完整规范书写病历，认真管理，不伪造、隐匿或违规涂改、销毁病历。

第四节　医疗美容机构从业人员法律风险管理

前文主要讲的是对医疗美容机构有关从业人员(执业医师、护士)的资质要求及管理。从另一个层面来看,除公立综合性医院内设医疗美容科室外,大多数医疗美容机构仍然属于私立所有制,医疗美容机构与其所聘请的从业人员,实际属于我国《劳动合同法》所规制的劳动法律关系。而决定一个机构的实力及发展潜力的因素中,除投入资本外,最关键的就是人力资源,故人力资源是医疗美容机构重要的战略资源,尤其是引进优秀的医护人员,对于机构组建自己的医疗技术核心团队、扩大医疗机构品牌影响力等,都有着重要的推动作用。当然,医疗美容行业兴起时间并不久,规范运作也是在国家对医疗美容行业的逐渐重视后才开始的。与此同时,医疗美容机构在人力资源法律风险管理上仍然存在诸多不足之处,具体表现为对劳动相关的法律、法规及政策不了解,对员工关系的管理没有完善的管理体系和流程,处罚员工没有相关规章制度依据,不支付加班费,工作时间不符合法定工时制度,员工离职无正当理由扣发工资绩效,等等。所以,充分认识人力资源管理上的法律风险,构建机构人力资源法律风险防控系统,从而引进高端、稳定的医疗技术人才,对促进机构的发展、减少不必要的法律风险也是非常必要的。具体来讲,主要应做好以下几点。

一、做好人力资源管理战略规划

设立专门的人力资源管理部门,配合机构整体发展规划来设计岗位架构、完善人员编制,按机构实际需要招聘录用人员;建立包括招聘录用、入职管理、社会保险、工作时间、加班休假、解聘补偿等全流程的机构员工管理体系,完善人力资源管理各个环节的流程和制度,用制度管人;定期进行全员培训,解读宣讲政策法规和机构规章制度,提高全员守规意识,做到管理有据可循。从源头杜绝法律风险,使机构始终在良性的运营轨道中运行,避免医疗美容机构管理人员将过多时间消耗在处理内部员工纠纷上。在从业人员管理方面应着重把握以下几点。

（一）医疗机构聘用的医师和护士应当具备合法有效的执业资质

医师经注册后，可以在医疗卫生机构中按照注册的执业地点、执业类别、执业范围执业，从事相应的医疗卫生服务。未取得或者以非法手段取得医师执业资格从事医疗活动的或被依法吊销医师执业证书期间从事医疗活动的，根据《刑法》第336条的规定，未取得医师执业资格的人非法行医，情节严重的，处3年以下有期徒刑、拘役或者管制，并处或者单处罚金；严重损害就诊人身体健康的，处3年以上10年以下有期徒刑，并处罚金；造成就诊人死亡的，处10年以上有期徒刑，并处罚金。

护士经执业注册取得护士执业证书后，方可按照注册的执业地点从事护理工作。

医疗机构聘请非卫生技术人员从事医疗卫生技术工作的，由县级以上人民政府卫生行政主管部门责令其限期改正，并可以处1万元以上10万元以下的罚款；情节严重的，吊销其医疗机构执业许可证或者责令其停止执业活动。

（二）医疗美容机构实行主诊医师负责制

医疗美容机构实行主诊医师负责制，依法取得医疗美容主诊医师资格的医师方可独立开展医疗美容诊疗服务，未取得主诊医师资格的执业医师，可在主诊医师的指导下从事医疗美容临床技术服务工作。这里需要注意的是，执业护士是从事护理工作的，不能操作任何医疗美容手术项目。例如，有些医疗美容机构的光子嫩肤、脱毛等医美项目由护士来操作，这都是违规的。

（三）医疗机构的医师应办理合法有效的执业注册、备案或外出会诊手续

医师可在多个机构进行执业，应当确定一个机构作为其主要执业机构，并向批准该机构执业的卫生行政主管部门申请注册；对于拟执业的其他机构，医师应向批准该机构执业的卫生行政主管部门分别申请多点执业备案，注明所在执业机构的名称。医师外出会诊按照《医师外出会诊管理暂行规定》等有关规定执行。

(四)外国医师及我国港澳台地区医师的注册手续

外国医师来华短期行医，是指在国外取得合法行医权的外籍医师，应邀、应聘或者申请来华从事不超过1年期限的临床诊断、治疗业务活动。外国医师来华短期行医必须经过注册，取得外国医师短期行医许可证，相关流程按照《外国医师来华短期行医暂行管理办法》等有关规定执行。

我国香港、澳门特别行政区医师在内地短期行医，是指具有香港特别行政区或者澳门特别行政区合法行医资格的医师，应聘在内地医疗机构从事不超过3年的临床诊疗活动。香港、澳门特别行政区医师在内地短期行医必须经过执业注册，取得港澳医师短期行医执业证书，相关流程按照《香港、澳门特别行政区医师在内地短期行医管理规定》等有关规定执行。

我国台湾地区医师在大陆短期行医，是指具有台湾地区合法行医资格的医师，应聘在大陆医疗机构从事不超过3年的临床诊疗活动。台湾地区医师在大陆短期行医必须经过执业注册，取得台湾地区医师短期行医执业证书，相关流程按照《台湾地区医师在大陆短期行医管理规定》等有关规定执行。

案例｜使用非卫生技术人员或未按要求填写病历资料

基本案情[1]：某医疗美容机构因使用一名非卫生技术人员胡某某为患者吕某某、郎某某开展医疗美容工作，违反了《医疗机构管理条例》第27条的规定。聘用的医师陈某未按规定填写2名患者的病历资料，违反了《医疗纠纷预防和处理条例》第15条第1款的规定。依据《医疗机构管理条例》第47条、《医疗纠纷预防和处理条例》第47条第4项之规定，被处以罚款2万元的行政处罚。

律师分析：医疗美容机构聘用工作人员时，一定要根据规定聘用具备相应资质的卫生技术人员，同时，如实做好相关病历资料的书写工作。否则，可能面临行政机关的行政处罚。

二、构建人力资源法律风险管理体系

构建人力资源法律风险管理体系是现代企业人力资源管理中的重要组成部分，医疗美容机构也不例外。其目的在于通过系统化的管理手段，防

---

〔1〕 参见湖南省永州市卫生监督局行政处罚决定书，永卫医罚〔2023〕17号。

范、控制和处理因劳动用工、劳动合同、薪酬福利、劳动争议等人力资源相关活动引发的法律风险，从而保障医疗美容机构的合法权益，降低法律纠纷带来的损失，并推动机构人力资源管理的合规性与可持续性发展。具体是指在医务人员招聘、录用、劳动合同签订、履行与终止、薪酬福利、绩效考核、员工培训、劳动争议处理等人力资源管理的全过程中，分析、识别、评估和控制可能面临的法律风险，并采取适当措施予以应对的动态管理过程。

（1）构建人力资源法律风险识别框架，逐一排查可能存在的风险并记录，做好风险排查表，形成风险清单及报告。

（2）根据风险排查报告，对法律风险进行分析和评估，明确风险级别。

（3）根据风险评估结果，制订应对措施，应对措施主要有事前防范和事后控制措施。

（4）建立监督检查机制，及时发现内外部法律风险环境变化，及早根据变化对人力资源法律风险管理工作进行改进。

三、劳动争议处理

在做好相关法律风险管控的前提下，机构与员工之间仍然不可避免地存在一些劳动争议纠纷需要处理，这也是当今医疗美容机构所面临的内部管理中的重大问题。为更好地积极应对和处理，熟悉相关劳动争议处理程序也是十分必要的。

（一）劳动争议概述

劳动争议，又称劳动纠纷，指劳动关系双方当事人之间因劳动权利和劳动义务而发生的纠纷。根据《劳动争议调解仲裁法》的规定，劳动争议包括以下内容：（1）因确认劳动关系发生的争议；（2）因订立、履行、变更、解除和终止劳动合同发生的争议；（3）因除名、辞退和辞职、离职发生的争议；（4）因工作时间、休息休假、社会保险、福利、培训以及劳动保护发生的争议；（5）因劳动报酬、工伤医疗费、经济补偿或者赔偿金等发生的争议；（6）法律、法规规定的其他劳动争议。

（二）劳动争议处理原则

根据《劳动法》及《劳动争议调解仲裁法》的规定，劳动争议处理应当遵循以下原则。

1. 着重调解原则

着重调解原则,是指处理劳动争议时,着重以调解方式解决,使双方当事人达成一致协议并认真履行。着重调解原则并不是强制调解,其前提是双方当事人自愿,同时,此原则也适用于仲裁和诉讼程序。

2. 合法原则

合法原则,是指劳动争议处理机构应当对争议的事实深入调查,在事实清楚的基础上,根据劳动法律法规、规章政策等作出处理,所达成的调解协议、作出的裁决或判决不得违反国家现行法律法规,不得损害国家、公众和他人利益。

3. 公正原则

公正原则,是指劳动争议处理机构应当公正执法,严格依法办事,对争议当事人在适用法律上一律平等,不得偏袒、歧视任一方。同时,劳动争议双方当事人应当充分尊重对方在劳动争议过程中的法律地位,任何一方不得把自己的意志强加于另一方。

4. 及时处理原则

及时处理原则,是指劳动争议的处理机构在处理争议案件时要在法律和有关规定要求的时限内受理和办结。及时处理原则有利于维护当事人的合法权益,也可防止劳动争议"久调不决"。

(三)争议解决方法

根据《劳动法》及《劳动争议调解仲裁法》的规定,劳动争议发生后,当事人双方可以先协商;不愿协商、协商不成或达成和解协议后不履行的,当事人可以向调解组织申请调解;不愿调解、调解不成或达成调解协议后不履行的,当事人可向劳动争议仲裁委员会申请仲裁;不服仲裁裁决的,除法律另有规定外,可以向法院提起诉讼。

1. 协商

协商,是指劳动争议双方当事人就争议的问题直接进行协商,达成和解协议。协商并不是解决劳动争议处理的必经程序,其前提是双方当事人自愿,达成的和解协议、和解方案不具有强制执行力。

2. 调解

劳动争议调解，是指劳动者和用人单位在发生劳动争议后，向法律规定的调解组织申请调解，调解组织居中主持调解，并帮助当事人双方达成调解协议，从而解决争议的活动。这里的调解组织包括机构劳动争议调解委员会，依法设立的基层人民调解组织和在乡镇、街道设立的具有劳动争议调解职能的组织。调解也不是劳动争议处理的必经程序，而是当事人双方的自愿选择，不具有强制执行力。

3. 仲裁

劳动争议仲裁，是指劳动争议的当事人向劳动争议仲裁委员会提出申请，请求对当事人因劳动权利义务等问题产生的争议进行裁决的一种处理劳动争议的方式。与协商和调解不同，生效的劳动争议裁决具有强制执行力。劳动仲裁是处理劳动争议法定必经程序，也是提起劳动诉讼的前置程序。

除法律另有规定外，以下两种情况，劳动争议仲裁委员会作出的仲裁裁决为终局裁决，裁决书自作出之日起发生法律效力：(1)追索劳动报酬、工伤医疗费、经济补偿或者赔偿金，不超过当地月最低工资标准12个月金额的争议；(2)因执行国家的劳动标准在工作时间、休息休假、社会保险等方面发生的争议。

4. 诉讼

争议诉讼，是指当事人不服劳动争议仲裁委员会的裁决，在规定的期限内向法院起诉，法院依照民事诉讼程序，依法对劳动争议案件进行审理的活动。根据《劳动法》的规定，劳动争议当事人对仲裁裁决不服的，可以自收到仲裁裁决书之日起15日内向法院提起诉讼。期满不起诉的，裁决书发生法律效力。

(四)劳动争议时效

1. 时效规定

时效的概念在劳动法体系下，包括仲裁时效和诉讼时效两种，可依法定原因中止、中断。

《劳动争议调解仲裁法》规定的劳动争议申请仲裁的时效期间为1年，劳动关系存续期间因拖欠劳动报酬发生争议的，劳动者申请仲裁不受1年仲裁时效期间的限制，但是，劳动关系终止的，应当自劳动关系终止之日起 1 年内提出。劳动争议当事人对仲裁裁决不服的，符合法律规定条件的可以自收到仲裁裁决书之日起 15 日内向法院提起诉讼。一方当事人在法定期限内不起诉又不履行仲裁裁决的，另一方当事人可以申请法院强制执行。

诉讼时效，是指权利人在法定期间内不行使权利即丧失请求法院依法保护其民事权利之权利的法律制度。《民法典》规定，向法院请求保护民事权利的诉讼时效期间为 3 年。法律另有规定的，依照其规定。

2. 时效计算

劳动争议申请仲裁的时效期间从当事人知道或者应当知道其权利被侵害之日起计算。关于“当事人知道或者应当知道其权利被侵害之日”应做如下理解。

第一，在劳动关系存续期间产生的支付工资争议，用人单位能够证明已经书面通知劳动者拒付工资的，书面通知送达之日为劳动争议发生之日。用人单位不能证明的，劳动者主张权利之日为劳动争议发生之日。

第二，因解除或者终止劳动关系产生的争议，用人单位不能证明劳动者收到解除或者终止劳动关系书面通知时间的，劳动者主张权利之日为劳动争议发生之日。

第三，劳动关系解除或者终止后产生的支付工资、经济补偿金、福利待遇等争议，劳动者能够证明用人单位承诺支付的时间为解除或者终止劳动关系后的具体日期的，用人单位承诺支付之日为劳动争议发生之日。劳动者不能证明的，解除或者终止劳动关系之日为劳动争议发生之日。

第三章 医疗美容机构医疗器械与药事管理

第一节 医疗美容机构医疗器械管理

医疗美容机构使用医疗器械,应当建立进货查验记录等制度,并定期检查、检验、校准、保养、维护医疗器械,按规定消毒等。医疗美容机构应当在具有生产经营资格的机构购买药品、医疗器械,落实进货查验制度,按照适应证合理使用,严格规范毒性药品和麻醉药品的使用。

一、医疗器械的配置管理

根据《美容医疗机构、医疗美容科(室)基本标准(试行)》的要求。不同的医疗美容机构须按照如下要求进行医疗器械配置。

(一)美容医院

美容医院须配备以下医疗器械:(1)基本设备,包括呼吸机、心电监护仪、自动血压监测仪、电动吸引器、体外除颤器、麻醉机、吸脂机、紫外线消毒灯、高压蒸气灭菌设备、器械柜、美容外科手术相应的手术器械、X 光机及暗室成套设备、喷砂洁牙器、光固化治疗机、正颌外科器械、X 光牙片机、口腔全景 X 光机、牙科必备的消毒设备、文眉机、超声波美容治疗机、恒温培养箱、消毒柜、检验科需要的配套设备等;(2)病房每床单元设备,与二级综合医院相同;(3)具有与开展的诊疗科目相应的其他设备。

(二)医疗美容门诊部

医疗美容门诊部须配备以下医疗器械:(1)基本设备,包括手术床和成套美容外科手术器械、紫外线消毒灯、高压蒸气灭菌设备、离子喷雾器、多功能美容仪、皮肤磨削机、文眉机、激光治疗机、消毒柜、牙科必备的消毒设备等;(2)具有与开展的诊疗科目相应的其他设备。

(三)医疗美容诊所

医疗美容诊所须配备以下医疗器械:(1)基本设备,包括手术床及相应成套美容外科器械、消毒柜、紫外线消毒灯、高压蒸气灭菌设备、皮肤磨削机、离子喷雾器、多功能美容仪、激光机或电子治疗机、文眉机、牙科必备的消毒设备等;(2)具有与开展的诊疗科目相应的其他设备等。

医疗美容机构对医疗器械采购实行统一管理原则。医疗美容机构在配置、采购上述医疗器械时,选择的供应商必须依法持有医疗器械生产机构许可证和医疗器械注册证,所配置的医疗器械需要有合格证明文件。医疗美容机构还应当确认其购入的医疗器械不属于过期、失效或者淘汰的医疗器械。

二、医疗器械的使用管理

(一)严格查验供货商资质和产品证明文件

验收时应当确认设备的详细信息并配合厂家工程师安装调试并形成档案记录。查验内容一般包括:(1)医疗器械的名称、型号、规格、数量;(2)医疗器械的生产批号、有效期、销售日期;(3)生产机构的名称;(4)供货者或者购货者的名称、地址及联系方式;(5)相关许可证明文件编号等。

医疗机构的进货查验记录应当保存至医疗器械规定使用期限届满后2年或者使用终止后2年。大型医疗器械进货查验记录应当保存至医疗器械规定使用期限届满后5年或者使用终止后5年;植入性医疗器械进货查验记录应当永久保存。医疗器械使用单位贮存医疗器械的场所、设施及条件应当与医疗器械品种、数量相适应。

（二）建立覆盖质量管理全过程的使用质量管理制度

美容医疗机构应当建立覆盖医疗器械从采购到报废全过程的规章制度，在有条件的情况下采用信息化管理手段。从纵向上来说，医疗美容机构要建立专门的医疗设备管理部门，建立与其规模相适应的医疗器械质量管理机构，做到设备全过程管理规范化、制度化和科学化，形成完整的设备管理链。从横向上来说，管理制度覆盖医疗设备采购、固定资产、验收、使用、保养维护、报废、档案、不良事件监测等各环节，使医疗设备使用全过程有章可循、有据可查。

（三）妥善保存相关记录和资料

医疗设备从申请、购置到报废的过程中会形成一系列具有保存、利用价值的文字、图表、声像载体资料。通过对这些资料的收集、整理、鉴定、分析统计、归档、保存，形成医疗设备档案。在这一过程中，档案资料要与设备从立项到报废全过程同步。另外，档案记录的保存期限要符合法律规定。

（四）维护管理

医疗设备的维护应当变被动维修为预防性维护，定期对设备性能进行检测。对使用期限长的大型医疗器械，应当逐台建立使用档案，记录其使用、维护等情况。记录的保存期限不得少于医疗器械规定使用期限届满后 5 年或者使用终止后 5 年。在使用过程中，发现使用的医疗器械存在安全隐患的，应当立即停止使用，并通知生产机构或者其他负责产品质量的机构进行检修；经检修仍不能达到使用安全标准的医疗器械，不得继续使用。

（五）质量管理人员培训

在设备投入使用前，应当依托生产或销售商的工程人员对上岗人员进行专门培训，包括机械的使用、软件的安装、运行和维护等，做到熟练操作。另外，可以建立医疗设备使用人员准入制度，医疗机构组织培训和考核，强化使用人员安全意识，强化技能培训，做到使用人员持证上岗。

医疗美容机构使用的医疗器械覆盖包括三类医疗器械在内的各类医疗器械，如调 Q 激光治疗机就属于三类医疗器械。在对各类医疗器械进行管理的过程中,特别需要对无菌和植入类医疗器械建立并执行使用前质量检查制度,对植入和介入类的器械建立使用记录,使用记录永久保存,相关资料纳入信息化管理系统,确保相关信息具有可追溯性等。

第二节　医疗美容机构药事管理

药事管理是医疗美容机构管理的重要部分,药事管理工作极大地影响着求美者的用药安全和保障。本节主要对医疗美容机构在药事管理方面的治理举措,以及目前医疗美容机构在药品采购、管理、使用过程中存在的问题进行分析,提示医疗美容机构可能存在的法律风险。鉴于医疗美容机构本质仍然是属于医疗机构,在药事管理方面与一般医疗机构的药事管理并无不同,故以下从一般医疗机构的药事管理进行分析和说明。

医疗机构药事管理,是指医疗机构以求美者为中心,以临床药学为基础,对临床用药全过程进行有效的组织实施与管理,促进临床科学、合理用药的药学技术服务和相关的药品管理工作。

医疗机构药事管理具有专业性、实践性和服务性的特点,具体如下:

(1)专业性。医疗机构药事管理不同于一般行政管理工作,具有明显的药学专业特征。

(2)实践性。医疗机构药事管理是各种管理职能和方法在医疗机构药事活动中的实际运用。

(3)服务性。强调了医疗机构药事管理的目的,即保障医疗机构药学服务工作的正常运行和不断发展,围绕医疗机构的总目标,高质、高效地向求美者和社会提供医疗卫生保健的综合服务。

医疗机构药事管理工作是医疗工作的重要组成部分,医疗机构根据临床工作实际需要,应设立药事管理组织和药学部门。

一、药事管理与药物治疗学委员会(组)

《医疗机构药事管理规定》明确规定,二级以上医院应当设立药事管理与药物治疗学委员会,其他医疗机构应当成立药事管理与药物治疗学组。

药事管理与药物治疗学委员会(组)的职责主要包括以下七项:(1)贯彻

执行医疗卫生及药事管理等有关法律、法规、规章。审核制定本机构药事管理和药学工作规章制度，并监督实施。(2)制定本机构药品处方集和基本用药供应目录。(3)推动药物治疗相关临床诊疗指南和药物临床应用指导原则的制定与实施，监测、评估本机构药物使用情况，提出干预和改进措施，指导临床合理用药。(4)分析、评估用药风险和药品不良反应、药品损害事件，提供咨询与指导。(5)建立药品遴选制度，审核本机构临床科室申请的新购入药品、调整药品品种或者供应企业和申报医院制剂等事宜。(6)监督、指导麻醉药品、精神药品、医疗用毒性药品及放射性药品的临床使用与规范化管理。(7)对医务人员进行有关药事管理法律法规、规章制度和合理用药知识的教育培训，向公众宣传安全用药知识。

二、药学部门

根据《医疗机构药事管理规定》的规定，医疗机构应当根据本机构功能、任务、规模设置相应的药学部门，配备和提供与药学部门工作任务相适应的专业技术人员、设备和设施。三级医院设置药学部，并可根据实际情况设置二级科室；二级医院设置药剂科；其他医疗机构设置药房。医疗美容机构也应依照此规定设置。为统一表述以下统称为药剂科。

医疗机构药剂科又称医院药房，它是医疗机构中从事预防、诊断、治疗所用药品的供应、调剂、制剂配制、提供临床药学服务、监督检查药品质量等工作的部门。

(一)药剂科基本任务

药剂科是医疗机构中负责药品管理和药学服务的重要部门，其基本任务涵盖以下几个方面：

(1)药品供应管理。根据本院医疗和科研需求、按照本机构用药目录和处方集采购药品，按时供应。

(2)调剂与制剂。根据医师处方、医嘱，按照配方程序，及时、准确地调配处方药品。

(3)质量管理。为保证市场购入药品和自制制剂的质量，药剂科应建立健全药品质量监督和检验制度，以保证临床用药安全有效。

(4)信息采集与汇报。临床药学工作应结合临床实际情况，搞好合理用药、新药试验和药品再评价工作，收集药品不良反应，及时向卫生健康主管部门和药品监督管理部门汇报并提出需要改进和淘汰品种意见。

(5)科研任务。科研与教学创新是学科发展的动力，药剂科应积极创造条件，开展科研活动。

(二)药剂科管理模式

医疗机构药剂科的管理，属于医疗机构部门管理的范畴。目前我国医院药剂科的管理有以下几种模式：

(1)分级管理。贯彻医院分级管理标准，实行医院规范化管理的要求就是把医院分级管理标准中的药剂科标准作为药剂科建设的目标，结合科室实际，狠抓达标建设。

(2)目标管理。是一种参与型的管理制度，其目的是以尽可能少的人力和其他资源投入实现尽可能多的产出。

(3)量化管理。是指将计量管理的方法运用于药剂科的管理，其核心是定量评价，即在特定范围内按量化指标实施考核评价。量化管理往往与目标管理和标准化管理相结合，在量化指标的基础上，制定量化标准，在标准的基础上确定目标，按照目标实施考核。

(4)标准化管理。是指对药剂科各项业务工作中可重复的事、物和概念通过制定标准、实施标准，以期获得最佳运行秩序和社会效益。

(5)责任制管理。是指将药剂科管理的主体、内容和基本方式紧密结合，组合成药剂科管理的责任体系。这是以各级管理者的职、权、责、利有机结合与统一为核心的管理模式。

(三)药剂科人员配备基本原则

药剂科作为医疗机构的重要部门，负责药品供应、调剂、制剂、临床药学服务及药品质量管理等工作，其人员配备是否合理直接关系医疗质量、患者安全和药学服务的效率。因此，药剂科的人员配备需要遵循一定的基本原则，以确保工作高效、安全、合规。以下是对药剂科人员配备的基本原则的概述性介绍。

(1)功能需要原则。人员配备是为各个职位配备合适的人员，必须根据任务的多寡及各项任务的具体业务要求，配备具有相应知识技能和工作能力的称职人员。

(2)能级对应原则。不同的岗位赋予人员不同的权力和责任。各级人员的学历、资历、工作能力、素质都应与其所占据的职位相称,做到人尽其才,各尽所能。

(3)比例合理原则。首先,医院临床医务人员与药剂人员之间的比例应合理;其次,医院药剂科内部不同层次人员的比例应适当。

(4)动态发展原则。医院药剂科的人员配备应当随着医院药学工作范围的扩大、药学业务工作技术服务含量的提高而不断调整。

三、处方管理

(一)处方的概念

处方,是指由注册的执业医师和执业助理医师在诊疗活动中为患者开具的,由取得药学专业技术职务任职资格的药学专业技术人员审核、调配、核对,并作为求美者用药凭证的医疗文书。处方包括医疗机构病区用药医嘱单。可以说,处方既是医师为预防和治疗疾病而为患者开写的取药凭证,也是药师为患者调配和发药品的依据,还是患者进行药物治疗和药品流向的原始记录。

(二)处方权限的规定

处方权限的规定是医疗机构药事管理和医疗行为规范的重要组成部分,其目的是确保处方的合法性、安全性和合理性,保障患者的用药安全,同时维护医疗秩序和合理用药的原则。具体来说,关于处方权限的规定主要有以下几项:

(1)经注册的执业助理医师在医疗机构开具的处方,应当经所在执业地点执业医师签名或加盖专用签章后方有效。

(2)经注册的执业助理医师在乡、民族乡、镇、村的医疗机构独立从事一般的执业活动,可以在注册的执业地点取得相应的处方权。

(3)医师应当在注册的医疗机构签名留样或者专用签章备案后,方可开具处方。

(4)医疗机构应当按照有关规定,对本机构执业医师和药师进行麻醉药品和精神药品使用知识和规范化管理的培训。

(5)试用期人员开具处方,应当经所在医疗机构有处方权的执业医师审核,并签名或加盖专用签章后方有效。

(6)进修医师由接收进修的医疗机构对其胜任本专业工作的实际情况进行认定后,授予相应的处方权。

(三)处方限量规定

我国卫生部令第53号《处方管理办法》明确规定了对普通药品及特殊管理药品的处方限量要求,规范了医师开具处方的药品数量。同时,《麻醉药品和精神药品管理条例》对特殊管理药品(如麻醉药品、精神药品)的处方限量进一步作出了更加严格的规定,以防止滥用和流弊。主要关注以下两个方面:

(1)处方一般不得超过7日用量。急诊处方一般不得超过3日用量;对于某些慢性病、老年病或特殊情况,处方用量可适当延长,但医师应注明理由。医疗用毒性药品、放射性药品的处方用量应当严格按照国家有关规定执行。

(2)为门(急)诊患者开具的麻醉药品注射剂,每张处方为一次常用量;控缓释制剂,每张处方不得超过7日常用量;其他剂型,每张处方不得超过3日常用量。

(四)处方保管规定

每日处方应按普通药及控制药品分类装订成册,妥善保存,便于查阅。

处方由调剂处方药品的医疗机构妥善保存。普通处方、急诊处方、儿科处方保存期限为1年;医疗用毒性药品、第二类精神药品处方保存期限为2年;麻醉药品和第一类精神药品处方保存期限为3年。

处方保存期满后,经医疗机构主要负责人批准、登记备案,方可销毁。

(五)准确无误地调配处方和发药

调配处方药品需要注意以下事项:(1)仔细阅读处方,用法用量是否与瓶签或药袋上书写的一致。(2)有次序调配,防止杂乱无章;急诊处方随到随配,装置瓶等用后立即放回原处。(3)严格遵守操作规程,称量准确。

(4)经两人复核无误签字后发出。

发药时呼叫求美者姓名,确认无误后方可发出。向求美者交付药品时按照药品说明书或者处方用法,进行用药交代与指导,有些镇静、安定药及精神药品、抗过敏药等特别要说明服用后不得驾驶车辆或机器等,以防危险由于有些食物可与药物产生相互作用,饮酒(含醇饮料)等亦有影响,必要时要加以解释。

四、药品保管

《药品管理法》第71条规定:"医疗机构应当有与所使用药品相适应的场所、设备、仓储设施和卫生环境,制定和执行药品保管制度,采取必要的冷藏、防冻、防潮、防虫、防鼠等措施,保证药品质量。"《医疗机构药事管理规定》第26条规定:"医疗机构应当制订和执行药品保管制度,定期对库存药品进行养护与质量检查。药品库的仓储条件和管理应当符合药品采购供应质量管理规范的有关规定。"

(一)药品保管的主要措施

药品保管是确保药品质量、安全性和有效性的关键环节,医疗美容机构须根据药品特性采取科学管理措施。

(1)分类储存:按药品的自然属性分类,按区、排、号进行科学储存。

(2)针对影响药品质量的因素采取措施:对易受光线影响变质的药品存放室门窗可悬挂黑色布、纸遮光,或者存放在柜、箱内;易受湿度影响变质的药品,应控制药库湿度,一般保持在45%~75%;易受温度影响变质的药品,应分库控制药库温度,其中冷库温度为2℃~10℃,阴凉库温度不高于20℃,常温库温度为0℃~30℃;药品保管要采取必要的防虫、防鼠措施。

(3)定期检查、养护,发现问题及时处理。

(二)建立并执行药品保管的制度

药剂科为保管好药品、制剂,应建立以下制度:(1)药库人员岗位责任制;(2)入库验收、出库验发制度;(3)在库药品检查养护制度;(4)有效期药品管理制度;(5)病区药柜管理制度;(6)不合格药品处理制度。

（三）有效期药品管理

药品有效期，是指在一定贮藏条件下，能够保证药品质量合格的期限。《药品管理法》规定，超过有效期的药品按照劣药论处。此类药品不仅可能失去疗效，还可能产生有害物质，甚至对环境和人体健康造成危害。针对过期药品进行处理时需兼顾安全性和环保性，优先选择医疗机构或药房等专业回收渠道；家庭处理时需彻底破坏药品形态，避免二次利用或污染环境。同时，通过科学管理减少药品过期风险，共同维护公共健康与生态安全。

（四）危险药品的管理

危险药品，是指受光、热、空气、水分、撞击等外界因素的影响可引起燃烧、爆炸或具有腐蚀性、刺激性和放射性的药用物质。危险药品应单独存放在合乎消防规定的危险品库房，远离病房和其他建筑物。

（五）高危药品管理

目前，国内有高危药品（高警示药品）的概念，但没有一个明确的定义。临床上所称的"高危药品"通常指本身毒性大、不良反应严重，或因使用不当极易产生严重后果甚至危及生命的药物，包括高浓度电解质（如 10% 氯化钾）、肌松药、细胞毒类药品等。

2023 年发布的《医疗机构高警示药品风险管理规范》进一步对高危药品明确了 A、B、C 三个风险等级，其中 A 级风险最高，如高浓度电解质、胰岛素、麻醉药等，须专区存放、专人管理，并标注红色警示标识；B 级如口服抗栓药、脂质体药物等，须黄色标识，严格核对使用；C 级如口服降糖药、免疫抑制剂等，采用蓝色标识，常规监测即可。

总之，高危药品管理须贯穿采购、储存、调配、使用及监测全流程，结合分级标识、双人核查、动态监测等措施，并依托法规完善和技术升级持续优化。医疗机构须严格落实制度，监管部门强化检查，共同保障用药安全。

五、医疗美容机构药物使用情况

根据中国消费者协会发布的数据，医疗美容行业的投诉率一直处于高位。2024 年全国消费者保护系统受理的轻医美投诉超 41 万件，其中药品使用问题(如假药、劣药、非法渠道药品等)是主要投诉类型之一。例如,上海市消费者权益保护委员会受理的1203件医美投诉中,60%以上涉及药品违规,包括使用未获批药品、假药(如非法肉毒素)等问题。此外,药品使用管理中的问题也十分突出,如药品与器械混放,温控、冷储等基础设施不达标,过期药品未及时报废处理,未按要求建立药品入库验收、使用记录或记录不全,从业人员未进行培训或不具备药品管理的相关专业知识等。

根据截至2024年12月在裁判文书网检索的结果,医疗美容机构因为药品管理、使用问题承担法律责任的情况十分普遍,问题主要集中在以下几个方面:(1)违反《药品管理法》,使用未经国家批准上市销售的美容药品;(2)违反《医师法》和《药品管理法》的规定使用美容药品的人员不具备法律要求的相应资质;(3)违反《药品流通监督管理办法》(已失效)或《药品管理和使用质量监督管理办法》的规定,未执行进货查验制度,导致药品来源无法查明;(4)违反《药品经营质量管理规范》,美容药品储存没有严格按照规定进行储存保管,导致药品变质而致人损害;(5)违反《处方管理办法》,违规开具、使用精神药品和麻醉药品;(6)违反《药品管理法》,使用没有药物生产许可证的假药等。

综上所述,使用的药品存在问题以及使用药品的人员不符合法律规定的资质,都有可能严重危害求医者的生命健康,因此国家将生产、销售、提供假药和非法行医都纳入刑事处罚的范畴。现实中,一些医疗美容机构经营者为了追逐超额利润,采购低价假药、劣药进行销售,或是聘用善用话术的非卫生技术人员担任医师开具用药处方,在国家多次重点治理下,这些医疗美容机构或是经营者身陷囹圄,或是逐渐被市场淘汰。

第三节　医疗美容机构医疗器械及药事法律风险管理

除一般医疗机构需要注意的医疗器械、药事管理法律风险外,医疗美容机构因其特殊性,对于以下几个法律风险管控点需要特别注意。

一、医疗器械的采购、使用应当合法

(一)医疗美容机构应当从合法途径购进合法医疗器械

医疗器械根据其风险程度实行分类管理,根据风险程度由低到高分为第一类、第二类和第三类。第一类医疗器械实行产品备案管理,第二类、第三类医疗器械实行产品注册管理。医疗机构购进医疗器械时,应审查医疗器械的“三证”:(1)第一类医疗器械生产机构的备案材料,第二类、第三类医疗器械生产机构的生产许可证;(2)第一类、第二类医疗器械经营机构的备案材料,第三类医疗器械经营机构的经营许可证;(3)第一类医疗器械的备案凭证,第二类、第三类医疗器械的注册证。

(二)医疗美容机构应当合法、合理使用合格医疗器械

医疗美容服务过程中,常用的医疗器械为玻尿酸和植入性假体,此 2 种医疗器械具有注射或植入人体的特征,其合法性和合格性非常重要,不合格的玻尿酸或者假体容易引发感染或其他不良反应,进而导致医疗纠纷的发生。因此,医疗美容机构在向求美者提供医疗美容服务过程中若涉及玻尿酸或假体等医疗器械时,应严格审查其资质、合格证及有效期,不得使用非法、不合格、过期或失效的医疗器械。此外,医疗美容机构应做好该类医疗器械的可追溯性工作,对不同批号的医疗器械使用进行登记造册。

二、药品的采购、使用应当合法

(一)医疗美容机构应当从合法途径购进合法药品

医疗美容机构购进药品时,应当要求供货商提供药品生产机构的药品生产许可证,药品经营机构的药品经营许可证,药品需取得合法有效的药品批准文号,进口药品需取得进口药品注册证书。若医疗机构未按照上述要求购进药品,可能构成销售假药罪,依据《刑法》第 141 条的规定,生产、销售假药的,处 3 年以下有期徒刑或者拘役,并处罚金;对人体健康造成严重危害或者有其他严重情节的,处 3 年以上 10 年以下有期徒刑,并处罚金;致人死亡或者有其他特别严重情节的,处 10 年以上有期徒刑、无期徒刑或者死刑,并处罚金或者没收财产。

(二)毒性药品、麻醉药品和精神药品的特殊管理

《关于将A型肉毒毒素列入毒性药品管理的通知》中规定,医疗美容机构常用的A型肉毒毒素药品需按照毒性药品进行管理,其使用需要凭医师签名的正式处方,处方一次有效,取药后处方保存两年备查。

医疗机构需要使用麻醉药品和第一类精神药品的,应当经所在地设区的市级人民政府卫生主管部门批准,取得麻醉药品、第一类精神药品购用印鉴卡。麻醉药品和第一类精神药品的使用需要具有处方资格医师签名的正式处方,麻醉药品处方至少保存3年,精神药品处方至少保存两年。

以上特殊药品危险性较高,其保管需安装专用防盗门,实行双人双锁管理,使用需严格登记造册。

第四章 医疗美容机构医务管理

第一节　医疗美容机构医务管理概述

医疗机构的医务管理工作极为重要,核心是医疗质量和医疗安全。医疗质量安全核心制度是医疗美容机构及其医务人员在医疗活动中应当履行的重要义务。要完善医疗美容机构的医务安全制度建设,就必须提高医疗质量,保障求美者安全,细化并严格遵守 18 项医疗质量安全核心制度,以及坚持医疗美容医务安全制度的基本原则。除此之外,医疗美容机构还需要建立控制风险机制,提高风险防范意识,建立健全防范措施,建立监督机制,依法依规行医,来保障求美者安全并降低医疗风险。

医疗机构管理是医疗机构在医疗、教学、科研活动中各项管理职能的总称,是按照医疗机构工作的客观规律,运用现代管理理论和方法,对人、财、物、信息、时间等资源,进行计划、组织、协调、控制,充分发挥整体运行功能,以取得最佳医疗效率和医疗效果的管理活动过程。医疗卫生行业的根本任务是救死扶伤,牢固树立“以患者为中心”的服务宗旨,是医疗卫生行业加强医疗诚信建设,提升医疗质量和服务水平的重要基础。因此,医疗医务安全的核心是医疗质量和医疗安全,医疗机构的医务管理在医疗机构管理当中是最重要的。医疗美容机构的医务管理遵守医疗机构医务管理的普遍性规定。

一、医疗质量和医疗安全是衡量医疗质量的标准

由于医疗活动具有侵害性、风险性和结果的不确定性,属于国家严格管控的范畴。因此,医疗质量和医疗安全作为医疗美容机构及其医务人员开展医疗活动的基本要求,同样纳入国家管控范围内,在国家医疗卫生管理法律、法规、规章中都有相应的规定。医疗美容活动是医疗美容机构及其医务人员给求美者提供的以医疗美容为内容的服务活动,属于民事法律关系,即医疗服务法律关系。在医疗服务法律关系中,医疗美容机构及其医务人员是提供服务的一方,求美者是接受医疗服务的一方,医患双方均是医疗服务法律关系的主体。医疗服务法律关系中,医疗服务法律关系主体均享有相应的法律权利、承担相应的法律义务,其中美容医疗机构及其医务人员的主要义务是给求美者提供符合医疗美容诊疗规范要求、具有医疗美容质量保证、对求美者具有安全保障的医疗服务,医疗美容机构及其医务人员是否尽到法律上的注意义务,要从是否具有医疗美容质量保证、对求美者人身是否具有安全保障两个方面来衡量。

二、严格遵守医疗质量安全核心制度

《医疗质量管理办法》对所规制的对象即医疗机构及医务人员具有约束力,是医疗机构及医务人员在医疗过程中必须遵守的医疗服务行为规范。根据《医疗质量管理办法》的规定,医疗质量安全核心制度是指医疗机构及其医务人员在诊疗活动中应当严格遵守的相关制度,主要包括:首诊负责制度、三级查房制度、会诊制度、分级护理制度、值班和交接班制度、疑难病例讨论制度、急危重求美者抢救制度、术前讨论制度、死亡病例讨论制度、查对制度、手术安全核查制度、手术分级管理制度、新技术和新项目准入制度、危急值报告制度、病历管理制度、抗菌药物分级管理制度、临床用血审核制度、信息安全管理制度等。

三、未落实医疗质量安全核心制度的法律责任

医疗美容机构不落实医疗质量安全核心制度及相关的技术规范,意味着医疗美容机构未尽该法定义务,由此耽误求美者的诊疗,造成求美者残疾或死亡等后果,医疗美容机构应当承担相应的法律责任,包括行政法律责

任、民事法律责任、刑事法律责任。

（一）行政法律责任

违反医疗质量安全核心制度造成严重后果的，属于严重违反医疗卫生管理法律法规的情形，往往构成严重的医疗事故，医方所应承担的责任程度更大，可以依据《医师法》《医疗机构管理条例》《医疗事故处理条例》《医疗纠纷预防和处理条例》等追究医疗机构及医务人员的行政法律责任。另外《医疗质量管理办法》对于不尽医疗质量管理义务、未履行医疗质量管理制度的医疗机构及医务人员所承担的医疗行政法律责任也作出了详细的规定。《医疗质量管理办法》规定，医疗机构开展诊疗活动超出登记范围，使用非卫生技术人员从事诊疗工作，违规开展禁止或者限制临床应用的医疗技术，使用不合格或者未经批准的药品、医疗器械、耗材等开展诊疗活动的，由县级以上地方卫生健康主管部门依据国家有关法律法规进行处理。对于没有履行医疗安全及医疗质量管理义务的情况，则规定给予责令限期改正、警告并处罚款；对公立医疗机构负有责任的主管人员和其他直接责任人员，依法给予处分。

（二）民事法律责任

医疗美容机构及医务人员未尽医疗质量安全管理义务，违反医疗质量安全核心制度而导致求美者出现不良后果，包括求美者死亡、残疾、严重精神障碍、增加医疗费用等情形，求美者可以追究医疗美容机构的侵权责任或者违约责任。依据《民法典》第 1218 条的规定，求美者在诊疗活动中受到损害，医疗机构或者其医务人员有过错的，由医疗机构承担赔偿责任。依据第 1221 条的规定，医务人员在诊疗活动中未尽到与当时的医疗水平相应的诊疗义务，造成求美者损害的，医疗机构应当承担赔偿责任。这里所讲的“过错”和“未尽到与当时的医疗水平相应的诊疗义务”都涉及医疗质量安全管理制度，尤其是医疗质量安全核心制度。

（三）刑事法律责任

医务人员由于严重不负责任，违反《刑法》相关规定的，应承担相应的刑事责任。所谓“严重不负责任”，主要指医务人员未尽医疗执业注意义务，即医务人员违反医疗质量安全核心制度中涉及诊疗活动实施制度、诊疗活动程序制度的行为。司法实践中，一般是指由于医务人员的医疗行为存在严重过错并导致求美者死亡或身心受到严重损害，违反刑事法律的相关规定，应追究相关责任人的刑事责任。

第二节　医疗美容病历的书写和管理

病历是医务人员在诊疗工作中形成的文字、符号、图表、影像、切片等资料的总和，是医务人员通过问诊、查体、实验室及器械检查、诊断与鉴别诊断、治疗护理等全部医疗活动所收集的资料，进行逻辑思维整理形成的全部医疗工作的真实记录。它反映了患者发病、病情演变、疾病转归和诊疗情况的全过程，是临床医师进行正确诊断、治疗和制定预防措施的科学依据。病历既是医院管理、医疗质量和业务水平的反映，也是临床教学、科研和信息管理的基础资料，同时亦是医务人员医德考核、医疗质量服务和医院工作绩效评价、医疗保险赔偿的主要依据。病历是具有法律效力的医疗文件，是处理医疗纠纷的重要依据。

一、病历概述

《病历书写基本规范》规定，病历是指医务人员在医疗活动过程中形成的文字、符号、图表、影像、切片等资料的总和，包括门（急）诊病历和住院病历。《电子病历应用管理规范（试行）》规定，电子病历是指医务人员在医疗活动过程中，使用信息系统生成的文字、符号、图表、图形、数字、影像等数字化信息，并能实现存储、管理、传输和重现的医疗记录，是病历的一种记录形式，包括门（急）诊病历和住院病历。《医疗机构病历管理规定（2013 年版）》规定，按照记录形式不同，病历可分为纸质病历和电子病历。电子病历与纸质病历具有同等效力。医疗美容病历是医疗美容工作过程的全面记录，是由美容医师根据问诊、查体、专科情况等获得的资料经过归纳、整理写成的。它主要记载求美者的诊疗情况。医疗美容电子病历是医疗美容病历的一种记录方式，目前，在各级医疗美容机构中越来越得到普及应用。

二、医疗美容病历的书写

由于医疗美容机构绝大多数为医疗美容诊所或医疗美容门诊部，其涉及的医疗美容病历多为门诊病历，部分为住院病历，罕见急诊病历。因此，医疗美容病历的书写重点在于门诊病历。需要区分的是病历与病案，根据《医疗机构病历管理规定(2013 年版)》的规定，病历归档以后形成病案。医疗美容病历主要包括医疗美容门诊病历和医疗美容知情同意书以及手术记录等。

(一)医疗美容病历书写的基本原则

医疗美容病历书写的基本原则是客观、真实、准确、及时、全面、完整、规范。客观，是指记录求美者客观存在的信息；真实、准确，是指记录的信息与实际发生的情况一致；及时，是指按照相关规范的时限要求完成相应的病历内容书写；全面、完整，是指对诊疗活动全过程相关信息进行记录；规范，是指医学术语运用得当，记录顺序符合逻辑。

(二)医疗美容病历书写的基本内容

医疗美容病历应当按照规定的内容书写，并由具有资质的、相关主诊或辅助医务人员签名。由于医疗美容病历的种类不同，其书写的内容也不尽相同，具体书写内容及格式要符合《病历书写基本规范》的规定。

(三)医疗美容病历的书写要求

医疗美容病历的书写要求主要包括以下三点：

(1)内容真实。病历必须客观、真实地反映求美者情况和诊疗经过，不能臆想和虚构。内容的真实源于认真而仔细地问诊，全面而细致地检查，辩证而客观地分析，以及正确、科学地判断。

(2)格式规范。美容医师必须按规定格式进行书写。使用规范的医学名词和术语，力求精练、准确。

(3)书写全面。病历各项都应填全，不可遗漏。注明日期和时间，并签全名或盖章，以示负责。依法依规完善医疗美容病历书写，将有利于实现医疗美容病历的客观、真实、准确、及时、完整、规范。

三、医疗美容病历的主要内容

(一)医疗美容门诊病历内容

医疗美容门诊初诊病历的内容包括求美者姓名、性别、出生年月日、民族、婚姻状况、职业、工作单位、住址、药物过敏史等项目;主诉、病史及相关病史(包括既往有无手术史、是否瘢痕体质等);查体;美容专科情况;辅助检查结果;诊断;术前须知;诊疗过程;医疗美容记录;医疗美容知情同意书等。复诊病历记录书写内容应当包括就诊时间、科别、主诉、病史、必要的体格检查和辅助检查结果、诊断、治疗处理意见和医师签名等。

(二)医疗美容住院病历

求美者住院期间应书写住院病历,住院病历包括完整病历和入院记录、病程记录、会诊记录、转科记录、出院记录、死亡记录、手术记录等,因相同的事项再次住院,可书写再住院病历。住院病历是最完整的病历模式,要求在求美者入院后24小时内完成。表格式住院病历主要对主诉和现病史以外的内容进行表格化书写,表格式病历设计应根据表格式病历规范和病历表格印制规范要求,结合医疗美容专科病种特点和要求研究设计。报省卫生健康主管部门备案,经省、自治区、直辖市卫生健康主管部门审批后使用。

(三)医疗美容知情同意书

医疗美容知情同意书主要是用于医疗美容治疗,是求美者与医师之间在医疗技术操作之前双方签订的协议。与医疗美容有关的知情同意书主要为“手术同意书”“麻醉同意书”等。根据《医师法》《医疗机构管理条例》《医疗纠纷预防和处理条例》《民法典》《医疗美容服务管理办法》等的规定,在临床诊治过程中,医师在进行手术治疗、特殊检查、特殊治疗时,应当对医疗美容的求美者充分履行告知义务,并详尽填写同意书。

因此,知情、选择、同意是求美者的权利;履行充分告知是医疗美容医师的法定义务。知情同意书必须经求美者或其近亲属、法定代理人或监护人签字,医师签全名。同意书一式两份,医患双方各持一份,医疗机构应将其纳入病历中保存。

（四）医疗美容手术记录

手术记录由手术者书写，特殊情况下可以由第一助手书写，但第一助手书写的手术记录必须由手术者审签。如系表格式专页，按表格项目填写。手术记录应于手术后及时（当日、当班）完成。记录内容包括手术日期时间、术前诊断、术中诊断、手术名称、手术医师、麻醉方法及麻醉医师等基本项目及手术经过等。

（五）医疗美容影像资料

影像资料是美容外科病历资料的一个重要组成部分，由于求美者外貌情况仅通过文字描述过于抽象，不能充分体现，并且医疗美容治疗前后需要一个客观的资料对比以助于判断治疗效果，因此，收集和储存求美者影像资料具有其他医疗美容资料不可替代的作用。

四、医疗美容病历的管理

医疗美容病历在医疗服务过程中的作用和地位极其重要。对于医疗美容机构，病历是把控自身医疗质量和医疗安全的核心内容；对于求美者，病历是自己在接受医疗美容服务过程中的重要记录；对于医疗美容机构的主管部门，病历是掌握国民健康情况，管理和完善医疗服务，制定卫生政策的重要数据来源和依据；对于医患双方，发生医疗美容纠纷时，病历又是重要的证据之一，重视病历书写与病历保管是医疗美容纠纷防范中的关键组成部分。因此，医疗美容病历管理具有重要的现实意义。病历管理包括病历的书写、制作、归档、保管、复制和封存、证据提交等多项内容。

（一）医疗美容病历的保存

医疗机构及其医务人员应当按照国务院卫生健康主管部门的规定，填写并妥善保管病历资料。《医疗纠纷预防和处理条例》《民法典》均规定医疗机构必须按规定填写并妥善保管病历资料，否则将会承担相应的法律责任。《民法典》列举了三种过错推定责任形式，包括违反法律、行政法规、规章以及其他有关诊疗规范的规定；隐匿或者拒绝提供与纠纷有关的病历资料；遗失、伪造、篡改或者违法销毁病历资料。如果医疗机构存在上述情况，将承担不利的法律后果。依据《现代汉语词典》的解释，篡改，是指用作伪的手段改动或曲解，即用虚假的内容替代真实的内容；伪造，是指假造，即书写虚假的内容；隐匿，是指隐瞒、隐藏，即不提供真实的内容。隐匿医疗美容病历具有不正当性，会干扰医疗美容纠纷处理的正常进行。拒绝提供与纠纷有关的医疗美容病历资料在纠纷处理中并不多见。求美者与医疗美容机构的争议较多的在于医疗美容病历是否存在伪造和篡改。求美者往往以医疗美容病历中夹杂其他求美者病历、检查结果无对应报告、护理行为与医嘱不对应、诊断结果记录错误、重要诊疗行为无记载、病历修改不符合规定、记录情况不符、记载内容相互矛盾、内容不完整、病历制作不规范、病历签名存在问题（特别是代签）、封存及复印病历不规范等事由主张医疗美容病历的不真实性，并以此要求不经鉴定直接推定医疗美容机构有过错进而得到赔偿。

（二）医疗美容病历保管责任及期限

《医疗机构病历管理规定（2013 年版）》规定了住院病历由医疗机构负责保管，而门（急）诊病历原则上由患者保管。医疗机构建有门（急）诊病历档案室或者已建立门（急）诊电子病历的，经患者或者其法定代理人同意，其门（急）诊病历可以由医疗机构负责保管。考虑到医疗美容手术多在门诊实施，为便于求美者的复诊以及有关知情同意书、手术记录等重要病历资料的完整保存，可能由医疗美容机构保管更为妥善。《医疗机构病历管理规定（2013 年版）》明确规定了门（急）诊病历由医疗机构保管的，保存时间自患者最后一次就诊之日起不少于 15 年；住院病历保存时间自患者最后一次住院出院之日起不少于 30 年。因此，医疗美容门诊病历由医疗美容机构保管的，其保管期限不少于 15 年；医疗美容住院病历保管期限不少于 30 年。电子病历的保管期限与前述相同。

（三）医疗美容病历的复印及复制

求美者为了到其他医疗机构就诊或解决医疗美容纠纷等需求，可要求保管医疗美容病历的医疗美容机构提供病历复印件。医疗美容机构必须按照有关法律法规的规定向求美者提供医疗美容病历复印件。《民法典》第 1225 条规定，医疗机构及其医务人员应当按照规定填写并妥善保管住院志、医嘱单、检验报告、手术及麻醉记录、病理资料、护理记录等病历资料。患者要求查阅复制前款规定的病历资料的，医疗机构应当及时提供。《医疗纠纷预防和处理条例》则规定患者有权查阅、复制其门诊病历、住院志、体温单、医嘱单、化验单（检验报告）、医学影像检查资料、特殊检查同意书、手术同意书、手术及麻醉记录、病理资料、护理记录、医疗费用以及国务院卫生主管部门规定的其他属于病历的全部资料。

需要注意的是，《民法典》规定的是提供住院志、医嘱单、检验报告、手术及麻醉记录、病理资料、护理记录等客观病历资料，而《医疗纠纷预防和处理条例》规定的是医疗机构必须提供全部病历资料。尽管二者规定的内容不尽相同，但两者之间并无法律意义上的冲突，且《医疗纠纷预防和处理条例》规定的医方全部病历提供的义务，并不是对《民法典》法定内容的突破，而是对其进行补充，在双方都认可客观病历提供的前提下，《医疗纠纷预防和处理条例》为了保障患方对整个就诊过程的知情权，也为了纠纷更好解决，明确了医疗机构必须提供全部病历，包括客观病历和主观病历。

（四）医疗美容病历的封存

《医疗纠纷预防和处理条例》规定了发生医疗纠纷需要封存、启封病历资料的，应当在医患双方在场的情况下进行。封存的病历资料可以是原件，也可以是复制件，由医疗机构保管。病历尚未完成需要封存的，对已完成病历先行封存；病历按照规定完成后，再对后续完成部分进行封存。医疗机构应当对封存的病历开列封存清单，由医患双方签字或者盖章，各执一份。《医疗机构病历管理规定（2013 年版）》则规定医疗机构申请封存病历时，医疗机构应当告知患者或者其代理人共同实施病历封存；但患者或者其代理人拒绝或者放弃实施病历封存的，医疗机构可以在公证机构公证的情况下，对病历进行确认，由公证机构签封病历复制件。实践中主要的问题是患者治疗过程中的病历封存问题，一方面，患者继续治疗仍需原件；另一方面，尚未治疗终结的患者的病历被封存，不利于病历归档和保管。在此情况下，封存的病历可以复制件为主。封存病历复制件由医疗机构负责保管。封存后病历的原件可以继续记录和使用。开启封存病历应当在签封各方在场的情况下实施。

医疗美容病历封存时须注意：(1)求美者或其法定代理人、委托代理人（执业律师）或监护人有权参与封存。(2)封存时医患双方均需派人参加，医疗美容机构不能单方封存。(3)尽量封存复制件。(4)封存病历的外包装要完整、密闭、可靠,同时要注明医患双方封存人全名、封存时间、封存地点、封存内容等信息。(5)封存完成后,医疗美容机构有义务向患方提交证明封存病历的书面凭据,书面凭据应当包括封存件交由医疗美容机构保管的信息内容。(6)医疗美容机构应该妥善保管封存件,不得遗失、毁损、私自开启封存件。医疗美容纠纷彻底解决后,按照有关法律规定,医疗美容机构可开启医疗美容病历封存件。

第三节　医疗美容医务管理制度建设

为了切实保障医务管理工作的有效、及时、有章可循,医疗美容机构有必要完善医疗美容医务制度建设,其基本原则及措施主要体现在以下方面。

一、加强核心制度学习培训

由于医疗美容工作的特殊性,求美者大多是健康人群,部分医疗美容机构及医务人员对于求美者的基本健康权利不重视,不能很好地掌握医疗质量安全中的核心制度,致使医疗美容工作中的制度实施不严格、不规范。例如,没有严格遵守首诊负责制度、术前讨论制度、手术安全核查制度、手术分级管理制度、新技术和新项目准入制度和病历管理制度等,导致求美者的损害,引发严重的医疗纠纷。医疗美容机构应该有计划地组织全体医务人员认真学习与医疗密切相关的核心制度及相关的法律法规,旨在全员全过程参与医疗美容机构的医疗质量及医疗安全管理,有效促进医疗质量安全持续改进。

二、加强“三基三严”培训考核

《医疗机构管理条例实施细则》第57条规定,医疗机构应当经常对医务人员进行“基础理论、基本知识、基本技能”的训练与考核,把“严格要求、严密组织、严谨态度”落实到各项工作中。通过行之有效的“三基三严”训练与考核,医疗美容人员的“三基三严”水平和临床工作能力可以得到明显提升,医疗美容质量和医疗美容安全的核心制度可以得到有效落实,服务作风更加扎实,医疗美容质量可以得到明显提升,可以提高求美者的满意度,减少或避免医疗纠纷的发生。因此,依法依规进行“三基三严”培训是提高医疗美容医务人员业务技术水平的重要措施,也是夯实医疗基础、提升医疗质量的重要手段。

三、加强法律法规学习,履行自身义务

良好的培训能够使医疗美容机构的医务人员全面了解相关的法律法规,依法依规行医。医疗美容机构执业人员要严格遵守有关法律、法规和规章,执行医疗美容技术操作规程;树立敬业精神,遵守职业道德,履行医务人员职责,尽职尽责为求美者服务;关心、爱护、尊重求美者,保护求美者的隐私;努力钻研业务,更新知识,提高专业技术水平;宣传卫生保健知识,对求美者进行健康教育。

依法依规行医是医疗美容机构及其医务人员必须遵守的法定义务,也是保证医疗美容质量安全的重要手段。通过相关法律法规的学习,切实加强医务人员依法行医水平,能够使医疗美容机构及其医务人员更好地应对医疗工作中遇到的各种突发事件,也可提高医疗美容机构的医疗安全水平,为医疗美容机构的发展提供有效的保证。

四、建立医疗质量安全核心制度,执行量化考评体系

科学制订核心制度考核标准,建立科学合理、规范有序的医疗美容机构全面质量与医疗安全管理考核机制,将完善制度、优化流程、全面监控、加强沟通、整改到位等措施贯穿于基础质量、环节质量和终末质量控制的各个环节,是实施医疗质量持续改进的长效机制。

五、健全核心制度,落实监管体系

在医疗美容实际工作中,医疗质量安全核心制度落实的环节控制和过程监督是医疗质量管理的重要保证。部分医疗美容机构为提高经济效益,将大量精力投入在医疗机构的硬件建设上,忽视了医疗质量安全管理;部分医疗美容机构管理人员来自临床一线,缺乏良好管理意识,在管理过程中不能严格遵循管理制度,致使医疗美容质量下降,影响求美者的医疗美容效果。在医疗美容机构发生医疗纠纷时,处理不及时、不到位,导致医疗纠纷

不断发生,形成恶性循环,给医疗美容行业形象造成影响。因此,医疗美容机构应结合本机构的实际情况建立完善的医疗安全管理体系,通过有效的监督及时发现医疗安全中存在的问题,并持续加以改进。

六、将核心制度纳入机构的综合考评体系中

良好的制度需要严格地落实。要了解医疗质量安全核心制度落实的效果,在定期督查的基础上抽查更能反映医务人员核心制度落实的实际情况。医疗美容机构的医务部门、质量监管部门应经常对重点科室(如手术室、麻醉科)、重点人员(医疗美容主诊医师)等进行抽查,对术前讨论制度、手术安全核查制度、手术分级管理制度、新技术和新项目准入制度等医疗质量安全核心制度落实情况进行随机检查。医疗美容机构负责人要经常了解医务人员对核心制度的掌握情况和执行情况。通过考评体系发现问题,加以整改,避免因医务人员思想懈怠发生医疗差错或事故。医疗质量安全核心制度是保证医疗美容机构正常运行的重要制度,对医疗美容机构的发展具有非常重要的推动作用,因此,在进行医疗美容机构考核制度的制定时需要将其纳入其中,并根据医疗质量安全核心制度对医务人员进行合理的奖罚。制定合理的考核制度,并将核心制度的执行与医务人员的医疗美容质量有效地结合,出现问题后及时发现和解决。医疗质量安全核心制度的监督和医院的奖罚制度结合,对提高医疗美容工作人员的工作积极性,提升医疗美容机构整体医疗质量安全水平具有积极的促进作用。

七、持续推进核心制度落实信息化建设

医疗美容机构信息系统是医疗美容机构正常运转的基本条件,也是掌握和调控医疗美容机构运行的“网络中枢”。医疗美容机构信息系统主要包括医疗美容机构管理系统、临床管理系统、医技管理系统及其他辅助管理系统等。信息系统能够连续、完整、准确地采集、存储、传递、处理医疗美容机构管理、运行指标、临床应用等信息,并将收集到的信息准确地生成相关统计报表进行自动分析,为医疗美容机构管理、决策、质量安全及核心制度监管等方面提供信息技术支持。医疗美容机构信息系统已成为医疗美容机构不可或缺的技术支持环境。完善的信息系统既能提高医疗美容机构的工作效率,又能给监管带来更多便捷,有利于工作的快速跟进和推动。

八、加强临床资格准入和医疗技术准入的监督

无执业医师、执业护士资格的人员，不能独立从事医疗、护理工作。《医疗美容服务管理办法》第 12 条规定，不具备主诊医师条件的执业医师，可在主诊医师的指导下从事医疗美容临床技术服务工作。所以，必须严格控制医疗技术人员资格准入。同时，医疗美容机构和医疗美容科室应根据自身条件和能力在卫生健康主管部门核定的诊疗科目范围内开展医疗服务，未经批准不得擅自扩大诊疗范围。医疗美容机构及开设医疗美容科室的医疗机构不得开展未向登记机关备案的医疗美容项目。严格执行技术准入，按照医疗美容机构相应级别开展适宜的项目，避免盲目追求高、精、尖。加强对新技术、新项目的管理，及时制定相关制度，对拟开展的新技术和新项目，需进行严格的效果评价和临床实践，确保实际运用中切实体现出技术或项目价值，服务好求美者，并保障求美者的安全。

医疗质量安全核心制度是保障医疗质量、规范医务人员诊疗行为、防范医疗风险、避免或杜绝医疗差错与事故的重要制度，也是医务人员必须遵守的行为准则，应长期坚持、持续抓好。只有医疗质量安全核心制度落实到医疗服务的每一个环节，体现在每一个诊疗行为上，医疗质量才有根本保障。对于医疗美容机构的发展，医疗质量安全与核心制度落实是相辅相成的共生关系，应切实抓好医疗质量安全与核心制度落实两个要点，处理好二者关系，二者共同推进，互促发展。

第四节　医疗美容医务安全法律风险管理

医务安全的重点在于医疗质量，医疗质量是指医疗机构的工作质量，是衡量医务人员诊疗水平的标准。一般从医务人员的技术水平、医疗效果和工作质量等方面来衡量。医疗质量定义所包括的主要内容有：诊断是否正确、及时、全面；治疗是否及时、有效、彻底；诊疗时间的长短；有无因医护技术和管理措施不当给求美者带来不必要的身心痛苦、损害、感染和差错事故；医疗工作效率的高低；医疗技术使用的合理程度；医疗资源的利用效率及其经济效益；求美者生存质量的测量；求美者的满意度等。所以说，医疗

质量是医疗技术、管理方法及其经济效益的综合体现。这些要素通过组织管理有机地结合起来服务于求美者并产生医疗效果。

一、医疗美容质量安全

医疗美容安全，是指医疗美容机构在实施医疗活动过程中，求美者不发生法律和法规允许范围以外的心理、机体结构或功能损害、障碍、缺陷或死亡。医疗美容机构及其医务人员在实施医疗活动的过程中，应当保障医疗美容安全，即通过采取必要的措施，避免或预防求美者出现不良结果或受到伤害。医疗质量最核心的要素是安全。没有医疗美容安全就没有医疗美容质量安全。医疗美容安全是医疗美容质量的基础，是医疗质量的重要内容，确保医疗美容质量与求美者的医疗安全是所有医疗美容医务工作者共同的职责。

近年来，国内整形美容机构如同雨后春笋般快速发展，但安全事件的时有发生也充分暴露了行业中存在严重的医疗安全问题。关注医疗安全，共创医患关系和谐局面，是现代医疗服务所追求的目标。求美者安全目标，是指将卫生保健相关的不必要伤害减少到可接受的最低限度的风险控制过程。医疗安全的本质是患者安全。患者安全是卫生保健的一项基本原则。医疗过程的每个环节都包含一定程度的内在不安全性。行医、产品、程序或系统方面的问题均可造成不良事件。要保障求美者的安全，就需要做出复杂的全系统的努力。求美者安全是每一个医疗美容机构的首要任务。中国医院协会发布《患者安全目标（2019 版）》的十大患者安全目标及主要措施就包含正确识别患者身份、确保用药与用血安全、强化围手术期安全管理、预防和减少健康保健相关感染、加强医务人员之间的有效沟通、防范与减少意外伤害、提升管路安全、鼓励患者及其家属参与患者安全、加强医学装备安全与警报管理、加强电子病历系统安全管理。医疗美容机构及其医务人员保证求美者安全，降低医疗风险，以及求美者关注自己的权益，是现代法治社会和市场经济的必然结果，是现代医学必然要面对的问题。从某种意义上讲，这是社会进步、文明公正的体现，也给现代医学提出了新的、更高的要求，要求医务人员必须学会积极地预防和避免各种各样的医疗风险，把风险减到最低限度，同时又要求医务人员树立法治的意识，依法依规施治求美者，用法律的手段来约束自己的行为。

二、医疗美容风险

医疗美容风险，是指医疗美容机构及其医务人员在对求美者实施医疗美容活动的过程中，医疗行为导致求美者发生损害或伤残事件的可能性、医疗美容效果的不确定性，以及发生其他安全事件的可能性。由于医疗美容属“锦上添花”，求美者绝大多数都是机体健康者，因此，医疗美容风险因素不同于一般的医疗风险，医疗美容风险的原因主要来自求美者和医方两个方面。

（一）求美者因素

医疗美容治疗的部位、范围及求美者的年龄、体质、重要器官功能状况、个体差异等都是影响医疗安全的重要因素，特别是部分求美者以保护个人隐私为由刻意隐瞒既往病史（如手术史、瘢痕体质等），或者在选择医疗美容项目上不顾及自身条件，企图通过一次医疗美容手段解决自己的所有美容需求，这些都有可能对手术安全构成直接威胁，成为医疗风险的产生因素。

（二）医方因素

实践中，部分医疗美容机构存在管理制度不够完善，落实不力；医疗美容从业人员技术水平参差不齐；医疗美容价格随行就市，随意性较大等问题，同时，部分医疗美容机构及从业人员易受利益驱动，不顾及求美者的自身条件而盲目实施各种医疗美容行为；部分医疗美容机构及人员法律意识淡薄，不严格依规依法行医；等等，行为均成为医疗美容风险的产生因素。

三、医疗美容质量安全与风险管理

（一）建立控制机制

医疗美容机构应依法依规设立医疗质量管理组织，或指定专（兼）职人员负责本机构的医疗美容质量管理工作，还应建立医疗美容风险的预警和管理机制，预防医疗美容风险的发生。医疗质量管理组织的职责包括按照国家医疗质量管理的有关要求，制定本机构医疗质量管理制度并组织实施；组织开展本机构医疗质量监测、预警、分析、考核、评估以及反馈工作，定期发布本机构质量管理信息；制订本机构医疗质量持续改进计划、实施方案并组织实施；制定本机构临床新技术引进和医疗技术临床应用管理相关工作制度并组织实施；建立本机构医务人员医疗质量管理相关法律法规、规章制度、技术规范的培训制度，制订培训计划并监督实施；落实上级卫生健康主管部门的相关规定。

（二）提高风险防范意识，建立健全防范措施

医疗美容机构及其医务人员要正确认识医疗美容风险所具有的客观普遍性和复杂性的特点，要提高防范医疗美容风险的意识和对医疗美容风险的敏感性，要从医疗美容的角度认真细致地做好各种医疗美容风险的识别，提高识别能力。具备及时发现医疗美容风险苗头的能力，严格规范遵守医疗美容的规章制度和操作程序。

良好的防范意识和正确的态度虽极为重要，但还需要有效的控制措施，才能真正达到防范效果。因此，医疗美容机构要从以下几个方面建立健全防范措施：

（1）提高医疗美容医务人员的综合素质。市场经济条件下，医疗美容医务人员的综合素质非常重要。随着医疗美容事业的发展，各种新技术、新材料、新理念、新方法层出不穷，意味着许多新的风险因素出现，需要不断提高医疗美容医务人员的自身素质以适应新变化，减少医疗美容风险的发生。

（2）建立健全制度和严格落实医疗美容规范。长期的医疗美容实践证明，医务人员严格遵守制度是减少医疗美容风险发生的重要因素。医疗美容质量的提高会起到降低医疗美容风险的作用，所以建立健全规章制度，严格落实医疗美容规范是防范风险的重要措施之一。

（3）加强医疗美容科普宣传。实践中，一些医疗美容风险是由于求美者对美容医学知识的匮乏，或自身出于各种想法，在和医师交流过程中有意或无意掩盖了真实状况，误导医师造成的。所以要向求美者普及医疗美容科普知识，降低其对不合理的医疗美容效果的期望值；医务人员要进行充分的医患沟通，了解求美者的求美动机及需求，掌握求美者既往的医疗美容诊疗情况，并履行好知情告知的义务，对求美者及其家属进行预防医疗美容风险的解释和说明，这对及时发现和处理医疗美容风险有重要的作用。

(三)建立有效的监督机制

良好的措施是保证行为规范的基本途径,任何良好的措施都必须落到实处,才能发挥其作用。措施的落实需要通过检查、督促、评价来实现,而要使措施真正地发挥作用,必须建立有效的监督机制。医疗美容机构有必要建立系统科学的预防、处理风险的管理机制,保障措施落到实处。医疗美容机构处理医疗美容纠纷属于"亡羊补牢"的做法。因为处理只是消极应对,是做善后工作,所以成效甚微。真正有效的方法是预防风险的发生。有了一定的监督机制,就可以通过经常不断地检查、督促,把医疗美容机构的医务人员的行为引导到医疗美容规范要求的轨道上。通过不断地检查和监督,医疗美容机构可以对医疗美容风险存在的因素不断进行改进和提高,并可以做到对潜在风险及时纠正,这样才可以有效地控制医疗美容风险。

(四)正确对待医疗美容风险中的利益关系

近年来,医疗美容风险的一个突出表现就是医疗美容纠纷。实际上,由于医疗美容的价格多是随行就市,属于低成本高收益,而求美者对医疗美容效果的期待值又往往超出合理范畴。因此,极易发生医疗美容纠纷,其本质就是一个经济利益和期待利益的问题。正确对待和处理好医疗美容机构与求美者之间的经济利益和期待利益是防范医疗美容纠纷风险的关键。

(五)依法依规行医

医疗美容属于临床医学中的限制准入行业,医疗美容服务实行主诊医师负责制。医疗美容项目必须由主诊医师负责或在其指导下实施。因此,未经卫生健康主管部门核定并获得美容主诊医师资格的人员不得独立从事医疗美容诊疗服务。医疗美容机构及其医务人员必须严格依法依规从事医疗美容活动。目前,许多医疗美容机构对于依法依规行医认识不足,表现为超范围执业、使用不具备资质的人员从事医疗美容工作、为追求利益最大化"鼓动"求美者接受不合理医疗美容服务等,给求美者造成身体及心理和经济上的损害。部分医疗美容机构及医务人员因此承担了不同类型的法律责任。在法治社会,用法律手段约束人们的行为才是最可靠、最有效。只有按照法律法规行事,才能把风险降低到最低限度。在风险管理中,要特别强调医疗美容医务人员要用法律法规来约束自身行为,用法律意识来对待求美者的要求和期望。只有这样才能既保护自己的利益,也保护求美者的利益,万一出现风险也可在评定风险时有法可依,有据可查。在风险管理中,严格按照规章制度办事是最好的预防和最有效的管理。

第五章 医疗美容机构运营管理

第一节　医疗美容机构运营管理概述

我国《医疗美容服务管理办法》第 2 条规定，医疗美容是指运用手术、药物、医疗器械以及其他具有创伤性或者侵入性的医学技术方法对人的容貌和人体各部位形态进行的修复与再塑。由此可知，医疗美容服务具有“医疗与服务”的双重属性。

一、医疗属性

医疗美容机构必须取得合法有效的医疗机构执业许可证方可执业，其执业行为需要严格按照《医疗机构管理条例》等医疗相关法律法规的要求开展。最高人民法院《关于审理医疗损害责任纠纷案件适用法律若干问题的解释》第 1 条第 1 款也明确规定：“患者以在诊疗活动中受到人身或者财产损害为由请求医疗机构，医疗产品的生产者、销售者、药品上市许可持有人或者血液提供机构承担侵权责任的案件，适用本解释。”因此，医疗美容机构的执业活动需要严格遵守医疗规范和流程。

二、服务属性

不同于疾病治疗型诊疗活动，医疗美容服务是求美者对自己容貌和形态提出更高要求时所消费的非生活必需的服务。求美者作为消费者，对于医疗美容服务的质量和效果具有更高的要求。

基于医疗美容服务的双重属性，再加上我国医疗美容发展时间并不长，且大部分医疗美容机构系私营性质，在实际运营过程中通常包括营销及服务两个阶段，故从风险管理角度分析，可分为运营营销法律风险和运营服务法律风险，此处服务指诊疗服务的全过程。在对外服务方面的运营风险管理亦分为两个方面：一是规范诊疗活动，保证医疗美容服务的医疗安全，称为“医疗安全法律风险”；二是规范服务流程和方式，不得侵犯消费者权益，称为“服务安全法律风险”。两种风险的来源不同、法律依据不同、适用标准不同、法律后果不同，但两者是相辅相成、相互促进的。只有医疗美容服务符合诊疗规范，才能保证服务安全和服务效果；只有服务流程符合合同约定，才能体现和发挥医疗安全的价值。

第二节　医疗美容机构运营营销管理

医疗美容机构运营营销，是指医疗美容机构通过一定媒介和形式直接或者间接地介绍自己的商品或者服务的商业广告活动。医疗美容机构作为广告主，为推销商品或者服务，可以自行或者委托他人设计、制作和发布广告。因此，医疗美容机构的营销宣传活动应当按照《广告法》的有关规定执行。

然而，实践中，医疗美容机构在对外宣传过程中经常遇到法律规定与法律适用不能完全匹配的难题。这是因为医疗美容机构在对外宣传过程中不可避免地需要通过各种媒介或者形式直接或者间接地介绍医疗机构或医疗服务，该行为从严格意义上来说，属于发布医疗广告的行为，应当按照《医疗广告管理办法》的有关规定执行。《医疗广告管理办法》对于医疗广告的发布要求较为严格，医疗美容机构发布广告的法律风险包括以下几个方面。

一、医疗广告发布的审查

依据《医疗广告管理办法》第 3 条的规定：“医疗机构发布医疗广告，应当在发布前申请医疗广告审查。未取得《医疗广告审查证明》，不得发布医疗广告。”实践中，医疗美容机构利用其官方网站、微博、微信公众号等平台发布其医疗机构和医疗项目信息,但未取得医疗广告审查证明的情况仍然存在。

二、医疗广告的内容

依据《医疗广告管理办法》第 6 条的规定,医疗广告内容仅限于以下项目:(1)医疗机构第一名称;(2)医疗机构地址;(3)所有制形式;(4)医疗机构类别;(5)诊疗科目;(6)床位数;(7)接诊时间;(8)联系电话。第(1)至(6)项发布的内容必须与卫生健康主管部门、中医药管理部门核发的医疗机构执业许可证或其副本载明的内容一致。实践中,医疗美容机构为了让求美者更好地了解医疗美容机构,项目及医师,对外宣传的内容远不止以上 8 项。

三、医疗广告的禁忌

依据《医疗广告管理办法》第 7 条的规定,医疗广告的表现形式不得含有以下情形:(1)涉及医疗技术、诊疗方法、疾病名称、药物的;(2)保证治愈或者隐含保证治愈的;(3)宣传治愈率、有效率等诊疗效果的;(4)淫秽、迷信、荒诞的;(5)贬低他人的;(6)利用患者、卫生技术人员、医学教育科研机构及人员以及其他社会社团、组织的名义、形象作证明的;(7)使用解放军和武警部队名义的;(8)法律、行政法规规定禁止的其他情形。实践中,医疗美容机构的宣传内容经常会涉及医疗技术、诊疗方法或药物,经常利用求美者或者医师的名义对外宣传或作证明。

四、医疗广告的变更

依据《医疗广告管理办法》第 17 条的规定,医疗机构应当按照医疗广告审查证明核准的广告成品样件内容与媒体类别发布医疗广告。医疗广告内容需要改动或者医疗机构的执业情况发生变化、与经审查的医疗广告成品样件内容不符的,医疗机构应当重新提出审查申请。实践中,医疗美容机构发布的信息更新速度较快,经常推陈出新或变更宣传方案,通常未取得审查批准。

从《医疗广告管理办法》的立法目的来看,其主要约束对象为传统医疗机构,法律法规不鼓励传统医疗机构进行大量宣传与包装,鼓励广大求美者就近就医。但医疗美容机构不同于传统医疗机构，市场竞争十分激烈，服务属性较强。医疗美容机构运营者，一方面面对的是严格的法律规定，另一方面面对的是严酷的市场竞争，部分医疗美容机构容易出现违法、违规的行为。未来如果有专门针对医疗美容机构特殊性的法律法规或政策出台，此种情况将得到较大程度的改善。

除上述理论与实践不匹配的难题外，医疗美容机构宣传过程中应当遵守《广告法》的有关规定，且不得侵犯他人的肖像权和名誉权，不得侵犯他人的著作权等。

五、宣传内容需符合广告法律法规的规定

医疗美容机构在营销宣传过程中应当严格按照《广告法》的有关规定执行。

（一）广告主应当对广告内容的真实性负责

宣传内容不得含有虚假或者引人误解的内容，不得欺骗或者误导消费者，广告主应当对广告内容的真实性负责。依据《广告法》第 28 条的规定，结合实践中医疗美容机构常见的违规情形，医疗美容广告有下列情形之一的，为虚假广告。

（1）商品或者服务不存在的。如某医疗美容机构宣传其可以提供腿部延长手术服务，但实际该医疗美容机构本身并没有该项目，该机构以此吸引求美者，即属于虚假广告。

（2）商品的性能、功能、产地、用途、质量、规格、成分、价格、生产者、有效期限、销售状况、曾获荣誉等信息，或者服务的内容、提供者、形式、质量、价格、销售状况、曾获荣誉等信息，以及与商品或者服务有关的允诺等信息与实际情况不符，对购买行为有实质性影响的。如某医疗机构宣称某医师已经成功操作上万例隆鼻术，被誉为“鼻子王”，但实际“上万例”的数据和“鼻子王”的荣誉均系编造，并无数据统计和事实依据，属于虚假广告。

（3）使用虚构、伪造或者无法验证的科研成果、统计资料、调查结果、文摘、引用语等信息作证明材料的。医疗美容机构宣传使用“据某某机构统计”“根据某某调查报告得知”时，应当明确注明统计资料和调查结果引用的出处，并且保证数据和出处真实，否则属于虚假广告。

(4)虚构使用商品或者接受服务的效果的。如某医疗美容机构要求其员工注册个人账号在具有点评功能的网络平台上以求美者名义发表文章称其在该医疗美容机构接受了某项服务并展示服务效果，实际求美者和服务效果均为虚构，属于虚假广告。

(5)以虚假或者引人误解的内容欺骗、诱导消费者的其他情形。

(二)宣传内容不得含有广告法规定的禁忌词汇

依据《广告法》第9条的规定，医疗美容广告中不得有下列情形：

(1)使用或者变相使用中华人民共和国的国旗、国歌、国徽、军旗、军歌、军徽。

(2)使用或者变相使用国家机关、国家机关工作人员的名义或者形象。

(3)使用“国家级”“最高级”“最佳”等用语。医疗美容机构除了需要避免使用“最”字外，还需谨防那些具有最高级或极限含义的词汇，如顶级、顶尖、极致、完美、绝无仅有、无与伦比、第一、遥遥领先、唯一等。

(4)妨碍社会安定，损害社会公共利益。

(5)危害人身、财产安全，泄露个人隐私。医疗美容机构如果未经求美者同意，擅自将其个人隐私信息用作宣传材料的，系违法情形。

(6)妨碍社会公共秩序或者违背社会良好风尚。

(7)含有淫秽、色情、赌博、迷信、恐怖、暴力的内容。

(8)含有民族、种族、宗教、性别歧视的内容。

(9)妨碍环境、自然资源或者文化遗产保护。

(三)特殊宣传内容的规范

(1)宣传内容涉及专利产品或者专利方法的，应当标明专利号和专利种类。未取得专利权的，不得在广告中谎称取得专利权。禁止使用未被授予专利权的专利申请和已经终止、撤销、无效的专利作广告。例如，某医疗美容机构在取得一项技术的专利权后，就将其全部服务项目均宣传为具有专利技术或者使用申请过程中的专利对外宣传，此种做法即属于常见的违法情形。

(2)广告不得贬低其他经营者的商品或者服务。例如，某医疗美容机构将其服务的求美者照片与其他医疗美容机构服务的求美者照片放在一起进行对比，意在说明其他医疗美容服务机构的服务较差，即属于故意贬低其他经营者服务的违法情形。

（3）麻醉药品、精神药品、医疗用毒性药品、放射性药品等特殊药品，药品类易制毒化学品，以及解毒治疗的药品、医疗器械和治疗方法，不得作广告。例如，某医疗美容机构对其除皱项目使用的 A 型肉毒毒素进行宣传，A 型肉毒毒素属于医疗用毒性药品。该种宣传存在违法情形。

（四）宣传内容不得侵犯他人肖像权和名誉权

依据《民法典》第 1018 条和第 1019 条的规定，自然人享有肖像权，有权依法制作、使用、公开或者许可他人使用自己的肖像。未经肖像权人同意，不得制作、使用、公开肖像权人的肖像。第 1024 条规定，民事主体享有名誉权。任何组织或者个人不得以侮辱、诽谤等方式侵害他人的名誉权。名誉是对民事主体的品德、声望、才能、信用等的社会评价。

1. 明星艺人及知名公众人物的肖像权未经同意不得使用

医疗美容机构偏爱使用明星艺人的肖像进行宣传，一是因为明星艺人具有较高辨识度和公众接受度；二是因为明星艺人的肖像照片大量发表在互联网平台便于获得；三是因为很多医疗美容机构自认为其使用明星艺人肖像是在进行正面和积极的宣传和传播。实践中，明星艺人委托律师向医疗美容机构维权索赔的案例不胜枚举，根据明星艺人知名度和热度不同，赔偿金额从几千元到几万元不等，甚至还衍生出专门从事明星艺人肖像权维权代理的法律服务机构，可见该种侵权情形之广泛。

同时，医疗美容机构所称的使用明星艺人肖像进行正面和积极的宣传，是否意味着不会侵权呢？首先，肖像权和名誉权不同，使用明星艺人肖像宣传时，若其宣传内容是正面和积极的，仅能说明未侵犯明星艺人的名誉权，但无法说明未经同意使用肖像的情形。其次，是否可以构成“为个人学习、艺术欣赏、课堂教学或者科学研究”的合理使用需要根据使用情况进行判定。一些医疗美容机构辩称其使用明星艺人肖像是用于传播和交流美学知识的学术活动，实践中需要根据细节判定其使用行为的真实目的。如某医疗美容机构通过其微信平台订阅号发表的一篇分享科学洗脸知识的科普文章中用到了某位明星艺人的照片，但在文章末尾留有该医疗美容机构的项目介绍及联系方式等，这极易被认定为以提高自身项目知名度为实质目的的营利性使用行为。

2. 求美者、医师、员工的肖像权经同意后方可使用

医疗美容机构在对求美者、医师或员工的肖像进行合理使用时，应当取得其书面同意，求美者、医师或员工对使用时间、使用费用及使用方式有要求的，应当签署书面的《肖像权使用协议》或授权书予以明确约定。医疗美容机构不得以学术交流为借口擅自使用求美者肖像，不得以聘任医师和员工为由想当然地擅自使用其肖像用作商业宣传。

3. 肖像权使用协议或授权书的内容

医疗美容机构与肖像权人签署《肖像权使用协议》或授权书的，应当至少包含以下内容：(1)合同双方主体信息；(2)授权使用的肖像是否限定为指定肖像作品；(3)授权使用的地域范围；(4)授权使用的媒介类别；(5)授权使用的期限；(6)授权使用是否收费及费用标准；(7)授权使用是否附条件，如使用期限为员工在职期间等；(8)是否为独家授权；(9)是否同时授权医疗美容机构代理其向第三方进行维权；(10)授权使用终止后的处理方式等。

(五)宣传内容不得侵犯他人著作权

医疗美容机构营销宣传过程中需要使用大量图片和花式字体，随着机构和个人的知识产权保护意识不断增强，近年来，频繁出现各大图片社和知名字库维权的案例。图片属于摄影作品，自创作之日起自然拥有著作权，花式字体一般被认定为美术作品，自创作之日起享有著作权。因此，医疗美容机构在使用网络图片和花式付费字体时，应取得著作权人同意并支付相应对价，否则存在侵犯他人著作权的法律风险。

第三节　医疗美容机构运营服务管理

广义的医疗美容机构运营流程可覆盖机构运营的方方面面，大到机构重大决策流程，小到某一事项的办事流程，本节所描述的医疗美容机构运营服务法律风险管理，是指狭义的为求美者提供服务流程过程中的法律风险管理。不同医疗美容机构的运营服务流程在细节方面可谓千差万别，但总体可分为服务前、服务中和服务后三个阶段。

一、服务前法律风险管理

（一）顾客来源

医疗美容机构的顾客来源广泛，主要分为两大类：一是通过医疗美容机构投放的广告而获悉医疗机构信息并产生兴趣，进而直接上门的顾客；二是通过医疗美容机构代理商或合作商的宣传和介绍而获悉医疗机构信息并产生兴趣，进而由代理商或合作商带领上门的顾客。医疗美容机构既可选择单一方式获得顾客，也可选择多种方式组合使用获得顾客，这取决于医疗美容机构的市场定位和经营策略。

医疗美容机构获取直接上门的顾客的途径通常为投放户外广告或者将其服务信息投放至电商平台或自媒体平台进行售卖，该种获取顾客的方式需要重点关注营销宣传方面的法律风险；医疗美容机构获取代理商或合作商带领上门的顾客的途径通常为建立商业合作并共同开发顾客，该种获取顾客的方式需要重点关注医疗美容机构与代理商或合作商的商业合同合法合规性与财务税务合法合规性问题。

（二）咨询接待

无论求美者通过何种途径获悉医疗美容机构信息，顾客上门后即进入咨询接待环节。医疗美容机构因其行业特殊性，逐渐诞生了一类专门从事医疗美容项目咨询与美学设计的咨询服务人员，这类人员的主要职责为接待求美者，提供初期的咨询，了解求美者的需求，确定求美者的求美意向和消费预期，进而向求美者介绍医疗美容机构的品牌及求美者可能感兴趣的医疗美容服务项目，并与求美者就美学改善方案达成一致后形成设计方案。需要强调的是，这类人员并非专业医疗技术人员，其咨询和设计内容仅限于美学方面，不得代替医师的问诊，不得向求美者提供治疗方案。

（三）医师面诊

经过初步咨询，求美者此时将带着其初步形成的美学设计方案找拟为其提供医疗美容服务的医师进行面诊，医师将根据求美者的自身条件和求美者根据美学设计方案想要达到的服务效果，为求美者制订有针对性的治疗方案。在此期间,若医师经过问诊或面诊后判断客观上无法完成求美者的美学设计方案,应及时向求美者说明原因并要求求美者考虑重新拟定美学设计方案,直至治疗方案与美学设计方案能够匹配。

综上所述,咨询接待和医师面诊环节是医疗美容机构直接接触顾客的第一步,从医疗角度来说,实质为问诊、诊断病症及确定治疗方案的过程;从服务角度来说,实质为医疗服务合同内容的磋商并达成合意的过程。因此,医疗美容机构应将其作为重点进行规范。首先,医疗美容机构应当规范美学设计师的咨询服务行为,不得过度或夸大宣传,不得擅自向求美者承诺绝对化的服务效果,不得向求美者提供诱导性或欺骗性的信息;其次,医疗美容机构应当规范医师面诊服务行为,不得未经求美者同意擅自变更美学设计方案,不得承诺绝对化的服务效果。

(四)签约与收费

1. 建议医疗美容机构与求美者签署书面的《医疗美容服务合同》

鉴于医疗美容服务前期咨询和面诊过程中可能就医疗美容服务的内容进行过多次协商与变更,医疗美容机构与求美者之间最终协商一致达成的服务内容建议以书面合同的形式予以确认,医疗美容服务合同的内容应至少包含以下几项:(1)服务合同双方主体信息;(2)服务项目清单;(3)服务项目单价及合同总价;(4)服务费用支付方式;(5)实施服务活动的医师;(6)实施服务合同的重要药品、医疗器械及耗材的品牌与产地等。

医疗美容机构与求美者之间的关系从法律角度来说,属于平等民事主体之间的医疗服务合同关系,双方可根据实际情况决定是否签署书面的《医疗服务合同》来约定双方的权利义务。实践中,是否签署书面的《医疗美容服务合同》各机构的做法不尽相同。在考察医疗美容机构是否按照约定履行服务义务时,如有书面的《医疗美容服务合同》,则通常以书面合同约定的条款为主,辅之以沟通记录等其他文件;如未签署书面的《医疗美容服务合同》,则需综合考察医疗机构之营销宣传、咨询接待、沟通对话等内容确认服务内容和标准。

在签署《医疗美容服务合同》时要重点注意以下两点。

第一,医疗美容服务合同的主体应当具有完全的民事权利能力和民事行为能力。随着医疗美容服务不断年轻化的发展趋势,越来越多的未成年人也产生了医疗美容服务需求，部分未成年人因自身心理原因故意隐瞒父母，独自到医疗美容机构咨询医疗美容服务。但未成年人属于无民事行为能力人或限制民事行为能力人，未经监护人同意，医疗美容机构不得为无民事行为能力人或者限制民事行为能力人实施医疗美容项目。因此，医疗美容机构在接待年轻顾客时，应要求其出示身份证原件核对其真实年龄，若其属于未成年人，应要求其监护人陪同并同意其实施医疗美容项目。

第二，医疗美容服务合同无效或可撤销的情形。医疗美容机构以欺诈、胁迫的手段订立的医疗美容服务合同，因违背求美者的真实意思表示而属于可撤销的情形。因重大误解订立的医疗美容服务合同以及在订立合同时显失公平的医疗美容服务合同亦属于可撤销情形。

医疗美容机构在营销宣传过程中，存在故意夸大、不实或虚假宣传的，可能会构成欺诈行为。例如，某医疗美容机构在对外宣传过程中声称其自体脂肪填充技术系独家专利技术，求美者看到宣传内容后被其专利技术所吸引并产生消费，事后查明该医疗美容机构并未取得任何自体脂肪填充技术方面的专利，其宣传内容存在虚假。求美者可据此主张医疗美容服务合同可撤销并要求医疗机构依据《消费者权益保护法》的规定进行赔偿。

2. 医疗美容服务合同的履行合法

医疗美容服务合同中的服务内容包括医疗美容治疗方案，实施医疗美容项目的医师，医疗美容服务使用的药品、医疗器械、耗材的品牌和产地，医疗美容项目实施的医疗技术和手法等。例如，重睑术，即通常所称的双眼皮手术，医疗美容机构可根据求美者自身条件和需求与求美者协商一致选择手术切开方式制造重睑或选择埋线方式制造重睑；又如，同样是 A 型肉毒毒素注射项目，求美者可选择国产药品，亦可选择进口药品，不同药品的价格和效果均有差别。同样，医疗美容机构与求美者协商一致由 A 医师为其实施医疗美容项目，如果医疗美容机构擅自变更为由 B 医师为该求美者实施医疗美容项目，则医疗美容机构存在违约风险。

3. 医疗美容服务合同的变更合法

医疗美容服务的治疗方案一经确认，原则上医师应当按照治疗方案实施医疗美容项目，若医师在实施过程中发现求美者存在个体差异或其他不适合实施该治疗方案的情形，应及时、充分地与求美者或者求美者的监护人进行沟通，协商变更治疗方案。医疗美容机构及医师不得超出治疗方案为求美者实施诊疗活动,不得擅自单方变更治疗方案。

4. 医疗美容服务合同的终止合法

医疗美容服务项目大多数属于低风险类项目,一般不需要住院,部分实施全身麻醉手术的求美者可能需要短时间留院观察,但大多数求美者均具有“随做随走”的快捷性特点。原则上,医疗美容服务合同自实施完成即告终止,部分需要后续拆线的项目自最后一次拆线完成即告终止。

医疗美容服务合同的终止,不代表医疗服务合同权利义务的终结。事实上,恢复期内发生医疗纠纷的概率相对较高,一是因为恢复期内求美者通常会感受到一定程度的疼痛或不适;二是因为恢复期内由肿胀可能导致项目实施部位的效果不理想或不明显;三是恢复期内求美者本人的护理不当容易导致感染或其他不良反应。因此,一般医疗美容机构在求美者恢复期内仍会对其进行售后服务和回访,以便随时了解求美者的术后恢复情况及服务效果。医疗美容机构应重视医疗服务合同终止后的后合同义务,将售后服务作为医疗美容服务的重要部分给予充分重视,以便更好地服务和安抚顾客,降低后续纠纷发生的可能性。

5. 医疗美容服务项目收费标准及对外公示

医疗美容服务收费属于市场自主定价范畴,医疗美容机构可根据自身情况对其服务项目进行自主定价,但其收费标准应当按照要求悬挂并公示在医疗美容机构经营场所内明显处。医疗美容机构应将收费项目及明细向求美者进行解释和说明,不得故意隐瞒或强制增加收费项目。

实践中,不同的医疗美容机构对于同一类别的医疗美容项目的收费标准可能存在很大不同,部分收费标准较高的医疗美容机构经常遇到求美者在接受医疗美容服务后,主张服务项目定价过高并投诉到消费者协会或物价局的情形。此时,需要考查医疗美容机构的收费标准是否真实、统一、对外公示,是否已取得求美者同意,若求美者在充分了解市场与价格的前提下自愿选择接受该服务价格,且不存在欺诈、胁迫、重大误解或显失公平的情形,则求美者主观认为定价过高的主张不会得到支持。

医疗美容机构应按照不高于公示的收费标准向求美者收取服务费用,求美者要求出具收费凭证的,医疗美容机构应配合出具,不得无故拒绝。

二、服务中法律风险管理

（一）身体检查

医疗美容服务开始前，医疗美容机构应当对求美者的身体进行必要的询问和检查，对于检查过程中发现可能会影响医疗美容项目实施情况的，应当如实记录和评估风险。除遵循医疗规范进行必要的检查外，为了提高顾客满意度及降低后续纠纷发生概率，医疗美容机构还应关注以下细节检查：

（1）若求美者拟实施眼部或眼周部位的项目，建议重点对求美者术前的视力和眼部炎症情况进行检查，在病历上记录术前求美者裸眼视力和炎症情况。

（2）若求美者正处于月经期或存在疑似怀孕的情况，建议要求求美者在月经期后或进行早孕检查后再实施医疗美容项目。

（3）若求美者在同一部位曾经接受过医疗美容手术，求美者对服务不满意要求对之进行修复的，医师应当更加谨慎地查看求美者拟实施项目部位并将术前已存在症状记录在病历中。

（4）若求美者检查结果出现疑似传染病阳性，应当立即建议求美者到综合性医疗机构进行进一步检查。

（二）风险告知与知情同意

实施医疗美容项目前，医师应就求美者的病症进行说明，实施治疗前必须向求美者书面告知治疗的适应证、禁忌证、医疗风险和注意事项、替代性治疗方案，并取得求美者签字同意，求美者为未成年人的，还需要其监护人签字同意。

根据《医疗纠纷预防和处理条例》第 47 条的规定，医疗机构及其医务人员未按规定告知求美者病情、医疗措施、医疗风险、替代医疗方案等的，由县级以上人民政府卫生主管部门责令改正，给予警告，处以 1 万元以上 5 万元以下罚款；情节严重的，对直接负责的主管人员和其他直接责任人员给予或者责令给予降低岗位等级或者撤职的处分，对有关医务人员可以责令暂停 1 个月以上 6 个月以下执业活动；构成犯罪的，依法追究刑事责任。

因此，医疗美容机构在实施诊疗活动前，必须要求求美者及未成年求美者的监护人签署治疗知情同意书，知情同意书应至少包含求美者姓名、性别、身份证号或病历号、术前诊断、治疗方案、治疗时间、治疗禁忌证、治疗风险、替代治疗方案、医师签名、求美者及未成年求美者的监护人签名。

（三）诊疗过程符合诊疗规范

医疗美容机构的医师在实施医疗美容项目时，应当严格遵守诊疗规范和临床路径的要求。使用器械进行操作的，应保证其操作符合医疗器械操作规范。诊疗过程需要实施麻醉的，应严格按照麻醉相关的法律法规执行。

三、服务后法律风险管理

（一）告知项目实施后注意事项

医疗美容机构提供的大多数项目均具有“随做随走”的快捷性特点，只有少量求美者会进行短暂的留院观察。医疗美容机构应当将实施医疗美容项目后的注意事项向求美者进行充分告知，包括但不限于拆线时间、换药时间和换药方式、可能出现的不良反应及应对措施、生活习惯调整和禁忌事项等。为了证明医疗美容机构确实尽到了注意事项告知义务，建议医疗美容机构向求美者出具书面的注意事项告知书并由求美者和未成年求美者的监护人签字。

（二）帮助求美者安稳度过恢复期

求美者接受医疗美容项目服务后，需要一定时间的恢复期，才能够将医疗美容项目的效果充分展现出来。注射类或激光类等微创皮肤类项目的恢复期相对较短，手术类项目的恢复期相对较长，修复类项目则因求美者的肌肉组织已经遭受过不同程度的破坏而一般需要更长的恢复期。恢复期内，求美者可能会出现红肿、出血、肿胀、瘢痕、形态不对称或异常等情况，此类情况一般在恢复期会慢慢改善直至消失。实践中，个别求美者无法接受恢复期内出现的症状，盲目要求二次调整或认定手术失败，从而导致医疗纠纷。因此，医疗美容机构应当指派专业客服人员定期对求美者进行回访，记录和解答求美者恢复期内的疑问，发现恢复期内异常情况的，应及时报告医疗美容机构管理者并邀请求美者来院复诊或采取其他措施。

(三)修复或调整

个别求美者实施一次项目后无法达到满意的效果或产生损害后果,医疗美容机构通常建议求美者进行修复或调整,修复或调整产生的费用由双方根据实际情况协商确认。需要注意的是,修复或调整项目属于一次新的诊疗活动,应当严格遵循前述流程进行,不得省略步骤或者仅将其视为初次医疗美容项目的延续而不予重视,否则将为后续发生纠纷埋下隐患。

第四节　医疗美容机构运营纠纷处理

一、医疗美容纠纷发生的原因

区别于疾病治疗型医疗纠纷,医疗美容机构所面临的医疗纠纷实质为广义的客户纠纷。普通医疗纠纷的原因通常为患者发生损害后果后要求医疗机构进行赔偿,而医疗美容纠纷发生的原因多种多样,可概括为以下几类。

(一)服务效果不满意

不满意是医疗美容纠纷发生的常见原因之一,求美者来到医疗美容机构购买医疗美容项目时,都是带着比较高的期待和憧憬的,因此,求美者本身往往对医疗美容项目实施后的效果有自己主观的想象和预期,实际效果与预期效果不一致时,求美者会对服务效果不满意,进而产生医疗美容纠纷。当然,部分医疗美容机构在营销宣传和咨询接待环节向求美者承诺了理想化的服务效果,提高了求美者的期待值,也是大量因服务效果不满意而产生医疗美容纠纷的原因之一。

(二)发生损害后果

损害后果的出现是医疗美容纠纷发生的主要原因,求美者接受服务后出现病变、感染、畸形、身体机能或功能受损,引发炎症疾病、休克,甚至死亡等情况,进而产生医疗美容纠纷。

(三)审美标准发生变化

医疗美容行业的审美标准随着时间推移在不断发生变化,部分求美者跟随审美潮流接受了医疗美容服务后,又随着变更后的审美潮流认为效果不理想,进而产生医疗美容纠纷。

(四)求美者个人经济或家庭原因

部分求美者是借钱或者瞒着家人接受医疗美容服务的,当求美者个人出现债务危机或者家人反对等情况时,可能会演变为医疗美容纠纷。

二、医疗美容纠纷的表现形式

求美者基于上述一种或多种原因产生医疗美容纠纷的,初期往往选择与医疗美容机构协商解决,若双方协商不成,则可能会出现后续的一种或多种形式维权,包括但不限于向政府行政部门投诉举报、向新闻媒体提供新闻线索进行曝光、通过自媒体网络平台发布相关信息、到医疗美容机构经营场所喧闹或者静坐、通过法院提起诉讼、申请人民调解委员会主持调解等。值得关注的是,如果求美者利用言论自由的权利肆意扭曲事实,发表不实言论诋毁和贬低医疗美容机构或其医师的名誉,可能会构成侵犯名誉权的侵权行为。若求美者在医疗美容机构经营场所内打砸财物或者大吵大闹,可能会构成故意毁坏财物或者扰乱社会主义市场经营秩序的犯罪行为。近年来,国家打击非法“医闹”的力度逐渐增强,此类情况已经逐渐减少。

三、医疗美容纠纷的解决方案

(一)协商和解

医疗美容机构与求美者就退赔方案达成一致并签署和解协议,是实践中较多被采用的解决形式。双方在平等自愿、公平公正的前提下签署的和解协议对医患双方均具有法律约束力,但不具有强制执行力,医患双方无法直接向法院申请强制执行。

(二)接受调解

医疗美容机构与求美者在人民调解委员会或者法院的主持和调解下,

达成调解协议。调解协议既属于医患双方基于平等自愿、公平公正原则签署的协议,又经过司法程序确认具有强制执行力,对求美者来说是一种更加有保障的纠纷解决方案。

(三)法院判决

医疗美容机构与求美者根据法院的生效判决解决纠纷。医疗美容纠纷的诉讼案由分为医疗损害责任纠纷和医疗服务合同纠纷,求美者根据诉求不同可采用不同案由提起诉讼。医疗损害责任纠纷中,双方当事人将就是否造成损害后果、是否存在诊疗过错或过失及是否具有因果关系等事实进行举证质证;医疗服务合同纠纷中,双方当事人将就服务合同的内容和效力、服务合同是否充分履行、是否存在违约及违约责任等事实进行举证质证。必要时,可能会由当事人或法院委托专业司法鉴定机构对医疗过错责任及相关度、伤残等级等进行鉴定。

第六章 医疗美容机构投融资管理

在国家医疗体制改革、支持社会办医及大健康产业飞速发展的背景下，医疗机构并购领域已成为传统医疗集团和各路产业资本（地产商、投资机构、药械企业、获得多轮融资拥有流量入口的平台等）竞相角逐的热点。

其中，因医疗美容机构具备长期持续经营、稳定收益和较低风险的特点，通过股权投资、战略合作等多种方式投资医疗美容机构，能够快速形成战略化、规模化经营的趋势已经越发明显，并且也是近几年医疗投资行业的热点。但是随着对医疗美容行业投资热情的逐渐减弱，加之产业资本投资医疗美容机构后，往往因为不了解行业情况、缺乏专业的运营管理团队等，无法真正搞活资源。并且医疗美容行业整体市场化程度高、竞争激烈，可能要面临来自政策、同行竞争等多方面的压力，导致医疗美容机构在被收购完成后可能变成“烫手山芋”。

在医疗美容行业复杂的投资并购工作中，业务、法务、财务等各方的通力合作是成功的前提。一方面，要根据双方争议的焦点问题制订谈判方案；另一方面，要通过书面文件和条款将谈判结果落实。事实上，并没有纯粹的商业条款或法律条款，交易中所有出现的协议条款，都是为了界定纷繁复杂的交易内容，明确各方权利义务，以期能最大限度防范交易风险，实现商业目的。

通常来说，对于医疗美容行业，投融资管理实际上包括投资管理和融资管理。其中，投资指投资人主体，通常是社会资本，通过入股形式受让医疗美容机构股份成为股东，达到投资目的；融资指医疗美容机构因发展需要，而自身又缺乏资金，向某特定社会资本（自然人或公司）出让机构股份或增资形式，达到融资目的。（鉴于医疗美容机构大部分系私立机构，为分析必要，本书所称投融资主体仅针对社会资本）

第一节　投融资交易流程

无论是投资人还是医疗美容机构，在决定或选择投、融资前均要十分慎重，进行必要的尽职调查，同时，还要重点注意以下几点。

一、投资方的价值观与医疗美容机构的使命和愿景是否匹配

这一点在医疗美容行业投资行为中尤其重要，因为医疗美容是一个相对特殊的行业。这个行业的社会价值、公共利益是在投资决策和业务运营判断上重要的考量要素。和医疗美容机构的价值观相匹配的投资人一定是有济世救人或让人更美的使命感的。在进行业务判断的时候要关注的是如何降低求美者的消费成本，提升求美者的体验感和可及性，维护求美者安全和服务质量，而不是和投资其他行业一样，更关注如何快速赚钱。投资人一定要对医疗美容机构这种独特类型企业的社会责任有同样的认知。

二、投资人对医疗服务行业的理解和认知要匹配

医疗服务行业是具有巨大长期价值，但需要耐心培育的行业。投资人的战略定力和耐心尤为重要。医疗行业和互联网行业不一样，不可以套用互联网思维，一年覆盖几百个城市，开几千家店，用户拓展几千万人。做医疗服务行业需要敬畏这个行业的常识和规律，做好长期深耕的准备。急功近利会导致运营动作变形，背离行业发展规律和从业者核心的价值观。

三、基于对行业发展规律和企业发展阶段寻找合适投资人

医疗美容机构的管理者要懂得医疗机构发展的节奏和所需要的资源。在市场爆发的窗口期，要抓住机遇吸引财务投资人，借助雄厚财力扩大市场占有率和用户渗透率。在战略转型期，借助战略投资人的资源实现核心业务的转型升级，或能力延伸，强化竞争壁垒。在大环境不好的时候，要找更

有耐心的长期投资者，同时做好成本控制和精益化运营。

四、投资人与机构管理者要互相信任，共担责任

对管理者的信任和支持在投后管理阶段尤其重要。投资后，投资人和管理者的关系就像两个人一起跳舞。领舞的人应该是管理者，毕竟机构管理者才是真正了解机构运营状况的人，可以通过每日的运营数据和客户反馈感知市场情况。他们承担最终的经营责任；而投资人要甘于幕后，做好支持、后援的工作。正如投资界流传的一句话，好的投资人在投后都是“帮忙不添乱的”。

在医疗美容机构的投融资交易中，虽然可能根据机构成立时间长短、交易方式不同等会有一些差别，但通常需要经历以下几个阶段。

（一）接洽及意向阶段

在此阶段，投资方与标的机构原股东进行接触，对于标的机构基本情况、资质情况、财务情况及资产情况进行初步了解。达成初步收购意愿后，交易双方签署投（融）资意向书等文件，并就进一步成立项目组对标的机构进行尽职调查、确定交易框架、后续磋商等方面的条款达成合意。

（二）筹备及尽职调查阶段

交易双方一般会分别成立项目组以负责针对标的机构收购项目的具体协调、对接和谈判等工作。投资方一般会聘请专业中介机构，可能包括会计师事务所、律师事务所、评估机构等，在与投资方或标的机构签署相关专项顾问服务协议或保密协议后，进驻标的机构进行尽职调查。

中介机构在对标的机构行业了解的基础上，结合自身专业经验向标的机构出具尽职调查清单。为了保障尽职调查的顺利进行，交易双方一般会共同召开尽职调查协调会，确定中介机构进场调查的工作机会和人员安排、尽职调查基准点以及各工作成功时间节点等，以期尽快推动尽职调查工作的进行。

当标的机构按照尽职调查清单的各项要求，结合中介机构，收集、整理和准备资料后，经过中介机构的查看和分析，向委托方出具尽职调查报告或评估报告，如实描述、披露标的机构的各项情况以及风险，为投资方决定是

否收购以及交易架构设立提供最重要的参考依据。

（三）协议谈判阶段

结合中介机构出具的尽职调查报告以及评估报告，交易双方进入针对收购项目的实质性谈判阶段。投资方根据报告内容，确定针对本次收购需要明确解决的重大核心问题以及交易总价和交易方式，并确定收购底价，与公司原股东进行磋商谈判。

在此过程中，律师应根据双方谈判情况初步起草《投（融）资协议》，并结合尽职调查结果，提醒注意收购和交易风险，以协助收购进行和顺利完成。

（四）协议签署及过渡交接阶段

在交易双方对《投（融）资协议》各条款和内容达成一致的同时，公司原股东应依据《公司法》及公司章程的相关规定，进行标的机构内部的决策审批流程，包括但不限于就是否同意公司股东转让其股权、公司其他股东是否放弃认购权等事项进行股东会决议。在取得同意进行转让的股东会决议之后，公司原股东方有权针对收购事项与投资方签署《投资收购协议》及相关文件。

若医疗美容机构不属于完全内资性质的私营机构，还应根据我国现行法律规定向相关行政主管部门或出资单位进行报批，在审批同意转让后才可签署和履行《投（融）资协议》。

协议签署完成后，应根据《投（融）资协议》中相关交割条款，在过渡期内进行各项移交。实际操作过程中，可能会涉及公章、银行账户及密钥、资产、账款等多方面交易。标的机构应配合交易双方完成移交，并在移交过程中针对关键事项进行说明确认。涉及与标的机构外第三人有关事项的，为了保证顺利交接过渡，公司原股东有义务配合投资方向第三人进行说明确认。交接完成后，双方均应进行交接确认并签字或盖章。

（五）行政变更登记

根据《投（融）资协议》中针对办理行政变更登记事项的交割条件，一般公司原股东应配合投资方提交变更申请、配合出具与变更有关的各项文件和材料，并完成现场提交或尽到补充责任。考虑到在实践过程中，各地区针对变更登记事项的要求、提交材料和时间周期存在差异，而且变更是否能够完成会直接影响收购目的是否实现，在签署《投（融）资协议》前，投资方或律师应当事先向当地询问变更流程、提交材料等相关事项，然后在《投（融）资协议》中予以明确并与付款条件挂钩，以确保收购目的顺利实现。

第二节　投融资交易法律风险管理

在涉及医疗美容机构的投融资交易活动中，除以上交易流程中应注意的问题外，为了界定纷繁复杂的交易内容，明确各方权利义务，防范交易风险，要特别关注如何拟定法律条款的问题，如果对交易中的协议条款不够重视，可能会在后续执行过程中产生诸多问题。实践中，为了更好地规避法律风险，医疗美容机构投融资管理应注意做好以下工作。

一、签订投（融）资意向书

交易双方若已达成初步意向，最好签署收购意向书，就收购价、支付方式以及其他重要的商业条款进行实质性磋商，并指引下一步的工作方向，以准备业务、财务、法务乃至人事的尽职调查。虽然大部分收购意向书除了费用分担、排他条款和保密条款外并无实质上的法律约束力，但收购意向书会对交易双方已经谈定的或者十分关注的商业条款进行锁定并确定初步方案，因此其是交易环节中非常重要的文件。

但从根本上说，收购意向书一般仅为意向性协议，属于多方合作意愿和基本原则的意向性约定，正式实施尚须进行进一步协商谈判并签署正式的《投（融）资协议》，同时应根据相关法律法规及公司章程规定履行相关决策程序。因此，在签署正式《投（融）资协议》及履行相关决策程序之前，交易事项以及双方磋商仅属于意向阶段，尚存在诸多不确定性。实践中，相关中介机构对标的机构进行尽职调查之后，因发现标的机构存在对于收购方产生重大不利影响的事项，收购即告终结，收购意向书也随即解除的情况时有发生，亦应引起重视。

二、签署保密协议或条款

在涉及投资收购医疗美容机构过程中，投资方为了更全面地了解标的机构的情况，在初始阶段往往会要求标的机构提供少量资料及一部分核心数据。为了保障标的机构以及原股东各项合法权益，一般会考虑在向收购方提供资料时签署《保密协议》或在收购意向书中签署保密条款。

一般情况下保密协议是双向的，标的机构和原股东需要保护自己的敏感信息不被泄露，投资方也要了解影响收购条件和交易架构的关键核心信息，以尽快作出是否收购的初步判断，提高效率的同时初步确定收购价格。保密协议中需要明确缔约方、保密内容及期限、双方陈述保证、违约救济等内容。

三、签署投(融)资协议

在签署收购意向书后，投资方一般会组成项目小组，与专业的会计师、律师团队共同对标的机构进行商务、财务、法律的尽职调查。在持续数周的尽职调查过程中，根据尽职调查阶段性结果结合意向内容，交易双方可开始协商谈判实质性收购条件。《投(融)资协议》通常应明确以下核心条款。

(一)陈述与保证

协议中的陈述与保证部分，同时也是尽职调查时需要确认核实的内容。一般包括交易本身的合法性；公司股东承诺按照法律法规及公司章程之规定履行必要的决策程序；公司设立、运营、资产的合法性等内容。如果标的机构本身存在一定问题并且投资方已知晓，则应在《投(融)资协议》中进行披露，明确解决方案和责任承担方式等，同时也需要标的机构及公司股东签署披露函或承诺函。

披露函或承诺函一般是由投资方提供，函中内容一般包括标的机构存在的问题，未来可能发生的风险或债务、重大诉讼以及公司原股东应对风险及债务承担相应的责任。同时应由公司股东承诺，除已披露的事实外无其他重大瑕疵或可能对收购方造成重大不利影响的其他事项。

涉及陈述保证条款建议考虑由公司原股东作出。只有标的机构进行陈述保证，收购完成后发生重大诉讼或大额赔偿的，收购方因为已经成为标的机构股东,所以相关责任实质上由收购方承担。为了降低未来收购完成后标的机构或公司新股东可能面临的重大损失,一般均由公司原股东承诺承担未如实披露导致的各项责任及后果。

(二)交割条件

交割条件一般与付款方式和付款条件直接相关。最常见的设置交割条件的情形包括:办理行政变更事项;交易双方完成财务交接或资产移交;满足自投资收购协议签订后至完成交接期间未发生不利于收购完成后投资方进行控制或管理的情形等。

其中涉及办理行政变更事项的条款一般是《投(融)资协议》中都会设置的交割条件之一。考虑到办理行政变更事项的过程一般不受双方控制,标的机构存续时间越长,取得特殊行政审批事项越多,在办理行政变更事项过程中的不可控因素也就越多。为了确保不因行政变更事项的不可控和不确定导致交易障碍甚至终止,一般会对行政变更事项的交割条件进行明确约定。针对该项交割条件的成就一般应明确为自提交材料齐全之日或者明确约定某个阶段的行政变更事项办理完结之日起。由于实践中,各地区、各部门针对材料审查以及变更事项办理时间和程序不尽相同,为了避免该交割条件对交易构成实质性障碍,应尽量提前与相关部门事先进行沟通确认。

另外,为防止在交割前标的机构发生重大事项变化导致收购目的无法达成,一般会明确约定过渡期内公司原股东应按照惯常方式善意经营公司,例如,不能有非常规运营和交易等约定、贷款不能超过一定金额、管理层员工不得涨薪、不得进行资产变卖等。

(三)公司治理

公司治理过程中,股东拥有的股东大会表决权越多,其话语权越重,对公司实际控制和管理的力度就会越大。对收购方来说,收购完成后作为公司股东参与到公司经营中,了解公司日常事项与重大事务决策是收购目的之一,也是为了保全收购方利益的重要条件之一。如果收购完成后在经营过程中,收购方发现标的机构有不利于己方的事务,也可以通过行使投票权或提前协商沟通等方式进行调整甚至阻止。

在取得股东身份后,可以谈判一票否决权的事项。我国目前公司“人合性”特点突出，尤其在有限责任公司的具体制度设计上，很多方面基本上沿袭了人合性机构组织的特点，如股东直接参与公司经营管理、公司采取封闭式管理、股东之间应以相互了解和信任为基础、退出导致股权转让须经过一定严格程序等。因此，涉及公司重大决策事项时，股东为了避免“资本多数决”的表决方式导致权益受损甚至是被其他股东恶意损害合法权益，加之收购方往往是公司新股东，缺少与公司原股东之间充分的信任和了解，为了保障股东权益会在以下几个方面设置“一票否决权”：

第一，公司的重大资本结构调整。如增资、减资、并购重组等。

第二，公司运营。标的机构的日常经营管理均由公司管理层负责，若赋予某一股东“一票否决权”，有可能直接面临来自管理层的阻力，一般来说管理层都不希望股东干涉公司的运营，尤其涉及中高层人事任免、重大合同签署履行、财务或者交易权限等。为此，投资方若想取得“一票否决权”，可能要面临来自公司原股东以及管理层的双重压力。在此种情形下，投资方退而求其次的做法往往是约定行使保留权，即如遇公司某些决策事项但投资方不同意实行，可以行使保留权。未来无论该决策导致公司获益或亏损，都无须持保留意见的股东承担。

第三，年度预算。这是管理层最难妥协，但也是投资方在取得标的机构股权后最想尽力争取的部分，因为公司预算和资金支配直接会对投资方是否达成收购目的造成影响，也会直接影响到股东权益。

（四）管理层的竞业限制义务

股东同时担任公司高级管理人员的，一般在职期间需要履行“竞业禁止”义务。实践中，为了避免公司股东同时投资多家同行业机构导致资源分配不平均，或者公司原股东利用股东身份将属于标的机构的核心竞争力或重要资源脱离标的机构控制或做与标的机构利益无关的其他使用，甚至是将标的机构公司核心员工带走导致投资方在收购完成后发现标的机构只剩下一具“空壳”，投资方应在《投（融）资协议》中约定，公司原股东在股权转让后一定时间内、约定区域内承担避免同业竞争的义务。

实践中存在的难点是，若对标的机构原股东的同业竞争义务的情形明确定义或列举，可能会被原股东作为可以钻的“空子”并最终使标的机构利益受损。

（五）股权反稀释条款

反稀释条款的目的在于保护公司股东的利益在后续多轮融资过程中不会被降低或因为股权比例的变化导致实际控制权减弱。考虑到在现实交易过程中，拥有优良资产的成长型机构常是被融资对象，而且融资一般不止一轮，因此作为公司创始人或在融资发生前的原始股东，保护个人的经济利益以及在公司的话语权就变得尤为重要。股权被稀释主要包含两种情况，一种是增资行为导致的股权比例降低，这种情况比较容易谈判，一般会约定通过无偿或以公允价格给予公司原股东相应比例的股权，保证其股权比例不变。另一种情况是下一轮融资对公司的估值降低，导致股权价值被摊薄。为防止出现此种情形，必须在协议中约定给予公司原股东补偿，保证股权价值不被稀释。

在此种情况下，为保障反稀释条款在公司后续融资过程中对其他投资机构持续有效，应在《投（融）资协议》中明确，若公司未来因股权转让或增资出现新股东，新股东应明确知晓并同意涉及反稀释条款的股权安排。

（六）赔偿条款

实践过程中，由于收购进程时间长、标的金额比较大、程序相对复杂且会发生很多人为不可控制的因素，加之欲转让股权的股东可能存在故意隐瞒不利于收购进程的事项等，在收购彻底完成前发生违约的概率很高。

如果协议任何一方违反协议任何条款所设定的义务或所作陈述与保证有任何不实，导致另一方受到损害，那么违约方应对守约方的损害承担全部赔偿责任。涉及违反《投（融）资协议》核心条款或直接导致收购目的不能实现，应属于重大违约事项。在此种情况下除守约方有权要求违约方承担损害赔偿等违约责任外，还应赋予守约方单方解除权。除此之外，亦应在赔偿条款中明确发生特定情形或损失金额超过约定数额的属于重大违约事项，若收购过程中因公司原股东故意隐瞒重大不利事项给标的公司造成额外损失或存在重大诉讼，该损失或诉讼应由公司原股东承担和解决。

若因一方违反《投（融）资协议》中的相关约定，守约方主张违约方承担损害赔偿责任，赔偿责任的范围除直接经济损失外，还可以约定包括诉讼费、仲裁费、律师费、因请求赔偿而发生的差旅费、调查费等。

案例 | 因投资协议中约定对赌条款失去机构部分控制权

基本案情:成立于1997年的伊美尔,是一家整形美容连锁集团。作为国内最早一批医美机构,2003年伊美尔曾联合媒体策划了轰动一时的“人造美女”事件,通过对所谓“人造美女”整形手术的全程报道,伊美尔品牌在短期内得到大量曝光。从2011年开始,伊美尔持续受到资本关注。天眼查App显示,2011年5月至2015年5月,君联资本、华平投资、鼎晖投资、愉悦资本等先后参投伊美尔,帮其完成了A轮到B+轮的融资,其间,伊美尔和投资人签署了对赌协议。2011年,伊美尔因为未能完成5000万元净利润的任务,对赌失败,依约输给投资人1.5%股权。2016年,为获得融资,伊美尔与华美福德、华泰瑞合等投资者再次分别签订《股东协议》,承诺在2021年1月1日前完成IPO,否则将回购投资人股权。后来,对赌再次失利。

律师分析:医疗美容机构作为融资方,在与投资方签订投资协议时,应当充分了解协议中约定条款内容及其后果,尤其是涉及对赌条款时,更应当谨慎签署。具体分析如下:

(1)什么叫“对赌协议”?即投资方和融资方在融资协议中约定一定的对赌条件,如果约定的对赌条件出现,由投资方行使估值调整权利,融资方向投资方回购曾因融资让渡的股权,以弥补高估企业自身价值的损失;如果约定的对赌条件未出现,则由投资方向融资方补偿企业价值被低估的损失。双方约定的这种机制被称为“估值调整机制”,包含这种机制的条款一般被称为“对赌条款”。简单而言,所谓对赌条款就是如果作为融资方的企业没有达到条款约定的预期目标,则融资方要把原来投资方投的钱再还给投资方。从法律上来看,它的本质就是一个股权和债权的转换,投资方向融资方投资的时候采用的形式是股权,若一旦触发了对赌的惩罚机制,那么原来的股就会转换成其对融资方的债权,债权是刚性兑付,不同于股权需要大家风险共担。

(2)“对赌协议”该不该签?要解决“对赌协议”到底该不该签以及如何签的问题,首先要弄清楚“对赌协议”的本质及其潜在风险。笔者认为,“对赌协议”的签署一定要回归企业的基本面,将企业基本面慎重摆在签署的第一位去考虑。因为融资企业与投资方对经营风险的评估水平并不对称,因此,盲目追求更大规模的投资额及更高要价的融资企业,在缺乏客观判断的前提下,可能并没有意识到对赌协议的真正风险,只看到眼前融资带来的丰厚资本而忽略了惩罚机制触发后对企业带来的致命性打击。因此,考虑是否签署“对赌协议”,一定要认真分析企业的实际经营条件、融资需求以及抗风险能力,企业可以优先选择风险较低的借款方式筹集资金,在不得已的情况下再选择“对赌协议”方式融资。

(3)如何避险?首先,要注意推敲对方的风险规避条款。当事人在引入对赌协议时,需要有效估计企业真实的增长潜力,并充分了解博弈对手的经营管理能力。在签订“对赌协议”时,要注意设定合理的业绩增长幅度;最好将“对赌协议”设为重复博弈结构,降低当事人在博弈中的不确定性。其次,一些合同细节也要特别注意,如设立“保底条款”。通常情况下,对赌协议中会有类似“每相差100万元利润,PE(市盈率,即股权价格)下降一半”的条款,如果没有保底条款,即使企业经营不错,PE值也可能降为0。所以在很多细节上要考虑对赌双方是否公平。据此,要提醒准备签订对赌协议的医疗美容机构的是,要合理设置对赌筹码;确定恰当的期权行权价格。对于融资企业来说,设定对赌筹码时不能只看到赢得筹码获得的丰厚收益,更要考虑输掉的筹码是否在自己的风险承受范围之内。而对于那些已经签订“对赌协议”的机构,则可以在出现不利局面之前申请调整对赌协议,使之更加公平。最后,企业可以要求在“对赌协议”中加入更多柔性条款,如财务绩效、赎回补偿、企业行为、股票发行和管理层等多方面指标,让协议更加均衡可控。

第七章 医疗美容机构财税管理

税收是国家财政收入的主要来源，也是国家加强宏观调控的重要经济杠杆，更是政府依据“取之于民、用之于民”的原则，提供社会公共服务的物质保障，对于国家总体经济建设和各行业的发展具有十分重要的意义。中国医疗美容行业从 20 世纪 80 年代末发展至今，医疗美容机构的税收制度和管理实践也伴随中国税收管理制度的发展而逐步完善和规范。

中国医疗美容行业发展之初，正值中国建立社会主义市场经济体制时期的税制改革，向全面深化改革时期的税制改革的过渡阶段，经历了中国完善所得税制度、财产税制度、货物和劳务税制度以及营业税改增值税等一系列重要的改革，主要有以下重要法律法规、行政规章出台和修订：2007 年，全国人民代表大会通过了《企业所得税法》，自 2008 年 1 月 1 日起施行；2008 年，国务院修订通过《增值税暂行条例》《营业税暂行条例》；2012 年、2013 年，经国务院批准，财政部、国家税务总局逐步实施了营业税改征增值税的试点，2016 年全面推行此项试点；2017 年，国务院废止了《营业税暂行条例》，修改了《增值税暂行条例》；2017 年、2018 年，全国人民代表大会常务委员会两次修正《企业所得税法》；2018 年，全国人民代表大会修正了《个人所得税法》，并于 2019 年 1 月 1 日起施行。2021 年 6 月 10 日，第十三届全国人民代表大会常务委员会第二十九次会议表决通过《印花税法》，自 2022 年 7 月 1 日起施行。

随着中国税制逐步改革和发展，中国医疗美容行业也在深化税制改革的进程中，享受到了税制改革带来的简化、规范、减负和公平的成果，如医疗美容机构增值税免税政策红利。目前，中国医疗美容机构和从业人员纳税意识和纳税额总量正逐年提升。

第一节　税收制度的概念和内容

税收制度简称税制，是指一个国家在税收管理方面所建立的制度，包括税种设置、税收征收管理制度和税收管理体制等内容。

税种设置，是指国家按照一定的立法程序设立的各种税收。构成一个税种的主要因素有征税对象、纳税人、税目、税率、纳税环节、纳税期限、缴纳方法、减税、免税及违法处理等。税种之间最重要的区别标志是不同的征税对象和纳税人。

税收征收管理制度，是指在税收征收管理方面制定的制度，主要涉及税务登记、账簿和凭证管理、纳税申报、税款征纳、税务检查和法律责任等内容。

税收管理体制，是指在中央和地方各级政府之间划分税收管理权限（主要包括税收的立法权、征收管理权和收入归属权等）的规范。具体的税收制度由法律法规、规章和规范性文件等形式规定，这是税收征收机关、纳税人据以分别办理征税、纳税事项，中央和地方各级政府之间划分税收管理权限的法律依据。

一、税种设置分类和医疗美容机构主要税种

目前我国税收分为五大类 18 个税种。五大类税分别为商品和劳务税、所得税、资源税、财产和行为税、特定目的税。18 个现行税种分别是增值税、消费税、企业所得税、个人所得税、资源税、城市维护建设税、房产税、印花税、城镇土地使用税、土地增值税、车船使用税、船舶吨税、车辆购置税、关税、耕地占用税、契税、烟叶税、环保税。其中，个人所得税、企业所得税、车辆购置税等 8 个税种是通过全国人民代表大会立法，其他税收事项都是依靠行政法规、规章及规范性文件来规定。

医疗美容机构税种主要涉及商品和劳务税、增值税、所得税、财产和行为税等类别，企业经营过程中以增值税、企业所得税、个人所得税、印花税等

为主要税种。

二、医疗美容机构征税对象分类管理

征税对象又称课税对象、课税客体等，是指税法规定的征税目标对象。概括而言，目前关于医疗美容机构征税对象及其税收制度，因医疗美容机构注册性质、经济属性和业绩规模不同，有以下三种分类管理方法，不同类型的征税对象所对应征税的税目、税率、计税方法、减免税规定、税收征收管理制度等不同。

一是以机构经济属性划分，分为营利性医疗美容机构和非营利性医疗美容机构。

二是以机构业绩规模划分，分为一般纳税人医疗美容机构和小规模纳税人医疗美容机构。

三是以机构工商注册性质划分，分为有限责任公司性质医疗美容机构、股份有限责任公司性质医疗美容机构；有限合伙制医疗美容机构、普通合伙制医疗美容机构；个人独资医疗美容机构以及个体工商户医疗美容机构。

三、医疗美容机构企业所得税政策

（一）非营利性医疗美容机构享受免税优惠

1. 非营利性医疗机构概念

非营利性医疗机构，是指为社会公众利益服务而设立运营的医疗机构，不以营利为目的，主要开展各种公益性、互益性社会服务活动的民间组织，其收入用于紧急救助、社会救济和弥补医疗服务成本。

2. 非营利性医疗机构免税资格认定

非营利性医疗机构可以按照《企业所得税法》第 26 条及《企业所得税法实施条例》第 84 条的规定获得非营利组织免税资格；这里的非营利性医疗机构是指民办非企业医疗机构，在上述政策法规中被列为社会服务机构。

3. 非营利组织免税资格有效期

非营利组织免税优惠资格的有效期为 5 年。非营利组织应在免税优惠资格期满后 6 个月内提出复审申请，不提出复审申请或复审不合格的，其享受免税优惠的资格到期自动失效。被取消免税优惠资格的非营利组织，应当依法履行纳税义务；未依法纳税的，主管税务机关应当自其存在取消免税优惠资格情形的当年起予以追缴。

4. 企业所得税免税范围

依据《企业所得税法》第 26 条的规定，企业的下列收入为免税收入：(1)国债利息收入；(2)符合条件的居民企业之间的股息，红利等权益性投资收益；(3)在中国境内设立机构、场所的非居民企业从居民企业取得的与该机构、场所有实际联系的股息、红利等权益性投资收益；(4)符合条件的非营利组织的收入。

(二)营利性医疗美容机构依法缴纳企业所得税

营利性医疗机构，是指医疗服务所得收益可作为投资者经济回报的民办医疗机构。营利性医疗美容机构组织的营收，按规定依法缴纳企业所得税。

第二节　医疗美容机构现行税制体系

我国医疗美容机构按照中国现行税收体系的分类，涉及商品和劳务税、所得税和其他税收三个类别的 6 个税种，包括增值税、车辆购置税、企业所得税、个人所得税、印花税、城市维护建设税。其中增值税、车辆购置税属于商品和劳务税范畴；企业所得税、个人所得税属于所得税范畴；印花税、城市维护建设税属于其他税收范畴。

一、医疗美容机构的税法体系

医疗美容机构税法体系由宪法、税收法律、税收行政法规和规章等组成。税收立法由下列立法层次和形式组成。

(一)宪法

《宪法》第 56 条规定："中华人民共和国公民有依照法律纳税的义务。"宪法的相关内容确立了税收制度建设在中国经济发展中的重要地位。

（二）法律

由全国人民代表大会和全国人民代表大会常务委员会制定的税收基本制度，包括《企业所得税法》《个人所得税法》《税收征收管理法》《车辆购置税法》《印花税法》等。

（三）行政法规

由国务院根据税收基本法制定的行政法规，或由全国人民代表大会及其常务委员会授权国务院制定的行政法规，包括《增值税暂行条例》《企业所得税法实施条例》《个人所得税法实施条例》《税收征收管理法实施细则》等。

（四）地方性法规、规章

近年来，各省、自治区、直辖市和计划单列市人民代表大会及其常务委员会相继制定并实施税收保障法规。目前，全国已有近半数省份制定并实施了地方税收保障法规，如《北京市税收征收保障办法》《江西省税收保障条例》《山东省税收保障条例》等。

（五）自治条例和单行条例、政府规章

民族自治地方的人民政府依据当地民族的政治、经济、文化等实际情况和特点，制定涉税自治条例和单行条例，如《内蒙古自治区税收保障办法》（已失效）、《宁夏回族自治区税费保障办法》等。

（六）部门规章

涉税的政府管理部门，如财政部、国家税务总局等部门依据法律、行政法规制定部门规章，如《税务登记管理办法》《增值税暂行条例实施细则》等。

二、医疗美容机构纳税分类管理

目前，医疗美容机构除2016年“营改增”政策实行后，继续平移了营利性医疗机构和非营利性医疗机构的不同税制政策外，还因注册的机构性质、纳税申报规模不同，在纳税科目和纳税税率上有明显不同。但目前医疗美容机构普遍享受增值税免税政策，营利性和非营利性医疗美容机构，有限公

司、合伙制机构、个人独资机构、个体工商户医疗美容机构，以及小规模纳税人和一般纳税人医疗美容机构在缴纳增值税科目上均享受增值税免税优惠政策。除了增值税、附加税一致外，不同性质的医疗美容机构涉税科目分类和税率设置上均有差异。按照工商注册性质不同进行的医疗美容机构涉税分类管理情况如下。

（一）有限责任公司和股份有限公司性质医疗美容机构的主要税种

（1）增值税。医疗美容机构免征增值税。

（2）附加税。因医疗美容机构免征增值税，以增值税为基数计算的附加税为零。

（3）企业所得税。有限责任公司和股份有限公司性质医疗美容机构依法缴纳企业所得税。

（4）印花税。依据实际涉税的项目不同，税率为0.03%~0.05%。

（5）股东红利税和员工个人所得税。股东依法缴纳分红红利税率为20%，员工依法缴纳个人所得税。

（二）合伙制医疗美容机构的主要税种

（1）增值税。医疗美容机构免征增值税。

（2）附加税。因医疗美容机构免征增值税，以增值税为基数计算的附加税为零。

（3）合伙人生产经营所得税。合伙机构的个人合伙人生产、经营所得，是指机构本纳税年度的收入减除成本、费用、损失以后的余额。合伙机构以每一个合伙人为纳税人，按照下列原则确定应纳税所得额：以本机构的生产、经营所得和其他所得，按照合伙协议约定的分配比例确定个人所得税应纳税所得额，但是合伙协议不得约定将全部利润分配给部分合伙人；合伙协议没有约定或者约定不明确的，以本机构的生产、经营所得和其他所得，按照合伙人协商决定的分配比例确定个人所得税应纳税所得额；合伙人协商不成的，以本机构的生产、经营所得和其他所得，按照合伙人实缴出资比例确定个人所得税应纳税所得额；无法确定合伙人出资比例的，以本机构的生产、经营所得和其他所得，按照合伙人数量平均计算每个合伙人的个人所得税应纳税所得额。合伙机构的合伙人中既有自然人，又有法人和其他组织的，应当分别就其所得缴纳所得税，即自然人应当缴纳个人所得税，法人和其他组织应当缴纳企业所得税。

（4）印花税。依据实际涉税的项目不同，税率为0.03%~0.05%。

（三）个人独资医疗美容机构的主要税种

（1）增值税。医疗美容机构免征增值税。

（2）附加税。因医疗美容机构免征增值税，以增值税为基数计算的附加税为零。

（3）投资人生产经营个人所得税。个人独资机构以投资人为纳税人，以本机构的全部生产、经营所得计算个人所得税应纳税所得额。个人独资机构的投资人生产经营所得个人所得税的计算方式和税率，可参照合伙制机构的合伙人生产经营所得个人所得税的计算方式和税率。

（4）个人所得税。员工依法缴纳个人所得税。

（5）印花税。依据实际涉税的项目不同，税率为0.03%~0.05%。

（四）个体工商户医疗美容机构的主要税种

1. 核定征收税制

个体工商户税收核定征收，是指个体工商户由于会计账簿不健全，资料残缺难以查账，或者其他原因难以准确确定应纳税额时，由税务机关依据行业、规模、地段、营业额等指标采用合理的方法，对生产、经营规模小，达不到《个体工商户建账管理暂行办法》规定设置账簿标准的个体工商户（以下简称定期定额户），依据《个体工商户税收定期定额征收管理办法》依法核定个体工商户纳税人应纳税款的一种征收方式。

个体工商户税收定期定额征收，是指税务机关依照法律、行政法规及《个体工商户税收定期定额征收管理办法》的规定，对个体工商户在一定经营地点、一定经营时期、一定经营范围内的应纳税经营额（包括经营数量）或所得额（以下简称定额）进行核定，并以此为计税依据，确定其应纳税额的一种征收方式。定期定额户在定额执行期结束后，应当以该期每月实际发生的经营额、所得额向税务机关申报，申报额超过定额的，按申报额缴纳税款；申报额低于定额的，按定额缴纳税款；符合小微机构税收优惠政策的，享受优惠政策。具体申报期限由省税务机关确定。定期定额户当期发生的经营额、所得额超过定额一定幅度的，应当在法律、行政法规规定的申报期限内向税务机关进行申报并缴清税款。具体幅度由省税务机关确定。根据《个体工商户税收定期定额征收管理办法》第5条的规定，定额执行期的具体期限由省税务机关确定，但最长不得超过1年。定额执行期是指税务机关核定后执行的第一个纳税期至最后一个纳税期。

从2018年《个人所得税法》修正实施和国家为小微企业纳税人实施税收优惠政策后，部分省市对个体工商户定期定额核定征收税制进行了调整。如北京市自2019年1月1日起各区开始取消个体工商户定期定额征税税制，全面改为查账征收税制方式。

2. 查账征收税制

查账征收的方式适用于财务比较健全、公司账目清晰、公司的经营活动一切都按照法律规定来办理的正规、合法、较大规模的个体工商户。

3. 个体工商户税制计算方法

从事生产、经营的个体工商户，依法从事办学、医疗、咨询和其他有偿服务活动的个人，从事其他生产、经营的个人，应当依据应纳税所得额和税率，参照个人独资机构和合伙制机构征税税制依法纳税。个体工商户应纳税所得额的计算，以权责发生制为原则，财政部、国家税务总局另有规定的除外。个体工商户在计算应纳税所得额的时候，会计处理办法与财政部、国家税务总局相关规定不一致的，应当按照财政部、国家税务总局的相关规定计算。个体工商户的生产、经营所得，以纳税人本纳税年度的经营收入减除成本、费用、税金、损失、其他支出和允许弥补的以前年度亏损以后的余额为应纳税所得额。

第三节 医疗美容机构税收法律法规及政策

税法是国家制定的用以调整国家与纳税人之间在征纳税方面的权利及义务关系的法律规范的总称。税法体现为法律法规和行政规章制度等规范形式，是税收制度的核心内容。税法具有综合性、强制性、义务性、无偿性等特点，有国家权力做后盾，有一系列制度措施做保障，内容涉及征税的基本内容、征纳双方的权利和义务、税制规则、法律责任、解决税务争议的法律规范等。税收政策是国家对税法实施的补充形式，同样具有税法的参照属性。

医疗美容机构在运营管理中主要涉及以下税制相关的法律法规、行政规章和政策文件。

一、税法体系

《税收征收管理法》在1992年由第七届全国人民代表大会常务委员会第二十七次会议通过。后分别于1995年修正、2001年修订、2013年修正、2015年修正。依据该法，国务院于2002年发布《税收征收管理法实施细则》，并分别于2012年、2013年、2016年进行了修订。

1979年7月1日，第五届全国人民代表大会第二次会议通过《刑法》，其中第121条系专门针对税收犯罪的规定。1997年3月14日，第八届全国人民代表大会第五次会议对《刑法》进行修订，这是我国刑法体系的一次全面系统化调整，其中对税收犯罪的规制主要集中在分则第三章“破坏社会主义市场经济秩序罪”第六节“危害税收征管罪”中。后在1999年《刑法修正案》中新增第205条之一“虚开增值税专用发票，用于骗取出口退税、抵扣税款发票罪”，强化了对虚开发票行为的打击；2009年的《刑法修正案（七）》将罪名“偷税罪”改为“逃税罪”。这就从刑法层面加强税收征收管理，规范税收征收和缴纳行为，保障国家税收收入，维护纳税人的合法权益，促进经济和社会发展。

二、医疗美容机构涉及的税收种类、征税范围及税率

（一）增值税

一般纳税人：适用6%税率，针对医疗美容服务收入（属于生活服务中的“居民日常服务”）。

小规模纳税人：适用3%税率（目前政策阶段性减按1%税率执行）。

（二）企业所得税

一般企业：税率为25%。

小型微利企业：年应纳税所得额≤300万元的部分，减按5%税率（原25%应纳税所得额×20%税率）。

（三）个人所得税：医美机构有代扣代缴义务

员工薪资：按“综合所得”代扣，适用3%~45%超额累进税率。

渠道返佣：按“劳务报酬”代扣，适用20%~40%税率。

股东分红/股权转让：分别按“股息红利”（20%）和“财产转让所得”（20%）代扣。

（四）附加税费

城建税：按实缴增值税的7%（市区）、5%（县城/镇）、1%（其他地区）计征。

教育费附加：按实缴增值税的3%计征；地方教育附加：按实缴增值税的2%计征。

（五）其他税种

消费税：若涉及销售化妆品等特定消费品，需按消费金额缴纳消费税。

印花税：购销合同（万分之三）、租赁合同（千分之一）等。

房产税：自有房产按原值×1.2%（扣除10%～30%后），出租房产按租金×12%。

三、医疗美容机构免税政策与合规要点

（一）免税政策

依据财政部、国家税务总局《关于全面推开营业税改征增值税试点的通知》的规定，医疗美容机构免征增值税。免税条件需同时满足持有医疗机构执业许可证、服务项目在全国医疗服务价格项目规范内、价格≤政府指导价。

依据国务院办公厅发布的《关于支持社会力量提供多层次多样化医疗服务的意见》的规定，社会办非营利性医疗机构在免征增值税基础上，符合条件的享受免征机构所得税优惠政策。

依据《企业所得税法》《企业所得税法实施条例》的相关规定，以下几种情况列为免税收入：

第一种，国债利息收入，是指机构持有国务院财政部门发行的国债取得的利息收入。

第二种，符合条件的居民机构之间的股息、红利等权益性投资收益，是指居民机构直接投资于其他居民机构取得的投资收益。

第三种，在中国境内设立机构、场所的非居民机构从居民机构取得与该机构、场所有实际联系的股息、红利等权益性投资收益，不包括连续持有居民机构公开发行并上市流通的股票不足12个月取得的投资收益。

第四种，符合条件的非营利组织的收入。符合条件的非营利组织，是指同时符合下列条件的组织：(1)依法履行非营利组织登记手续；(2)从事公益性或者非营利性活动；(3)取得的收入除用于与该组织有关的、合理的支出外，全部用于登记核定或者章程规定的公益性或者非营利性事业；(4)财产及其孳息不用于分配；(5)按照登记核定或者章程规定，该组织注销后的剩余财产用于公益性或者非营利性目的，或者由登记管理机关转赠给与该组织性质、宗旨相同的组织，并向社会公告；(6)投入人对投入该组织的财产不保留或者享有任何财产权利；(7)工作人员工资福利开支控制在规定的比例内，不变相分配该组织的财产。

上述规定的非营利组织的认定管理办法由国务院财政、税务主管部门会同国务院有关部门制定。符合条件的非营利组织的收入，不包括非营利组织从事营利性活动取得的收入，但国务院财政税务主管部门另有规定的除外。

（二）税务风险合规要点

(1)收入分类应严格区分免税与应税收入，避免错误申报。

(2)发票管理的佣金支出需取得合规发票，否则企业所得税前不得扣除。

(3)私账支付佣金或隐匿收入可能导致罚款（应扣未扣税款的50%到3倍）。

综上所述，医疗美容机构的税收管理需重点关注增值税、企业所得税及个人所得税，同时结合行业特性合理利用优惠政策。合规关键在于规范收入申报、完善发票管理，并定期更新财税政策知识。具体执行时建议咨询专业机构以降低风险。

第四节　医疗美容机构涉税法律风险管理

机构涉税风险管理，是指机构为避免和防范其由于未按照税法规定运行，所面临的财产损失、法律制裁、形象受损和承担不必要的税务负担等风险而采取的风险识别、防范和控制等管理过程。机构涉税风险管理旨在为机构的发展作出规范合法、能给机构带来持续发展的税务制度和规划。

医疗美容行业发展时间短，但却是医疗行业的朝阳行业，商业化程度较高，所以大量民营资本投资医疗美容行业，商业模式、运营管理及营销方式也是多样化并存，不同的发展模式直接影响到医疗美容机构的财税管理工作和财税风险的发生。

一、一般机构涉税风险及表现

机构涉税风险一般包括以下几个方面：(1)未按照税法规定承担纳税义务，导致被税务稽查和处罚的风险；(2)机构经营行为适用税法不准确，没有用足用活有关税收政策，多缴税款，承担了不必要的税收负担；(3)未安排好业务涉税申报流程，导致应享受利益的丧失。也就是说，涉税风险不仅包括税务处罚风险，还包括未按照税收程序法的要求办理相应的手续，安排相应的业务流程，导致本该享受的税收优惠、税额抵扣等税收利益及相关利益无法享受。具体表现中既有合同、发票管理不当产生的涉税风险，也有账务处理不当导致的涉税风险，还有未及时办理增值税免税手续导致的涉税风险等。

二、医疗美容机构涉税风险及表现

总体上，我国医疗美容行业因获客方式不同，营销模式主要分为两种：一是医疗美容机构直接面向求美者进行广告宣传获取客户的直客模式；二是依赖合作服务商(主要以生活美容院为主)输送求美者给医疗美容机构的合作模式。这两种模式因营销方式和资金流模型的不同，涉税风险特点和表现也不同，因此涉税风险管理方式和规范要求也有区别。

（一）直客模式和税收风险

直客模式是医疗美容机构最常见的一种运营模式，医疗机构在电视、杂志、机场、车体、广告牌等传统媒体上作广告，也会利用网站、微信、微博、微视频、直播平台、第三方平台等新媒体作广告，以吸引客户到医疗机构咨询和进行手术。

直客模式和大多数传统行业机构一样，由于付出了大量的获客成本，利润率会下降，因此为了避税，部分医疗机构会把客户营业款通过 POS 机等金融工具直接转款至个人银行卡账户，不进入医疗美容机构对公账户，以躲避医疗美容机构需要承担的各类税赋和股东应缴纳的红利税等税费，或者通过购买增值税发票抵扣成本避税。这样会造成逃税、虚开增值税发票等涉税风险，情节严重的可能承担刑事责任。

（二）合作模式和税收风险

合作模式也被称为渠道模式，和直客模式最大的区别是客户（求美者）来源的不同，合作模式获客方式主要源于美容院、化妆品公司、美容产品公司、高端产品销售公司以及掌握终端客户资源的个人。合作模式下医疗美容机构涉税风险主要有以下表现：

一是业务资金流模型涉税违规。资金流主要路径为：POS 机、微信、支付宝等收款类金融工具直接收款进入医疗美容机构投资人个人银行卡（或指定个人银行卡），再由投资人个人银行卡转款至合作服务商个人银行卡。这样的资金流模型是比较典型的违规行为（如涉嫌偷逃医疗美容医院的增值税、企业所得税、股东的红利税以及合作商的劳务所得或生产经营所得个人所得税）。

二是合作服务商不开发票，致使医疗美容机构成本无法抵扣，造成医疗美容机构的账务无法规范。

三是在合作模式下，医疗美容机构给合作服务商较高的返佣比例，这些高比例返款普遍打入了合作商个人银行账户，也存在偷逃个人所得税的风险。

三、涉税风险管理

医疗美容机构税务风险管理的目标主要是税收筹划、经营决策和日常经营活动、纳税申报等事宜符合税法规定；税务事项的会计处理符合相关会计制度或准则以及相关法律法规；建立防止机构偷税、漏税的行为机制，杜绝出现涉税刑事犯罪或其他违法行为。税务风险管理的目标是保证机构涉税行为的“合法性”和“合规性”，使机构在遵循国家法律法规的前提下，实现机构利益的最大化。

第一，医疗美容机构投资人和管理者应高度重视涉税风险，充分认识到税务风险已越来越成为影响机构核心竞争力和可持续发展的重要因素，成为严重影响机构发展壮大的障碍。在机构内部建立规范纳税制度和依法纳税观念，不断提高机构管理层控制和防范机构税务风险的意识。

第二，医疗美容机构应组建规范财务团队，建立基础信息系统，学习最新税收管理制度和税法知识，学习并随时识别机构涉税风险。财务团队要积极参与机构各项规划，如参与战略规划和重大经营决策的税务影响分析，提供税务风险管理建议，组织实施机构税务风险的识别、评估，监测日常税务风险并采取应对措施，指导和监督有关职能部门、各业务单位以及全资、控股机构开展税务风险管理工作，建立税务风险管理的信息和沟通机制等。

第三，医疗美容机构应遵循相关会计准则和法律法规的规定进行涉税事项的处理，包括纳税申报、税款缴纳、税务登记、凭证管理、税务档案存储等内容。规范机构销售流程和资金流模型，做到规范报税，保持“钱流、发票流、合同流、物流、信息流”五流一致。

第四，医疗美容机构应关注机构重大经营决策、重要经营活动和重点业务流程中的制度性和决策性风险，建立“控制有制度、部门有制约、岗位有职责、操作有程序、过程有监控、风险有监测、工作有评价、责任有追究”的全面涉税风险管理体系。有条件的机构应根据医美行业特点和业务特点，结合成本效益原则，建立涵盖风险管理基本流程和内部控制系统各环节的税务风险管理信息系统，建立税务风险管理的信息与沟通制度，将信息技术应用于税务风险管理。

第五，医疗美容机构应结合行业和自身的特点和发展战略制定出合规合法的税务筹划，杜绝以偷逃税为目的的各种税务筹划违规行为。在符合国家法律法规的前提下，对机构的生产经营方式、业务流程、资金流模型、机构注册性质等进行筹划，制定出利于机构合法节税的经营方案，而非违规偷逃税费方案，实现机构的良性发展。

第六，医疗美容机构应和税务管理部门建立融洽的税企关系，建立并完善税务法律法规、政策的收集，全面及时获取税收政策法规最新信息，不因税务优惠政策信息缺失或税收优惠政策的错误运用而造成不应有的损失。

四、涉税法律责任

纳税人在税收征管过程中主要涉及的法律责任有行政法律责任和刑事法律责任两种。

（一）税收违法与行政法律责任

1. 税收违法的含义

税收违法一般是指纳税主体和征税主体违反税收法律、法规的有关规定，给国家税收造成损失，或者妨碍税收工作正常进行的行为。税收违法是违法主体违反税法的一系列行为的总称。就其内涵讲，税收违法行为包括违反税法给国家造成损失的行为和违反税法使税收工作难以正常进行的行为。

2. 税收违法一般特征

第一，违反的法律是用来调整税收分配关系的税收法律、法规，包括增值税、个人所得税等相关的实体法和税收征收管理等相关的程序法。

第二，违法的结果是影响国家税收工作的正常进行，并不一定都因此而使国家税收收入减少。如《税收征收管理法》规定，纳税人、扣缴义务人都应该按规定进行纳税申报，而无论有无应纳税额、是否享受减免优惠。

第三，违法主体直接或间接与税收有关。税收违法一般是指在税收征纳过程中当事人未遵守税收法律、法规和规章的规定，从事了税法规定不作为的行为。这里的当事人如前所述是指税收法律关系所约束的征税主体和纳税主体。

3. 税收行政法律责任

税收行政处罚，是指依法享有税收行政管理权的税务机关对于违反税法，尚未构成犯罪的纳税人、扣缴义务人和其他当事人给予行政处罚制裁的具体行政行为。税收行政处罚必须以税收法律、法规为依据,并以被处罚对象违反税法为前提,处罚的目的是维护国家的税收法制和财政收入。税收行政处罚权一般由税务机关行使,被处罚对象是违反税法的纳税人、扣缴义务人和其他当事人。

4. 税收处罚基本形式

税收行政处罚的基本形式是罚款;处罚的种类主要有财产处罚(如罚款)、能力处罚(如停止办理出口退税)、申诫处罚(如责令限期改正或缴纳)、经济处罚(如没收违法所得)和自由处罚(如对未依法缴清税款者限制其出境)等。税收行政处分是指税务机关按照行政隶属关系,对于有轻微违反税法失职行为,尚不够刑事处罚的税务人员的行政制裁,其主要方式有警告、记过、记大过、降级、撤职和开除6种。

5. 纳税人的具体行政处罚种类

《税收征收管理法》第60条规定:"纳税人有下列行为之一的,由税务机关责令限期改正,可以处二千元以下的罚款;情节严重的,处二千元以上一万元以下的罚款:(一)未按照规定的期限申报办理税务登记、变更或者注销登记的;(二)未按照规定设置、保管帐簿或者保管记帐凭证和有关资料的;(三)未按照规定将财务、会计制度或者财务、会计处理办法和会计核算软件报送税务机关备查的;(四)未按照规定将其全部银行帐号向税务机关报告的;(五)未按照规定安装、使用税控装置,或者损毁或者擅自改动税控装置的。纳税人不办理税务登记的,由税务机关责令限期改正;逾期不改正的,经税务机关提请,由工商行政管理机关吊销其营业执照。纳税人未按照规定使用税务登记证件,或者转借、涂改、损毁、买卖、伪造税务登记证件的,处二千元以上一万元以下的罚款;情节严重的,处一万元以上五万元以下的罚款。"

(二)税收犯罪与刑事法律责任

1. 税收犯罪与税收刑事处罚的概念

税收刑事处罚是司法机关对于违反税法并构成犯罪的税收法律关系主体,按照《刑法》的规定实施的刑事制裁。这是最为严厉的一种税收法律责任形式。税收刑事处罚的目的是通过惩罚与教育、改造相结合的形式,改造犯罪、预防犯罪。我国税收刑事处罚的种类由《刑法》规定,目前有五种主刑,即死刑、无期徒刑、有期徒刑、拘役和管制,三种附加刑,即罚金、剥夺政治权利和没收财产,具体适用种类由法院作出判决。对于自然人的税收犯罪,可以采用上述各种处罚形式,对法人的税收犯罪只能采用罚金和没收财产的附加刑形式,但是对其责任人可以采用各类主刑处罚。

2. 构成涉税犯罪条件

概括地讲,涉税犯罪是税收违法发展到一定程度而形成的由量变到质变的过程。涉税犯罪,是税收违法的特殊组成部分,构成涉税犯罪还需要具备以下条件:第一,行为人妨害税收行为的社会危害性须达到一定程度。这是涉税犯罪与税收违法的罪与非罪的根本区别,其衡量标准主要是造成国家税收收入损失的额度、对税收制度的破坏程度以及情节严重程度等。第二,行为人危害税收的行为触犯了刑事法律的规定。涉税犯罪属于税收违法范畴,但又不是一般的税收违法行为,只有税收违法行为的社会危害性达到相当严重的程度,触犯刑事法律的时候,才有可能以涉税犯罪论处。第三,行为人所实施的妨害税收行为达到了应当受到刑事惩罚的程度。如果危害税收行为虽然已经违反《刑法》的有关规定,但属于《刑法》中并未要求对其予以刑事惩处的行为,如情节显著轻微等情形时,也不能以涉税犯罪论处。

3. 涉税犯罪构成

(1)涉税犯罪的客体。

犯罪客体是我国刑法所保护的、为犯罪行为所侵害的社会关系。具体地说,涉税犯罪侵犯的分类客体是税收秩序。所谓税收秩序,是指国家税收法规确定的一系列制度所规范的税收征纳关系。税收诸罪中绝大多数罪侵犯的是国家税收征管制度这一单一客体,仅有抗税罪例外,抗税罪还侵犯了税务人员的人身权利。

(2)涉税犯罪的客观方面。

本类犯罪在客观方面表现为违反国家和发票管理法律法规,实施了危害国家税收征管和发票管理、情节严重的行为。首先,行为人的行为必须违反了国家税收法律法规和发票管理法律法规的规定。有关税收、发票的法律法规有《税收征收管理法》及其实施细则、《发票管理办法》及其实施细则、《增值税暂行条例》及其实施细则、《消费税暂行条例》及其实施细则、《企业所得税法》、《个人所得税法》、《土地增值税暂行条例》等,还包括地方国家权力机关根据职权范围制定的、针对地方的税收管理和发票管理的法律法规。其次,行为人实施了妨害税收征管的行为。一类是行为人没有按照税收法律法规的规定,如实履行缴纳税款的义务,实施了偷税、抗税等直接妨害税收征管的行为;另一类是行为人违反发票管理法律法规的规定,没有权力印制发票的人非法制造发票,没有权力出售、购买发票的人非法出售、购买发票等间接妨害税收征管的行为。最后,涉税犯罪的情节。构成本类犯罪必须达到情节严重,主要是指数额较大。数额较大的标准参照最高人民检察院、公安部《关于公安机关管辖的刑事案件立案追诉标准的规定(二)》执行。

(3)涉税犯罪的主体。

犯罪的主体,是指实施了危害社会的行为,依法应当负刑事责任的自然人和单位。涉税犯罪的主体则是指实施了涉税犯罪行为,依法应当承担刑事责任的自然人和单位。根据《刑法》总则及分则中关于危害税收征管罪的规定,涉税犯罪主体包括自然人和单位两种。

(4)涉税犯罪的主观方面。

犯罪的主观方面,是指犯罪主体对自己的危害行为及其危害结果所持的心理态度。涉税犯罪的主观方面就是指涉税犯罪主体在实施危害国家税收制度和管理活动行为时所持的心理态度。涉税犯罪的主观方面,作为体现涉税犯罪主体主观恶性的特征,反映了涉税犯罪主体对刑法规范所保护的税收管理制度的否定和漠视。

综上所述,涉税诸罪具有相同的构成特征:所有的涉税犯罪都侵害了国家税收管理制度,妨害了国家正常的税收管理,这是涉税犯罪客体上的共同特征;所有的涉税犯罪都表现为无视国家法律,侵害国家税收管理制度,妨害国家税收管理活动,这是涉税犯罪客观方面的共同特征;所有的涉税犯罪都是具有刑事责任能力的自然人或者单位实施的侵害国家税收管理制度,妨害国家税收管理活动的行为,这是涉税犯罪主体的共同特征;所有的涉税犯罪都是行为人在一定主观过错支配下实施的侵害国家税收管理制度,妨害国家税收管理活动的犯罪行为,这是犯罪主观方面的共同特征。

4. 涉税犯罪的刑罚

医疗美容机构可能涉税犯罪的主要罪名,主要集中在《刑法》分则第三章第六节“危害税收征管罪”中,第 201 条至第 212 条,涉及涉税罪名有:

(1)逃税罪;(2)抗税罪;(3)逃避追缴欠税罪;(4)骗取出口退税罪;(5)虚开增值税专用发票、用于骗取出口退税、抵扣税款发票罪;(6)虚开发票罪;(7)伪造、出售伪造的增值税专用发票罪;(8)非法出售增值税专用发票罪;(9)非法购买增值税专用发票、购买伪造的增值税专用发票罪;(10)非法制造、出售非法制造的用于骗取出口退税、抵扣税款发票罪;(11)非法制造、出售非法制造的发票罪;(12)非法出售用于骗取出口退税、抵扣税款发票罪;(13)非法出售发票罪;(14)盗窃罪、诈骗罪;(15)持有伪造的发票罪;(16)单位犯危害税收征管罪。

第八章 医疗美容新技术应用管理

近年来,随着科技的不断发展,医疗美容领域也迎来了新的革命。纳米技术、干细胞技术、基因编辑技术、AI技术等新技术的应用为医疗美容领域注入了新的活力,成为未来医疗美容发展的重要趋势。本章以纳米技术、干细胞技术在医疗美容领域的应用、前景、趋势等为例,分析新技术在医疗美容领域的影响和作用及常见法律风险管理。

第一节 纳米技术的应用及法律风险管理

一、纳米技术在医疗美容领域的应用

纳米技术是一种研究和制造物质、组件和系统的技术,其特点是在尺度为纳米级别的范围内处理材料。纳米技术已经在医疗领域得到广泛应用,医疗美容领域也不例外。目前,纳米技术在医疗美容领域的应用主要包括以下几个方面。

(一)纳米注射

纳米注射是利用纳米颗粒将药物注入皮肤或者微创进行美容的一种方式。相比传统注射方式,纳米注射可以更加精确地注入药物,减少对皮肤的损伤。纳米注射技术的出现是医疗美容界的一次技术进步,它的出现能够

取代传统的注射,大幅降低注射时的疼痛感,而且注射出的药物可以更好地被皮肤吸收,从而起到更好的美容效果。

(二)纳米材料

纳米材料也是纳米技术的一种应用方式,将纳米颗粒应用于材料中,可以制造出更加细微、强度更大的材料。目前,纳米材料已经被广泛应用于医疗美容领域的医疗器械制造。纳米材料的小尺寸和高比表面积,使其具有更强的力学性能和更适宜的生物相容性,从而大大提高了医疗器械的使用效果。

(三)生物传感器

生物传感器是一种利用纳米技术制造的电子装置,可以在皮肤表面监测人体的各项指标。例如,可以监测皮肤湿度、皮肤细胞的血氧含量等,从而能够更好地了解人体的身体状况,并且有针对性地进行美容方案的制定。

二、纳米技术应用的法律风险管理

尽管纳米技术在医疗美容领域的应用得到了广泛认可和推广,但是纳米技术的应用也面临诸多法律风险,其中主要有以下几个方面。

(一)安全问题

纳米技术是一种高精度、高灵敏、高速度的技术,但是它可能会对人体产生不确定的影响。纳米材料具有小尺寸、高比表面积等特点,可能会对人体产生不良的影响,例如,诱发过敏反应、破坏身体免疫系统等。因此,在使用纳米技术时必须谨慎考虑。

(二)法律法规监管不足

由于纳米技术相对较新,在对其的监管和法律方面还存在不足,这也会给医疗美容机构和科研单位带来一定的法律风险。为了使纳米技术得到更加广泛的应用和推广,相应的立法和监管也需要跟上。

第二节　干细胞技术应用及法律风险管理

干细胞在生命科学的基础研究与临床应用中起着越来越重要的作用，干细胞在细胞治疗、组织器官修复、发育生物学、药物学等领域有着极为广阔的应用前景。采用干细胞治疗有多种优势：(1)低毒性(或无毒性)；(2)即使不完全了解疾病发病的确切机理治疗也可达到较好的治疗效果；(3)自身干细胞移植可避免产生免疫排斥反应；(4)对传统治疗方法疗效较差的疾病多有惊人的效果。当前，干细胞和再生医学的研究已成为自然科学中最为引人瞩目的领域，其理论的日臻完善和技术的迅猛发展必将在疾病治疗和生物医药等领域产生划时代的成果，是对传统医疗手段和医疗观念的一场重大革命。

一、干细胞技术在医疗美容领域的应用

在过去的十几年里，干细胞因其在自我更新和多向分化方面的潜力而备受关注，被广泛应用于组织工程，也被用作免疫调节剂，包括心脏相关疾病、自身免疫性疾病和神经退行性疾病等。最近，干细胞在整形外科手术中的应用也越来越普遍。在医疗美容整形外科方面，干细胞因其再生潜力而为人所熟知并已被应用于软组织重建和再生、皮肤年轻化、面部年轻化、脂肪营养不良、大面积烧伤、瘢痕改善、头发再生和抗衰老治疗等。

(一)减少瘢痕

伤口愈合过程中会遗留不同程度的瘢痕，这对爱美的人来说影响是巨大的。在伤口愈合过程中，促进更多的再生过程是减少瘢痕问题的有效方法。一些研究已经报道了干细胞在改善皮肤质量方面的作用，如增加真皮厚度、促进胶原合成和减少皱纹。一项研究发现，由脂肪干细胞组成的纳米脂肪可以减少瘢痕的大小、颜色和改善皮肤。

(二)毛发再生

脱发问题现在成为许多人的困扰，如何实现毛发再生是科研人员努力

的方向。在多项研究中,骨髓间充质干细胞以及脂肪干细胞已经成功地促进了毛发生长,这些干细胞激活了毛乳头细胞,提高了毛囊的增殖率,并促进了毛囊从旧阶段向年轻阶段的转化。有临床研究对20名斑秃患者使用脂肪干细胞以促进毛发再生,结果显示毛发生长参数和新毛发生成率都显著增加,头发直径和头发密度也明显提高。

(三)促进皮肤年轻化

衰老是皮肤随着时间的推移必须经历的自然过程。皮肤老化会降低皮肤弹性,改变皮肤厚度,减少胶原组织,导致皱纹。研究表明,干细胞有望逆转各种因素对皮肤的损伤作用。干细胞通过分泌生长因子、细胞因子、趋化因子和血管生成因子以及调节免疫系统来促进衰老皮肤的修复。研究人员观察了对老化面部皮肤注射间充质干细胞后的变化,结果发现真皮浅层弹性纤维增加,胶原蛋白含量增加和网状纤维网络变得更为有序,进而达到抗衰老的目的。

(四)整形外科中的干细胞组织工程

在医疗美容整形外科,如何重建受损组织器官是一大难题。干细胞组织工程有望为这一难题提供新思路。组织工程由生物材料支架和生物活性分子创造的环境以及供体细胞组成。组织特异性支架和信号分子在干细胞分化为所需细胞并有效利用它们构建三维组织方面起着至关重要的作用。

此外,使用生化结合生物物理信号作为外部刺激对干细胞的黏附、增殖和分化有很大的影响。因此,生长因子及其衍生物,包括血管内皮生长因子、转化生长因子β,以及包括氧、一氧化氮和金属离子在内的小生物活性分子被添加到支架中,以创造更合适的环境来促进干细胞的活性。

二、干细胞技术应用的法律风险管理

(一)干细胞的临床转化仍需更多的实验结论和科学证论

目前,以干细胞为基础的细胞疗法在美容和整形外科治疗中展现出巨大潜力,可安全有效地增强和重建软组织,愈合伤口和减少皮肤瘢痕,促进头发生长,抑制和转化衰老。然而目前的临床试验局限于小样本,证据等级不足。此外,面对网络上相关的大量宣传信息,仍然需要科学甄别,正确认识干细胞在整形外科等领域的进展与应用前景。

从临床转化角度看,未来要进行更大规模的临床试验,同时有必要对干细胞的制备、储存和应用过程进行优化和标准化,包括治疗剂量、细胞类型和每种治疗的有效给药途径。干细胞临床转化虽然已从概念验证逐步走向实际应用,尤其在血液病、骨关节疾病和部分退行性疾病中成果显著,但大规模推广仍需突破技术瓶颈和降低成本。未来随着基因编辑、生物材料等交叉学科的发展,干细胞治疗有望覆盖更广泛的疾病谱。

(二)法律法规监管不足

如纳米技术等新技术的应用面临的问题相同,目前尚无专门针对干细胞技术应用的法律法规,为杜绝滥用风险,应尽快制定相关法规和指南来支持和规范干细胞在美容和整形外科的研究和临床应用,以确保更好地利用新技术为人们提供更加精细、高效的医疗美容服务。

随着科技的不断进步与发展,医疗美容行业也在不断创新与改变。纳米技术、干细胞技术、基因编辑美容技术、智能化美容整形设备、生物科技与医疗美容的融合、虚拟现实技术的应用等新技术将引领着医疗美容行业迈向新的高度。未来,个性化定制服务、产业链优化及医疗美容与健康产业的融合将成为医疗美容行业的重要发展趋势。可以预见,未来的医疗美容领域将会更加注重科技、服务和安全,这也将成为各个医疗机构和医疗美容品牌争相抢占市场的重要竞争点。让我们拭目以待,见证医疗美容行业的奇迹时刻!

第九章 医疗美容机构行政及刑事责任风险管理

第一节 医疗美容机构行政责任法律风险管理

行政责任,是指行政法律关系主体因行政违法行为或因违反行政法规定而应承担的否定性法律后果。行政责任包括行政处分和行政处罚。行政处分,是指有管辖权的卫生行政机关或所在医疗卫生机构的行政领导对下属人员违法、失职,但尚未构成犯罪的行为实施的一种行政法律制裁形式。依据《行政处罚法》第 9 条的规定,行政处罚的种类包括警告、通报批评;罚款、没收违法所得、没收非法财物;限制开展生产经营活动、责令停产停业、责令关闭、限制从业;暂扣许可证件、降低资质等级、吊销许可证件;行政拘留;法律、行政法规规定的其他行政处罚。上述行政处罚种类可分为申诫罚、财产罚、能力罚和人身罚四大类。医事行政处罚的种类仅包括申诫罚、财产罚和能力罚。由于我国现行上位法律、行政法规对于医疗美容机构"主要负责人"的含义暂时未作出明确的规定,目前各个法律、行政法规、地方性规定及规章等对于医疗美容机构主要负责人行政责任的界定和衔接较为模糊。因此,当医疗美容机构出现违法或违规的行为时,相较于由医疗美容机构的主要负责人直接承担行政责任,由医疗美容机构本身作为行政相对人承担行政责任的情形更为普遍。民营医疗美容机构的主要负责人因为忙于承担市场业绩的压力,在日常管理工作中忽视或轻视自身履行医疗机构法定管理职责的情况甚为普遍，往往既不知道自己身在其位面临着何种行政风险，也不知道可能需要承担何种行政责任，更有甚者，认为医疗技术业务与其毫无关系，一旦出现医疗过错或管理过失，就应当由各个科室负责人承担相关行政责任。受此本末倒置、意识缺位的长期影响，部分医疗美容机构，甚至社会大众，逐渐认为民营医疗美容机构提供的医疗技术业务属于"非严肃性医疗行为"，这不可不谓是民营医疗美容行业的遗憾。

一、医疗美容机构法定代表人的行政风险

医疗美容机构除持有医疗机构执业许可证件外，还是在市场监管部门（或同级民政部门）登记的法人主体，故就医疗美容机构的法定代表人而言，其须就违反市场监管职责的行为对外承担行政责任。

（一）虚假出资、抽逃出资

根据《公司法》第252条和第253条的规定，公司的发起人、股东虚假出资，未交付或者未按期交付作为出资的货币或者非货币财产的，由公司登记机关责令改正，可以处以5万元以上20万元以下的罚款，情节严重的处以虚假出资或未出资金额5%以上15%以下的罚款。公司的发起人、股东在公司成立后，抽逃其出资的，由公司登记机关责令改正，处以所抽逃出资金额5%以上15%以下的罚款。故医疗美容机构的法定代表人作为公司的发起人、股东，存在虚假出资或抽逃出资等行为的，除将被公司登记机关责令改正外，还将被处以一定比例的罚款。

（二）对财务会计报告等材料作虚假记载或者隐瞒重要事实

根据《公司法》第250条的规定，公司在依法向有关主管部门提供的财务会计报告等材料上做虚假记载或者隐瞒重要事实，且情节严重的，对直接负责的主管人员和其他直接责任人员处以3万元以上30万元以下的罚款。如果医疗美容机构的法定代表人对该等违法行为负有主导、指示、办理等直接责任，将被有关主管部门处以罚款。

（三）公司清算活动中的违法行为

根据《公司法》第256条的规定，公司在进行清算时，隐匿财产，对资产

负债表或者财产清单作虚假记载,或者在未清偿债务前分配公司财产的,由公司登记机关责令改正,对公司处以隐匿财产或者未清偿债务前分配公司财产金额5%以上10%以下的罚款;对直接负责的主管人员和其他直接责任人员处以1万元以上10万元以下的罚款。故医疗美容机构的法定代表人出现前述公司清算活动中隐匿财产、虚假记载财产清单或者提前分配公司财产的行为,且其属于直接负责的主管人员或直接责任人员的,将面临由公司登记机关进行罚款的行政处罚。

(四)侵犯商业秘密

商业秘密,是指不为公众所知悉、具有商业价值并经权利人采取相应保密措施的技术信息、经营信息等商业信息。不为公众所知悉,是指该信息是不能从公开渠道直接获取的。具有商业价值,是指能为权利人带来经济利益;具有实用性,是指该信息具有确定的可应用性,能为权利人带来现实的或者潜在的经济利益或者竞争优势。权利人采取保密措施,包括订立保密协议,建立保密制度及采取其他合理的保密措施。技术信息和经营信息,包括设计、程序、产品配方、制作工艺、制作方法、管理诀窍、客户名单、货源情报、产销策略、招投标中的标底及标书内容等信息。权利人,是指依法对商业秘密享有所有权或者使用权的公民、法人或者其他组织。

《反不正当竞争法》第9条列举了经营者不得实施的侵犯商业秘密的行为,具体如下:(1)以盗窃、贿赂、欺诈、胁迫、电子侵入或者其他不正当手段获取权利人的商业秘密;(2)披露、使用或者允许他人使用以前项手段获取的权利人的商业秘密;(3)违反保密义务或者违反权利人有关保守商业秘密的要求,披露、使用或者允许他人使用其所掌握的商业秘密;(4)教唆、引诱、帮助他人违反保密义务或者违反权利人有关保守商业秘密的要求,获取、披露、使用或者允许他人使用权利人的商业秘密。经营者以外的其他自然人、法人和非法人组织实施前面所列违法行为的,视为侵犯商业秘密。第三人明知或者应知商业秘密权利人的员工、前员工或者其他单位、个人实施前面所列违法行为,仍获取、披露、使用或者允许他人使用该商业秘密的,视为侵犯商业秘密。

根据《反不正当竞争法》第21条的规定,经营者以及其他自然人、法人和非法人组织违反该法第9条规定侵犯商业秘密的,由监督检查部门责令停止违法行为,没收违法所得,处10万元以上100万元以下的罚款;情节严重的,处50万元以上500万元以下的罚款。市场监管部门在依照前述规定予以处罚时,对侵权物品可以做如下处理:(1)责令并监督侵权人将载有商业秘密的图纸、软件及其有关资料返还权利人。(2)监督侵权人销毁使用权利人商业秘密生产的、流入市场将会造成商业秘密公开的产品,但权利人同意收购、销售等其他处理方式的除外。对侵权人拒不执行处罚决定,继续实施侵犯商业秘密行为的,视为新的违法行为,从重予以处罚。医疗美容机构的法定代表人在日常工作中,有机会接触大量公司的核心商业秘密,如终端客户信息、渠道方名录、利益分配机制等,如其违反法律法规的规定,以不正当手段获取或对外披露商业秘密,则应当依法接受相应的行政处罚。

二、医疗美容机构主要负责人的行政风险

当医疗美容机构主要负责人对于医疗机构的监督、决策和管理存在违法违规行为时,其可能就如下违法违规行为及情形承担行政责任、遭受行政处罚。

(一)出具虚假证明文件

出具虚假证明文件,是指未经医师(士)亲自诊查求美者,医疗机构出具疾病诊断书、健康证明书或者死亡证明书等证明文件,或者未经医师(士)、助产人员亲自接产,医疗机构出具出生证明书或者死产报告书的行为。

医疗美容机构因出具虚假证明文件造成危害后果,包括但不限于因出具虚假证明文件造成延误诊治的、出具虚假证明文件给求美者精神造成伤害的或者其他危害后果的,我国《医疗机构管理条例》第48条、《医疗机构管理条例实施细则》第82条均对出具虚假证明文件的行为作出了对医疗美容机构的直接责任人员应当由其所在单位或者上级机关给予行政处分的规定。

(二)涂改、伪造、隐匿、销毁病历资料

《医疗事故处理条例》第58条对于医疗机构违反该条例规定,涂改、伪造、隐匿、销毁病历资料的行为,作出了对负有责任的主管人员和其他直接责任人员依法给予行政处分或者纪律处分的规定。涂改、伪造、隐匿、销毁

病历资料情节严重，且医疗机构的主要负责人属于负有责任的主管人员和其他直接责任人员的，其还面临由原发证部门吊销其执业证书或者资格证书的行政责任。

(三)医疗美容机构发生医疗事故

医疗美容机构医疗事故，是指医疗美容机构及其医务人员在医疗美容活动中，违反医疗卫生管理法律、行政法规、部门规章和诊疗护理规范、常规，过失造成求美者人身损害的事故。医疗美容机构及其医务人员在医疗美容活动中，必须严格遵守医疗卫生管理法律、行政法规、部门规章和诊疗护理规范、常规，恪守医疗服务职业道德。

《医疗事故处理条例》第 55 条规定："医疗机构发生医疗事故的，由卫生行政部门根据医疗事故等级和情节，给予警告；情节严重的，责令限期停业整顿直至由原发证部门吊销执业许可证，对负有责任的医务人员依照刑法关于医疗事故罪的规定，依法追究刑事责任；尚不够刑事处罚的，依法给予行政处分或者纪律处分。对发生医疗事故的有关医务人员，除依照前款处罚外，卫生行政部门并可以责令暂停 6 个月以上 1 年以下执业活动；情节严重的，吊销其执业证书。"

《医疗事故处理条例》第 56 条规定："医疗机构违反本条例的规定，有下列情形之一的，由卫生行政部门责令改正；情节严重的，对负有责任的主管人员和其他直接责任人员依法给予行政处分或者纪律处分：(一)未如实告知患者病情、医疗措施和医疗风险的；(二)没有正当理由，拒绝为患者提供复印或者复制病历资料服务的；(三)未按照国务院卫生行政部门规定的要求书写和妥善保管病历资料的；(四)未在规定时间内补记抢救工作病历内容的；(五)未按照本条例的规定封存、保管和启封病历资料和实物的；(六)未设置医疗服务质量监控部门或者配备专(兼)职人员的；(七)未制定有关医疗事故防范和处理预案的；(八)未在规定时间内向卫生行政部门报告重大医疗过失行为的；(九)未按照本条例的规定向卫生行政部门报告医疗事故的；(十)未按照规定进行尸检和保存、处理尸体的。"

(四)非法行医但未给求美者造成损害，尚不构成犯罪

我国法律允许执业医师申请个体行医。但是，申请个体行医的执业医

师须经注册后在医疗卫生机构中执业满5年,并按照国家有关规定办理审批手续;未经批准,不得行医。对于未经批准擅自开办医疗机构行医或者非医师行医,未给患者造成损害,尚不构成犯罪的,由县级以上人民政府卫生健康主管部门予以取缔,没收其违法所得及其药品、器械,并处10万元以下的罚款,对医师吊销其执业证书。据此,执业医师申请个体行医并同时担任医疗美容机构负责人的,其将可能面临上述没收违法所得、罚款、吊销医师执业证书的行政处罚。

(五)未经许可擅自配置使用大型医用设备

2018年以来,为进一步破解"准入不准营"问题,激发市场主体活力,加快推进政府职能深刻转变,营造法治化、国际化、便利化的营商环境,在前期试点基础上,国务院决定在全国推开"证照分离"改革。国务院《关于在全国推开"证照分离"改革的通知》规定,允许营利性医疗机构开展药品、器械等医疗相关的经营活动,医疗活动场所与其他经营活动场所应当分离。据此,医疗美容机构可以在主营医疗科目之外,同时开展药品、器械等医疗相关的经营活动。医疗美容机构作为医疗器械的使用单位,应当有与在用医疗器械品种、数量相适应的贮存场所和条件,且医疗美容机构的相关责任人具有加强对工作人员的技术培训,保证操作人员按照产品说明书、技术操作规范等要求使用医疗器械的法定职责。除此之外,医疗美容机构如需配置大型医用设备,应当符合国务院卫生健康主管部门制定的大型医用设备配置规划,与本机构功能定位、临床服务需求相适应,具有相应的技术条件、配套设施和具备相应资质、能力的专业技术人员,并经省级以上人民政府卫生健康主管部门批准,取得大型医用设备配置许可证。依据《医疗器械监督管理条例》第82条的规定,未经许可擅自配置使用大型医用设备的,由县级以上人民政府卫生主管部门责令停止使用,给予警告,没收违法所得;违法所得不足1万元的,并处5万元以上10万元以下罚款;违法所得1万元以上的,并处违法所得10倍以上30倍以下罚款;情节严重的,5年内不受理相关责任人以及单位提出的大型医用设备配置许可申请,对违法单位的法定代表人、主要负责人、直接负责的主管人员和其他责任人员,没收违法行为发生期间自本单位所获收入,并处所获收入30%以上3倍以下罚款,依法给予处分。也就是说,相关责任人及单位5年内提出的大型医用设备配置许可申请,可能会不被受理。

（六）以不正当手段取得医师执业证书

我国《医师法》对以不正当手段取得医师执业证书的行为规定了相应的罚则，即由发给证书的卫生健康主管部门予以吊销，3 年内不受理其相应申请。

（七）违反《医师法》规定，并导致严重后果

我国《医师法》第 17 条规定，医师注册后有下列情形之一的，注销注册，废止医师执业证书：（1）死亡；（2）受刑事处罚；（3）被吊销医师执业证书；（4）医师定期考核不合格，暂停执业活动期满，再次考核仍不合格；（5）中止医师执业活动满 2 年；（6）法律、行政法规规定不得从事医疗卫生服务或者应当办理注销手续的其他情形。有上述规定情形的，医师所在医疗卫生机构应当在 30 日内报告准予注册的卫生健康主管部门；卫生健康主管部门依职权发现医师有前款规定情形的，应当及时通报准予注册的卫生健康主管部门。准予注册的卫生健康主管部门应当及时注销注册，废止医师执业证书。

《医师法》第 61 条规定，违反该法规定，医疗卫生机构未履行报告职责，造成严重后果的，由县级以上人民政府卫生健康主管部门给予警告，对直接负责的主管人员和其他直接责任人员依法给予处分。

（八）疏于对医师外出会诊进行管理

医师外出会诊，是指医师经所在医疗机构批准，为其他医疗机构特定的患者开展执业范围内的诊疗活动。医师未经所在医疗机构批准，不得擅自外出会诊。依据我国《医师外出会诊管理暂行规定》第 21 条的规定，医疗机构疏于对本单位医师外出会诊管理的，县级以上卫生健康主管部门应当对医疗机构及其主要负责人和负有责任的主管人员进行通报批评。

（九）擅自生产、收购、经营毒性药品

依据我国《医疗用毒性药品管理办法》第 5 条的规定，毒性药品的收购、经营，由各级医药管理部门指定的药品经营单位负责；配方用药由国营药

店、医疗单位负责。其他任何单位或者个人均不得从事毒性药品的收购、经营和配方业务。如医疗美容机构的责任人员违反《医疗用毒性药品管理办法》第11条的规定，擅自生产、收购、经营毒性药品的单位或个人，由县以上卫生健康主管部门没收其全部毒性药品，并处以警告或按非法所得的5~10倍罚款。情节严重、致人伤残或死亡，构成犯罪的，由司法机关依法追究其刑事责任。

（十）生产、销售假药，或者生产、销售劣药且情节严重

《药品管理法》第118条规定，生产、销售假药，或者生产、销售劣药且情节严重的，对法定代表人、主要负责人、直接负责的主管人员和其他责任人员，没收违法行为发生期间自本单位所获收入，并处所获收入30%以上3倍以下的罚款，终身禁止从事药品生产经营活动，并可以由公安机关处5日以上15日以下的拘留。对生产者专门用于生产假药、劣药的原料、辅料、包装材料、生产设备予以没收。

（十一）使用假药、劣药

《药品管理法》第119条规定，药品使用单位使用假药、劣药的，按照销售假药、零售劣药的规定处罚；情节严重的，法定代表人、主要负责人、直接负责的主管人员和其他责任人员有医疗卫生人员执业证书的，还应当吊销执业证书。

（十二）伪造、变造、出租、出借、非法买卖许可证或者药品批准证明文件且情节严重

《药品管理法》第122条规定，伪造、变造、出租、出借、非法买卖许可证或者药品批准证明文件的，没收违法所得，并处违法所得1倍以上5倍以下的罚款；情节严重的，并处违法所得5倍以上15倍以下的罚款，吊销药品生产许可证、药品经营许可证、医疗机构制剂许可证或者药品批准证明文件，对法定代表人、主要负责人、直接负责的主管人员和其他责任人员，处2万元以上20万元以下的罚款，10年内禁止从事药品生产经营活动，并可以由公安机关处5日以上15日以下的拘留；违法所得不足10万元的，按10万元计算。

（十三）骗取药品、制剂生产经营许可或药品注册许可且情节严重

《药品管理法》第123条规定，提供虚假的证明、数据、资料、样品或者采取其他手段骗取临床试验许可、药品生产许可、药品经营许可、医疗机构制剂许可或者药品注册等许可的，撤销相关许可，10年内不受理其相应申请，并处50万元以上500万元以下的罚款；情节严重的，对法定代表人、主要负责人、直接负责的主管人员和其他责任人员，处2万元以上20万元以下的罚款，10年内禁止从事药品生产经营活动，并可以由公安机关处5日以上15日以下的拘留。

《药品管理法》第124条规定，违反该法规定，有下列行为之一的，没收违法生产、进口、销售的药品和违法所得以及专门用于违法生产的原料、辅料、包装材料和生产设备，责令停产停业整顿，并处违法生产、进口、销售的药品货值金额15倍以上30倍以下的罚款；货值金额不足10万元的，按10万元计算；情节严重的，吊销药品批准证明文件直至吊销药品生产许可证、药品经营许可证或者医疗机构制剂许可证，对法定代表人、主要负责人、直接负责的主管人员和其他责任人员，没收违法行为发生期间自本单位所获收入，并处所获收入30%以上3倍以下的罚款，10年直至终身禁止从事药品生产经营活动，并可以由公安机关处5日以上15日以下的拘留：(1)未取得药品批准证明文件生产、进口药品；(2)使用采取欺骗手段取得的药品批准证明文件生产、进口药品；(3)使用未经审评审批的原料药生产药品；(4)应当检验而未经检验即销售药品；(5)生产、销售国务院药品监督管理部门禁止使用的药品；(6)编造生产、检验记录；(7)未经批准在药品生产过程中进行重大变更。销售前述(1)至(3)规定的药品，或者药品使用单位使用前述(1)至(5)规定的药品的，依照前述规定处罚；情节严重的，药品使用单位的法定代表人、主要负责人、直接负责的主管人员和其他责任人员有医疗卫生人员执业证书的，还应当吊销执业证书。未经批准进口少量境外已合法上市的药品，情节较轻的，可以依法减轻或者免予处罚。

《药品管理法》第125条规定，违反该法规定，有下列行为之一的，没收违法生产、销售的药品和违法所得以及包装材料、容器，责令停产停业整顿，并处50万元以上500万元以下的罚款；情节严重的，吊销药品批准证明文件、药品生产许可证、药品经营许可证，对法定代表人、主要负责人、直接负

责的主管人员和其他责任人员处2万元以上20万元以下的罚款,10年直至终身禁止从事药品生产经营活动:(1)未经批准开展药物临床试验;(2)使用未经审评的直接接触药品的包装材料或者容器生产药品,或者销售该类药品;(3)使用未经核准的标签、说明书。

《药品管理法》第126条规定,除该法另有规定的情形外,药品上市许可持有人、药品生产企业、药品经营企业、药物非临床安全性评价研究机构、药物临床试验机构等未遵守《药品生产质量管理规范》《药品经营质量管理规范》《药物非临床研究质量管理规范》《药物临床试验质量管理规范》等的,责令限期改正,给予警告;逾期不改正的,处10万元以上50万元以下的罚款;情节严重的,处50万元以上200万元以下的罚款,责令停产停业整顿直至吊销药品批准证明文件、药品生产许可证、药品经营许可证等,药物非临床安全性评价研究机构、药物临床试验机构等5年内不得开展药物非临床安全性评价研究、药物临床试验,对法定代表人、主要负责人、直接负责的主管人员和其他责任人员,没收违法行为发生期间自本单位所获收入,并处所获收入10%以上50%以下的罚款,10年直至终身禁止从事药品生产经营等活动。

《药品管理法》第135条规定,药品上市许可持有人在省、自治区、直辖市人民政府药品监督管理部门责令其召回后,拒不召回的,处应召回药品货值金额5倍以上10倍以下的罚款;货值金额不足10万元的,按10万元计算;情节严重的,吊销药品批准证明文件、药品生产许可证、药品经营许可证,对法定代表人、主要负责人、直接负责的主管人员和其他责任人员,处2万元以上20万元以下的罚款。药品生产企业、药品经营企业、医疗机构拒不配合召回的,处10万元以上50万元以下的罚款。

《药品管理法》第141条第2款规定,药品上市许可持有人、药品生产企业、药品经营企业在药品研制、生产、经营中向国家工作人员行贿的,对法定代表人、主要负责人、直接负责的主管人员和其他责任人员终身禁止从事药品生产经营活动。

《药品管理法》第142条规定,药品上市许可持有人、药品生产企业、药品经营企业的负责人、采购人员等有关人员在药品购销中收受其他药品上市许可持有人、药品生产企业、药品经营企业或者代理人给予的财物或者其他不正当利益的,没收违法所得,依法给予处罚;情节严重的,5年内禁止从事药品生产经营活动。医疗机构的负责人、药品采购人员、医师、药师等有关人员收受药品上市许可持有人、药品生产企业、药品经营企业或者代理人给予的财物或者其他不正当利益的，由卫生健康主管部门或者本单位给予处分，没收违法所得；情节严重的，还应当吊销其执业证书。

依据国务院《关于在全国推开"证照分离"改革的通知》的规定，允许营利性医疗机构（含港澳台资，不含外商独资）开展药品、器械等医疗相关的经营活动。2019 年修订的《药品管理法》亦大幅强化了药品上市许可持有人、药品生产、经营企业法定代表人及负责人的监督、管理责任，明确了相关的罚则和标准，令人瞩目。

第二节 医疗美容机构刑事责任法律风险管理

医疗刑事责任，是涉及医疗领域最严重的法律责任，医疗美容也不例外。虽然我国仍处于社会主义初级阶段，相关医疗体制尚不健全，且医疗美容行业发展时间并不长，但随着社会的发展，经济利益的诱惑，涉及医疗美容行为的刑事犯罪案件近年来呈现上升趋势。诸如潜规则（"回扣""好处费"）盛行、内部管理不规范、监督制约不到位等均导致刑事犯罪率居高不下。

一、常见医疗美容领域刑事犯罪类型

（一）医疗美容机构法定代表人的刑事犯罪风险

1. 职务侵占罪

《刑法》第 271 条规定，公司、企业或者其他单位的工作人员，利用职务上的便利，将本单位财物非法占为己有，数额较大的，处 3 年以下有期徒刑或者拘役并处罚金；数额巨大的，处 3 年以上 10 年以下有期徒刑并处罚金；数额特别巨大的，处十年以上有期徒刑或者无期徒刑并处罚金。

关于该罪名中"数额较大""数额巨大"的立案追诉标准，最高人民法院、最高人民检察院《关于办理贪污贿赂刑事案件适用法律若干问题的解释》规定，职务侵占罪中的"数额较大""数额巨大"的数额起点，按照该解释关于受

贿罪、贪污罪相对应的数额标准规定的 2 倍、5 倍执行，即职务侵占数额 2 倍于“三万元以上不满二十万元”数额起点的，视为“数额较大”，5 倍于“二十万元以上不满三百万元”数额起点的，视为“数额巨大”。

医疗美容机构的法定代表人为公司股东的，依据公安部经侦局《关于对非法占有他人股权是否构成职务侵占罪问题的工作意见》的规定，对于公司股东之间或者被委托人利用职务便利，非法占有公司股东股权的行为，如果能够认定行为人主观上具有非法占有他人财物的目的，则可对其利用职务便利，非法占有公司管理中的股东股权的行为以职务侵占罪论处。据此，医疗美容机构的法定代表人利用职务便利，非法占有本单位财物（包括股权）的，若达到立案追诉标准，都将涉嫌构成职务侵占罪。

2. 非国家工作人员受贿罪

刑法意义上的国家工作人员，是指国家机关中从事公务的人员。国有公司、企业、事业单位、人民团体中从事公务的人员和国家机关、国有公司、企业、事业单位委派到非国有公司、企业、事业单位、社会团体从事公务的人员，以及其他依照法律从事公务的人员，以国家工作人员论。除此之外的主体，均为非国家工作人员。医疗美容机构的法定代表人作为公司、机构或者其他单位的工作人员，属于非国家工作人员。

《刑法》第 163 条第 1 款、第 2 款规定，公司、企业或者其他单位的工作人员，利用职务上的便利，索取他人财物或者非法收受他人财物，为他人谋取利益，数额较大的，处 3 年以下有期徒刑或者拘役并处罚金；数额巨大或者有其他严重情节的，处 3 年以上 10 年以下有期徒刑并处罚金；数额特别巨大或者有其他特别严重情节的，处 10 年以上有期徒刑或者无期徒刑，并处罚金。公司、企业或者其他单位的工作人员在经济往来中，利用职务上的便利，违反国家规定，收受各种名义的回扣、手续费，归个人所有的，依照前款的规定处罚。

关于该罪名中“数额较大”“数额巨大”的立案追诉标准，同样按照最高人民法院、最高人民检察院《关于办理贪污贿赂刑事案件适用法律若干问题的解释》关于受贿罪、贪污罪相对应的数额标准规定的 2 倍、5 倍执行，即非国家工作人员受贿数额 2 倍于“三万元以上不满二十万元”数额起点的，视为“数额较大”，5 倍于“二十万元以上不满三百万元”数额起点的，视为“数额巨大”。

医疗美容机构的法定代表人利用职务上的便利，索取他人财物或者非法收受他人财物，为他人谋取利益，数额较大的，或者在经济往来中，利用职务上的便利，违反国家规定，收受各种名义的回扣、手续费，归个人所有的，按照非国家工作人员受贿罪处理。

3. 侵犯商业秘密罪

《刑法》第 219 条第 1 款、第 2 款规定，有下列侵犯商业秘密行为之一，情节严重的，处 3 年以下有期徒刑，并处或者单处罚金；情节特别严重的，处 3 年以上 10 年以下有期徒刑，并处罚金：(1)以盗窃、贿赂、欺诈、胁迫电子侵入或者其他不正当手段获取权利人的商业秘密的；(2)披露、使用或者允许他人使用以前项手段获取的权利人的商业秘密的；(3)违反保密义务或者违反权利人有关保守商业秘密的要求，披露、使用或者允许他人使用其所掌握的商业秘密的。明知前款所列行为，获取、披露、使用或者允许他人使用该商业秘密的，以侵犯商业秘密论。

医疗美容机构的法定代表人在日常经营活动中，有机会接触大量本医疗机构或者其他机构的商业秘密，如其违反《刑法》第 219 条规定，将会涉嫌构成侵犯商业秘密罪。

4. 逃税罪

《刑法》第 201 条规定，纳税人采取欺骗、隐瞒手段进行虚假纳税申报或者不申报，逃避缴纳税款数额较大并且占应纳税额 10% 以上的，处 3 年以下有期徒刑或者拘役，并处罚金；数额巨大并且占应纳税额 30% 以上的，处 3 年以上 7 年以下有期徒刑，并处罚金。扣缴义务人采取前款所列手段，不缴或者少缴已扣、已收税款，数额较大的，依照前款的规定处罚。对多次实施前两款行为，未经处理的，按照累计数额计算。有第一款行为，经税务机关依法下达追缴通知后，补缴应纳税款，缴纳滞纳金，已受行政处罚的，不予追究刑事责任；但是，5 年内因逃避缴纳税款受过刑事处罚或者被税务机关给予二次以上行政处罚的除外。

本罪的犯罪主体包括纳税人和扣缴义务人。既可以是自然人，也可以是单位。医疗美容机构的法定代表人或负责人对本机构的财务负有不可推卸的统筹、监督、管理责任，如果其违反上述法律，构成逃税罪，则可能遭受刑事处罚。

(二)医疗美容机构主要负责人的刑事犯罪风险

1.医疗事故罪

医疗事故罪的主观要件只能是过失。《刑法》第335条对医疗事故罪作出了明确规定,医务人员由于严重不负责任,造成就诊人死亡或者严重损害就诊人身体健康的,处3年以下有期徒刑或者拘役。

最高人民检察院、公安部《关于公安机关管辖的刑事案件立案追诉标准的规定(一)》第56条明确指出,医务人员由于严重不负责任,造成就诊人死亡或者严重损害就诊人身体健康的,应予立案追诉。具有下列情形之一的,属于本条规定的"严重不负责任":(1)擅离职守的;(2)无正当理由拒绝对危急就诊人实行必要的医疗救治的;(3)未经批准擅自开展试验性治疗的;(4)严重违反查对、复核制度的;(5)使用未经批准使用的药品、消毒药剂、医疗器械的;(6)严重违反国家法律法规及有明确规定的诊疗技术规范、常规的;(7)其他严重不负责任的情形。本条规定的"严重损害就诊人身体健康",是指造成就诊人严重残疾、重伤、感染艾滋病、病毒性肝炎等难以治愈的疾病或者其他严重损害就诊人身体健康的后果。

如果医疗美容机构的医务人员出现上述情形之一,构成刑法意义上的医疗事故罪,将被处3年以下有期徒刑或者拘役。

2.非法行医罪

我国实行医师执业注册制度,医师经注册后,方可在医疗、预防、保健机构中按照注册的执业地点、执业类别、执业范围执业,开展相应的医疗、预防、保健业务。未经注册取得医师执业证书,不得从事医师执业活动。

非法行医,是指不具备从事医疗活动的资质,违反医政管理法律法规、规范,擅自开展医疗活动的行为。《刑法》第336条对"非法行医罪"作出了明确规定,未取得医师执业资格的人非法行医,情节严重的,处3年以下有期徒刑、拘役或者管制,并处或者单处罚金;严重损害就诊人身体健康的,处3年以上10年以下有期徒刑,并处罚金;造成就诊人死亡的,处10年以上有期徒刑,并处罚金。

根据最高人民检察院、公安部《关于公安机关管辖的刑事案件立案追诉标准的规定(一)》第57条第2款的规定,具有下列情形之一的,属于《刑法》第336条规定的"未取得医生执业资格的人非法行医":(1)未取得或者以非法手段取得医师资格从事医疗活动的；(2)个人未取得医疗机构执业许可证开办医疗机构的；(3)被依法吊销医师执业证书期间从事医疗活动的；(4)未取得乡村医生执业证书，从事乡村医疗活动的；(5)家庭接生员实施家庭接生以外的医疗行为的。最高人民法院《关于审理非法行医刑事案件具体应用法律若干问题的解释》第 2 条规定，具有下列情形之一的，应认定为《刑法》第 336 条第 1 款规定的“情节严重”：(1)造成就诊人轻度残疾、器官组织损伤导致一般功能障碍的；(2)造成甲类传染病传播、流行或者有传播、流行危险的；(3)使用假药、劣药或不符合国家规定标准的卫生材料、医疗器械，足以严重危害人体健康的；(4)非法行医被卫生健康主管部门行政处罚两次以后，再次非法行医的；(5)其他情节严重的情形。该解释第 3 条规定，具有下列情形之一的，应认定为《刑法》第 336 条第 1 款规定的“严重损害就诊人身体健康”：(1)造成就诊人中度以上残疾、器官组织损伤导致严重功能障碍的；(2)造成 3 名以上就诊人轻度残疾、器官组织损伤导致一般功能障碍的。该解释第 4 条规定，非法行医行为系造成就诊人死亡的直接、主要原因的，应认定为《刑法》第 336 条第 1 款规定的“造成就诊人死亡”。非法行医行为并非造成就诊人死亡的直接、主要原因的，可不认定为《刑法》第 336 条第 1 款规定的“造成就诊人死亡”。但是，根据案件情况，可以认定为《刑法》第 336 条第 1 款规定的“情节严重”。

医疗美容机构医务人员如未取得医师执业资格即开展诊疗行为、情节严重，或者在诊疗行为中严重损害求美者身体健康、造成就诊人死亡的，属于《刑法》中规定的非法行医罪的行为，将视情节严重程度承担有期徒刑、拘役或者管制，并处或者单处罚金的刑事责任。

3. 侵犯公民个人信息罪

《刑法》第 253 条之一规定，违反国家有关规定，向他人出售或者提供公民个人信息，情节严重的，处 3 年以下有期徒刑或者拘役，并处或者单处罚金；情节特别严重的，处 3 年以上 7 年以下有期徒刑，并处罚金。违反国家有关规定，将在履行职责或者提供服务过程中获得的公民个人信息，出售或者提供给他人的，依照前款的规定从重处罚。窃取或者以其他方法非法获取公民个人信息的，依照第 1 款的规定处罚。单位犯前 3 款罪的，对单位判处罚金，并对其直接负责的主管人员和其他直接责任人员，依照该款的规定处罚。

“公民个人信息”，是指以电子或者其他方式记录的能够单独或者与其他信息结合识别特定自然人身份或者反映特定自然人活动情况的各种信息，包括姓名、身份证件号码、联系方式、住址、账号密码、财产状况、行踪轨迹等。具体到医疗美容机构中涉及的公民个人信息，则主要是指求美者病历中的个人信息，如求美者姓名、身份证件号码、家庭住址、联系方式、法定代理人姓名及联系方式、身高、体重、血型、既往病史、诊疗记录、手术方案、医学影像检查资料、护理记录、唯一标识号码等一切与求美者有关的信息。

依据最高人民法院、最高人民检察院《关于办理侵犯公民个人信息刑事案件适用法律若干问题的解释》第 5 条的规定，非法获取、出售或者提供公民个人信息，具有下列情形之一的，应当认定为《刑法》第 253 条之一规定的“情节严重”：(1)出售或者提供行踪轨迹信息，被他人用于犯罪的；(2)知道或者应当知道他人利用公民个人信息实施犯罪，向其出售或者提供的；(3)非法获取、出售或者提供行踪轨迹信息、通信内容、征信信息、财产信息 50 条以上的；(4)非法获取、出售或者提供住宿信息、通信记录、健康生理信息、交易信息等其他可能影响人身、财产安全的公民个人信息 500 条以上的；(5)非法获取、出售或者提供前面(3)(4)规定以外的公民个人信息 5000 条以上的；(6)数量未达到(3)至(5)规定标准，但是按相应比例合计达到有关数量标准的；(7)违法所得 5000 元以上的；(8)将在履行职责或者提供服务过程中获得的公民个人信息出售或者提供给他人，数量或者数额达到(3)至(7)规定标准一半以上的；(9)曾因侵犯公民个人信息受过刑事处罚或者 2 年内受过行政处罚，又非法获取、出售或者提供公民个人信息的；(10)其他情节严重的情形。实施前述的行为，具有下列情形之一的，应当认定为《刑法》第 253 条之一第 1 款规定的“情节特别严重”：(1)造成被害人死亡、重伤、精神失常或者被绑架等严重后果的；(2)造成重大经济损失或者恶劣社会影响的；(3)数量或者数额达到前面(3)至(8)规定标准 10 倍以上的；(4)其他情节特别严重的情形。

医疗机构及其医务人员应当严格保护求美者隐私，禁止以非医疗、教学、研究目的泄露求美者的病历资料。医疗美容机构的负责人如违反国家有关规定，向他人出售或者提供求美者的个人信息，情节严重的，依据《刑法》第 253 条之一的规定，将被处 3 年以下有期徒刑或者拘役，并处或者单处罚金；情节特别严重的，处 3 年以上 7 年以下有期徒刑，并处罚金。违反国家有关规定,将在履行职责或者提供服务过程中获得的公民个人信息,出售或者提供给他人的,依照前述从重处罚。窃取或者以其他方法非法获取公民个人信息的,依照规定处罚。

本罪为一般主体,即主体可以为单位或者达到刑事责任年龄并具有刑事责任能力的自然人。医疗美容机构作为犯罪主体触犯该罪的,除导致对单位判处罚金外,医疗美容机构直接负责的主管人员和其他直接责任人员也将依照各款的规定接受刑事处罚。

4. 生产、销售假药罪

依据《药品管理法》第98条第2款的规定,有下列情形之一的,为假药:(1)药品所含成分与国家药品标准规定的成分不符;(2)以非药品冒充药品或者以他种药品冒充此种药品;(3)变质的药品;(4)药品所标明的适应症或者功能主治超出规定范围。

《刑法》第141条规定,生产、销售假药的,处3年以下有期徒刑或者拘役,并处罚金;对人体健康造成严重危害或者有其他严重情节的,处3年以上10年以下有期徒刑,并处罚金;致人死亡或者有其他特别严重情节的,处10年以上有期徒刑、无期徒刑或者死刑,并处罚金或者没收财产。该条所称假药,是指依照《药品管理法》的规定属于假药和按假药处理的药品、非药品。

本罪为一般主体。单位犯本罪的,对单位判处罚金,并对其直接负责的主管人员和其他直接责任人员,依照该条的规定处罚。

5. 生产、销售劣药罪

依据《药品管理法》第98条第3款的规定,有下列情形之一的,为劣药:(1)药品成分的含量不符合国家药品标准;(2)被污染的药品;(3)未标明或者更改有效期的药品;(4)未注明或者更改产品批号的药品;(5)超过有效期的药品;(6)擅自添加防腐剂、辅料的药品;(7)其他不符合药品标准的药品。

《刑法》第142条规定,生产、销售劣药,对人体健康造成严重危害的,处3年以上10年以下有期徒刑,并处罚金;后果特别严重的,处10年以上有期徒刑或者无期徒刑,并处罚金或者没收财产。该条所称劣药,是指依照《药品管理法》的规定属于劣药的药品。

本罪为一般主体。单位犯本罪的,对单位判处罚金,并对其直接负责的主管人员和其他直接责任人员,依照该条的规定处罚。

6. 擅自生产、收购、经营毒性药品，情节严重、致人伤残或死亡

依据我国《医疗用毒性药品管理办法》第5条的规定，毒性药品的收购、经营、由各级医药管理部门指定的药品经营单位负责；配方用药由国营药店、医疗单位负责。其他任何单位或者个人均不得从事毒性药品的收购、经营和配方业务。医疗美容机构的责任人员违反《医疗用毒性药品管理办法》第11条规定，擅自生产、收购、经营毒性药品的，情节严重、致人伤残或死亡，构成犯罪的，由司法机关依法追究其刑事责任。

7. 非法采集、供应血液、制作、供应血液制品罪

《刑法》第334条第1款规定，非法采集、供应血液或者制作、供应血液制品，不符合国家规定的标准，足以危害人体健康的，处5年以下有期徒刑或者拘役，并处罚金；对人体健康造成严重危害的，处5年以上10年以下有期徒刑，并处罚金；造成特别严重后果的，处10年以上有期徒刑或者无期徒刑，并处罚金或者没收财产。

本罪的主体为一般主体，即达到刑事责任年龄并具有刑事责任能力的自然人，而单位则不能构成本罪。故医疗美容机构的主要负责人可以作为涉嫌触犯本罪的直接责任人员。

8. 采集、供应血液、制作、供应血液制品事故罪

《刑法》第334条第2款规定，经国家主管部门批准采集、供应血液或者制作、供应血液制品的部门，不依照规定进行检测或者违背其他操作规定，造成危害他人身体健康后果的，对单位判处罚金，并对其直接负责的主管人员和其他直接责任人员，处5年以下有期徒刑或者拘役。

本罪为单位犯罪，刑法对本罪的犯罪主体采取双罚制，即对单位和单位直接责任人员均处以刑罚，故医疗美容机构的主要负责人可以作为涉嫌触犯本罪的直接责任人员。

9. 假冒注册商标罪

《刑法》第213条规定，未经注册商标所有人许可，在同一种商品、服务上使用与其注册商标相同的商标，情节严重的，处3年以下有期徒刑，并处或者单处罚金；情节特别严重的，处3年以上10年以下有期徒刑，并处罚金。

10. 销售假冒注册商标的商品罪

《刑法》第214条规定，销售明知是假冒注册商标的商品，违法所得数额较大或者有其他严重情节的，处3年以下有期徒刑，并处或者单处罚金；违法

所得数额巨大或者有其他特别严重情节的，处3年以上10年以下有期徒刑，并处罚金。

11. 假冒专利罪

《刑法》第216条规定，假冒他人专利，情节严重的，处3年以下有期徒刑或者拘役，并处或者单处罚金。

12. 损害商业信誉、商品声誉罪

《刑法》第221条规定，捏造并散布虚伪事实，损害他人的商业信誉、商品声誉，给他人造成重大损失或者有其他严重情节的，处2年以下有期徒刑或者拘役，并处或者单处罚金。

13. 虚假广告罪

《刑法》第222条规定，广告主、广告经营者、广告发布者违反国家规定，利用广告对商品或者服务作虚假宣传，情节严重的，处2年以下有期徒刑或者拘役，并处或者单处罚金。

14. 拒不执行判决、裁定罪

《刑法》第313条规定，对法院的判决、裁定有能力执行而拒不执行，情节严重的，处3年以下有期徒刑、拘役或者罚金；情节特别严重的，处3年以上7年以下有期徒刑，并处罚金。

二、医疗美容刑事犯罪责任法律风险管理

针对医疗美容领域犯罪的类型、成因，对医疗美容刑事犯罪责任风险管理有必要从以下几个方面着手。

（一）加强法治教育和医师职业道德建设

2013年，中共中央提出了“反腐无禁区、全覆盖、零容忍”的鲜明态度；2023年，中央纪委、国家监委联合国家卫健委开展“全国医药领域腐败问题集中整治”，从查办的医疗系统职务犯罪案件的情况分析表明，相当一部分医疗卫生机构的领导忽视对法律、法规、政策的学习和贯彻，对医疗系统干部职工缺乏必要的法治宣传教育，干部职工的法纪观念比较淡薄，对一些基本的法律、法规常识不了解。针对这一深刻教训，要切实加强法治教育工作，通过以案释法、专题讲座等形式，结合本单位、本行业的典型案例开展具有针对性的警示教育，增强医疗系统工作人员的法治理念，提高相关人员抵

御不正之风的能力和定力。此外，还可以在医疗卫生系统积极倡导优良医德医风的职业道德，深入挖掘具有教育意义的医务人员模范事迹，通过典型事例，教育广大医务人员爱岗敬业、勤奋工作，增强其自我约束意识，自觉维护“白衣天使”的社会形象，从而构建好预防职务犯罪的道德防线。

（二）建立健全监管、监督制约机制，从制度上防患于未然

医疗机构职务犯罪频发的一个重要原因，就是监督制约不力。因此，建立健全监督制约机制，充分发挥监督制约的职能作用，是预防职务犯罪的关键。首先，主管部门要加强对医药市场的监管，理顺监督管理体制，使各部门的监管形成合力，对各机构进行跟踪管理，及时掌握域内卫生系统药品采购动态，进行行情分析。其次，医疗美容机构要针对自身在药品、医疗设备、医用耗材等方面容易出现问题的环节和一些关键人员，制定切实可行又便于操作的相互监督和相互制约的防范制度。在财务方面要建立权责分明、制约有效、规章健全、运作有序的财务内控制度，完善收支审计和稽查制度。最后，要保证采购得到有效的监督，药事管理委员会、采购领导小组等不能象征性地开展工作，不仅要对所采购的药品、器械的质量及价格行使监督管理权，而且对具体经办人员的采购行为也要进行监督。要发挥有专业特长的医务人员、纪检监察部门、财务人员的监督作用，深入开展“医务公开”活动，有条件的话将采购的标的物的相关内容公布上网，征求意见，充分发挥群众的监督作用。

（三）规范药品及医疗器械采购、使用机制

药品、医疗器械是关系人民群众身体健康与生命安全的特殊商品。如果在流通环节没有健全和完善的市场体系作保障，将严重导致市场无序竞争，交易活动“暗箱操作”，行贿受贿违法犯罪行为滋生，人民群众切身利益受到严重侵害。因此，必须健全和完善药品及医疗器械市场营销体制，确保药品及医疗设备实行“阳光采购”，这是预防和遏制医疗领域职务犯罪的重要举措。具体而言：一是要建立药品及医疗器械公平竞争的市场体系，制定相应法律、法规，切实规范药品及医疗器械公平交易的市场秩序。二是要全面推行药品、医疗器械、医用耗材、医用试剂等均以“招标采购制”进行购销的制度，逐步实行挂网竞限价购销，把采购活动推向社会，使其公开化、规范

化、制度化、科学化，这不仅有利于防止不法行为的出现，而且能切实降低药品、医疗器械、医用耗材、医用试剂等在流通环节的成本，保护消费者利益。三是要积极探索药品及医疗器械等实行专营的市场流通新路子，切实减少药品及医疗器械等流通环节的中间“水分”。

（四）从源头加强从业人员责任制建设，做到“谁经手，谁负责”

医疗美容机构作为服务行业，要从源头开始，在广告宣传、咨询面诊、合同签订、诊疗规范、病历书写、病案保管、术后访视、药品器械采购等全流程建立责任制，哪一个环节出问题，追究哪一个环节直接负责人的责任，杜绝责任推诿。这样，也能从流程上防范刑事责任风险，规避医疗美容机构或其法定代表人、负责人可能涉嫌刑事犯罪的风险。

第三篇

案 例

第一章 医疗美容民事责任案例及分析

第一节　未取得医疗机构执业许可证擅自执业

一、典型案例

（一）许某萍诉仙桃市某某工作室、周某健康权纠纷案[1]

1. 基本案情

2021 年 10 月 11 日，仙桃市某某工作室经仙桃市市场监督管理局核准登记，经营者：周某，组成形式：个人经营，类型：个体工商户，经营范围：许可项目为生活美容服务（依法须经批准的项目，经相关部门批准后方可开展经营活动，具体经营项目以相关部门批准文件或许可证件为准）。一般项目：美甲服务；养生保健服务（非医疗）。

2022 年 1 月 23 日，许某萍到仙桃市某某工作室进行左臂祛除文身。周某为许某萍的左臂实施文身清洗手术，许某萍向周某支付 800 元的祛除文身费用。术后，许某萍的左臂祛除文身伤口出现痒痛等症状。2022 年 7 月 11 日，许某萍经武汉大学中南某某入院诊断为左上肢瘢痕。同日住院进行诊治，出院诊断为上肢皮肤良性肿瘤、瘢痕疙瘩、急性疼痛。后经多次治疗。

2024 年 3 月 26 日，仙桃市卫生健康委员会作出仙卫医罚〔2023〕50 号行

〔1〕 参见湖北省仙桃市人民法院民事判决书，(2024)鄂 9004 民初 5345 号。

政处罚决定，查明周某在未取得医师执业证书和医师资格证书的情况下，于2022年1月23日在××公寓××室对许某萍开展洗文身医疗美容活动。依据《医师法》第59条的规定，决定予以周某罚款20,000元，同时责令停止非法执业活动。同日，周某向仙桃市卫生健康委员会缴纳罚款20,000元。

2024年7月12日，许某萍向法院起诉。

2. 法院判决

法院认为，自然人享有健康权。自然人的身心健康受法律保护。任何组织或者个人不得侵害他人的健康权。《民法典》第120条规定，民事权益受到侵害的，被侵权人有权请求侵权人承担侵权责任。《医疗美容服务管理办法》第23条规定，任何单位和个人，未取得医疗机构执业许可证并经登记机关核准开展医疗美容诊疗科目，不得开展医疗美容服务。周某经营的仙桃市某某工作室未取得医疗机构执业许可证，且周某在不具有执业医师资格的情况下，对许某萍实施去文身医疗美容活动，侵害许某萍民事权益造成损害，应当承担侵权责任。仙桃市某某工作室已经注销，应由经营者周某承担民事责任。判决周某向许某萍给付去文身费用800元、支付经济损失27,205.99元。

（二）冯某诉王某天生命权、身体权、健康权纠纷案〔1〕

1. 基本案情

保定市某某商贸有限公司由王某天持股100%。主要经营范围为化妆品及卫生用品、日用品等批发、零售，会议及展览服务，法定代表人为王某天。保定市某某商贸有限公司现已注销。

2023年2月18日，冯某到保定市某某商贸有限公司处选做了鼻部美容针注射术项目，包括：注射隆鼻、泪沟填充、颈纹填充、下颚溶脂等，花费共计6595.45元。冯某当天疼痛感加重，按照王某天的要求进行了治疗。第五天病情严重，王某天带冯某到中国人民解放军总医院第四医学中心住院治疗17天（2023年2月22日至2023年3月11日），诊断：面部注射美容术后出现面部皮肤血运障碍，之后再诊断为面部瘢痕伴色素沉着。

〔1〕 参见河北省保定市满城区人民法院民事判决书，(2024)冀0607民初877号。

2. 法院判决

法院认为,根据庭审调查、支付凭证、王某天陈述、冯某的诊断证明等,上述证据内容相互印证,形成完整的证据链,能够证实冯某在保定市某某商贸有限公司做了美容针注射,具体包括:注射隆鼻、泪沟填充、颈部填充、下颚溶脂。《民法典》第 1165 条规定:“行为人因过错侵害他人民事权益造成损害的,应当承担侵权责任。依照法律规定推定行为人有过错,其不能证明自己没有过错的,应当承担侵权责任。”美容针注射项目属于医疗美容项目,需要相关从业资质,王某天无从业资格,其为冯某进行面部注射美容针的医疗美容行为违反了法律禁止性规定,在民事法律意义上应当评价为过错行为。

关于精神损害赔偿金,根据《民法典》第 1183 条、最高人民法院《关于确定民事侵权精神损害赔偿责任若干问题的解释》第 1 条、第 5 条的规定,自然人的人身权益受到损害,有权主张精神损害赔偿;精神损害赔偿数额根据侵权人过错程度,侵权行为目的、方式、场合,侵权后果,获利情况,经济能力,当地平均生活水平等因素确定。本案中,冯某是一名年轻女性,做美容项目是为了改善外貌,但本案注射美容针后“额部皮肤疼痛、红肿、花斑样改变并伴有头痛、面部破溃流脓”的情况与其注射美容针的目的相反,精神损害是比较明显的。王某天以牟利为目的,在没有医疗美容资质的情况下,诱导冯某做脸部美容,事后出现损害后果时否认其侵权行为,违背诚信原则,由此给冯某造成的精神损害应当予以赔偿。根据本案具体侵权事实,法院酌定王某天向冯某赔偿精神损害赔偿金 5000 元。判决王某天赔偿冯某各项损失共计 119,531.52 元。

(三)丛某某诉美某某养生会馆、梁某某生命权、身体权、健康权纠纷案[1]

1. 基本案情

2023 年 1 月 13 日下午,原告丛某某在科尔沁区团结办事处美某某养生会馆(现已注销),由被告梁某某亲自操作往原告鼻部注射玻尿酸两支。注射完毕之后,原告起身感觉视力模糊,面部显现阴阳脸,神志不清。后梁某某又往原告脸上注射了溶解酶。此时原告出现心慌症状并伴有恶心呕吐,

[1] 参见内蒙古自治区通辽市科尔沁区人民法院民事判决书,(2024)内 0502 民初 3981 号。

随即先后前往内蒙古民族大学附属医院、沈阳医大附院、北京中国人民解放军总医院第三医学中心、中国人民解放军总医院第四医学中心治疗，共支出医疗费 141,732.72 元。

2023 年 12 月 25 日，经上海润家司法鉴定中心出具司法鉴定意见书。鉴定意见为：(1)据送鉴材料，被鉴定人丛某某鼻部注射玻尿酸后合并面动脉栓塞(右)，后遗额部(右侧)、右侧鼻面部、右侧唇角处瘢痕累计达 13.46 平方厘米，其中位于面部中心区域内单块增殖样瘢痕面积 11.67 平方厘米(大于 7.0 平方厘米)，累计条块状增殖样瘢痕面积达 12.45 平方厘米(大于 9.0 平方厘米)，评定为八级伤残；其鼻部注射玻尿酸后合并右眼缺血性视神经病变，后遗右眼中度视力损害，评定为十级伤残。(2)被鉴定人丛某某伤后可酌情给予其误工期 120 日，护理期 75 日，营养期 75 日。(3)被鉴定人丛某某右侧额部、面部、右唇部条块样增殖样瘢痕可遵医嘱行二期相关整形治疗，其具体医疗费用可以有资质的二级甲等医院以上的专科实际发生的医疗费用为准；被鉴定人目前遗留的右眼视觉功能障碍，评残后无特殊的后续医疗项目。

2. 法院判决

法院认为，医疗美容是一种运用医学技术、药物、医疗器械以及其他具有创伤性或者侵入性的医学技术方法，对人体的容貌和人体各部位进行修复和再塑的医疗行为。本案中被告在不具备执业许可证的情况下给原告进行面部注射药物，导致原告受到损害。原告丛某某在接受面部美容的过程中，本人系完全民事行为能力人，应当意识到作业过程中存在一定安全隐患，没有选择正规的医疗美容机构，本应采取必要的自我保护措施及谨慎注意义务，却将自己处于危险之中，自身存在一定过错。故应根据双方各自的过错承担相应责任。《民法典》第 1173 条规定："被侵权人对同一损害的发生或者扩大有过错的，可以减轻侵权人的责任。"因此，原告对损害的发生有过错的，可以减轻侵权人的责任。原告承担本案 30% 的责任为宜、被告承担 70%。原告已经法院委托司法鉴定机构对其误工期、护理期、营养期进行鉴定，且对鉴定结果未提异议，对误工期、护理期、营养期应以鉴定为准，侵害自然人人身权益造成严重精神损害的，被侵权人有权请求精神损害赔偿，符合法律规定的部分予以支持。原告丛某某主张的误工费是以制造业为标准，但是证据不足以证明其主张且被告不予认可，法院不予支持，按照农民标准进行计算。此次原告被评定为八级伤残、十级伤残,原告构成多处伤残的,在最高等级的伤残赔偿指数基础上,加上附加伤残等级。原告主张的交通费、住宿费及在药店购买的药费,被告不予认可,经查明是治疗期间的必要支出且在药店购买药物均与其受损伤治疗部位相关,应予支持。判决梁某某向丛某某赔偿医疗费、误工费、伤残赔偿金、精神抚慰金、鉴定费等共计235,021.89元。

(四)宋某诉田某怀等医疗损害责任纠纷案[1]

1. 基本案情

原告宋某在被告张某婷的介绍下到被告刘某莲经营的桂林某生活馆进行面部痘坑痘印的诊疗咨询。张某婷和刘某莲推荐宋某做脸部点阵激光手术。2021年9月22日,长沙某某医疗器械有限公司派人来到桂林某生活馆,给宋某施行脸部点阵激光手术,手术具体实施人是该公司的工作人员向某萍。术后,原告宋某面颊出现肿胀、灼痛等症状。

2022年3月4日,原告宋某委托桂林医学院附属医院司法鉴定中心对其面部伤残等级进行司法鉴定。2022年3月23日,桂林医学院附属医院司法鉴定中心出具司法鉴定意见书,鉴定意见如下:(1)脸部"点阵"的电光类项目与被鉴定人宋某的损害后果存在直接因果关系,脸部"点阵"的电光类项目在残疾后果中起完全作用。(2)被鉴定人宋某因脸部"点阵"的电光类项目致遗留面部色素沉着累计面积19.67平方厘米,属于十级伤残。

2022年10月19日,根据长沙某某医疗器械有限公司申请,法院委托南宁市中一司法鉴定所进行司法鉴定。2023年5月6日,南宁市中一司法鉴定所出具司法鉴定意见书,鉴定意见如下:(1)长沙某某医疗器械有限公司对宋某的诊疗行为存在过错;其过错行为与宋某面部色素异常的损害后果之间存在主要因果关系;过错参与程度范围建议为75%。(2)宋某因本次医疗行为所致面部皮肤色素改变的伤残程度为十级残疾。

长沙某某医疗器械有限公司决议解散并于2023年1月10日办理注销登记,被告田某怀、田某、向某红为公司股东。

---

[1] 参见广西壮族自治区桂林市秀峰区人民法院民事判决书,(2023)桂0302民初3940号。

2. 法院判决

法院认为，开展医疗美容业务必须经卫生健康主管部门登记注册并获得医疗机构执业许可证。经鉴定，长沙某某医疗器械有限公司在对原告进行脸部点阵激光手术诊疗过程中存在过错，该过错与原告损害后果有因果关系，参与度为 75%。长沙某某医疗器械有限公司未获得医疗机构执业许可证，不具有从事美容医疗的资质，擅自从事脸部点阵激光手术治疗并造成原告面部伤害，存在过错，应当对原告承担侵权赔偿责任。被告向某萍不具有执业医师资格仍然施行手术，造成原告面部伤害，存在过错，应与长沙某某医疗器械有限公司承担共同侵权责任。由于长沙某某医疗器械有限公司已被注销，根据最高人民法院《关于适用〈中华人民共和国公司法〉若干问题的规定（二）》第 20 条第 2 款“公司未经依法清算即办理注销登记，股东或者第三人在公司登记机关办理注销登记时承诺对公司债务承担责任，债权人主张其对公司债务承担相应民事责任的，人民法院应依法予以支持”之规定，被告田某怀、田某、向某红作为公司股东，应对长沙某某医疗器械有限公司的债务承担清偿责任。原告自身对选择医疗美容手术未尽到合理的注意义务，也应当承担相应责任，可以减轻被告的赔偿责任。法院综合被告的过错程度及原告的损害后果，酌定被告承担原告损失 70% 的责任，其余 30% 的损失由原告自行承担。被告刘某莲、张某婷明知长沙某某医疗器械有限公司及向某萍无医疗美容手术资质，仍然向原告推介相关的医疗美容项目，并提供手术场地，造成原告面部伤害，属于帮助他人实施侵权行为，存在过错，故原告提出被告刘某莲、张某婷承担连带责任的主张成立，法院予以支持。被告张某婷提出原告的面部伤害系其不注意护理等自身所致的意见，并未提供证据证实，对该抗辩意见，法院不予采纳。判决被告田某怀、田某、向某红、向某萍向原告宋某支付残疾赔偿金、诉前鉴定费损失及精神损害赔偿金共计 61,774.2 元；被告刘某莲、张某婷对上述债务承担连带清偿责任。

二、实务分析

《医疗美容服务管理办法》第 23 条规定：“任何单位和个人，未取得《医疗机构执业许可证》并经登记机关核准开展医疗美容诊疗科目，不得开展医疗美容服务。”第 2 条第 1 款规定：“本办法所称医疗美容，是指运用手术、药物、医疗器械以及其他具有创伤性或者侵入性的医学技术方法对人的容貌和人体各部位形态进行的修复与再塑。”“具有创伤性或者侵入性”是医疗美容区别于生活美容的关键技术特征，所以要求从事医疗美容服务的机构应当取得医疗执业许可证，并同时核准开展医疗美容诊疗科目，才能开展医疗美容服务。

2014年国家中医药管理局办公室、原国家卫生和计划生育委员会办公厅发布的《关于打击非法行医专项行动中有关中医监督问题的批复》也在第2条中指出，“非医疗机构及其人员在经营活动中不得使用针刺、瘢痕灸、发泡灸、牵引、扳法、中医微创类技术、中药灌洗肠以及其他具有创伤性、侵入性或者高危险性的技术方法”。这里虽然是对有关中医监督问题的批复，但其中也提到了“其他具有创伤性、侵入性的技术方法”，这也是医疗美容最主要的技术特征。

本节案例中，被告人或为美容工作室、养生馆等从事生活美容的机构，或为私营有限公司经营场所，均未取得医疗执业许可证，系非法执业，因此造成求美者或消费者损失的，应当承担赔偿责任。

第二节 未取得医师资格证、医师执业证从事医疗美容服务

一、典型案例

（一）杨某诉A公司、童某服务合同纠纷案[1]

1. 基本案情

2022年5月24日，被告童某在A公司为原告杨某提供脸部玻尿酸填充注射服务。次日，原告通过微信告知被告其鼻子红肿，左边发痒，眼角下面也肿。2022年5月26日及5月27日，被告带着原告前往B公司进行诊疗，医师为原告进行了溶解酶注射及放血治疗。后原告相继前往甲医院、乙医院、丙医院等进行诊断治疗。

另查明，C局于2022年9月10日作出淳卫医罚〔2022〕7号行政处罚决

---

〔1〕 参见浙江省淳安县人民法院民事判决书，(2023)浙0127民初4101号。

定书,认定被告案涉医疗美容服务违法所得 1776 元(已退还原告),被告的行为构成非医师行医的违法行为,给予罚款 6 万元。

2. 法院判决

法院认为,被告未取得行医资质为消费者提供注射类医美服务,视为其主观上具有欺诈消费者的故意,可适用《消费者权益保护法》中的惩罚性赔偿。故原告主张被告向其支付 3 倍赔偿金额 5328 元于法有据,法院予以支持。

至于原告主张的各项损失的赔偿,考虑到原告在注射玻尿酸后,面中部及鼻子次日即出现不适反应,且被告在微信聊天记录中不仅未否认因果关系,还积极给原告寻求治疗方式,法院认定被告的非法注射行为与原告的损害之间存在因果关系。但同时考虑到原告对被告的资质未加审查,未尽到审慎注意义务,对于自身损害发生也存在一定责任。综合双方过错程度,法院酌定被告对原告的损失承担 70% 的责任。判决被告童某支付原告杨某各项损失 3115.2 元、3 倍赔偿金 5328 元。

(二)赵某 2 诉富裕县某护理中心、赵某 1 医疗损害责任纠纷案[1]

1. 基本案情

赵某 1 系富裕县某护理中心经营者,未取得医师职业证书。赵某 2 通过女儿程某介绍向赵某 1 预订美容护理项目,2023 年 2 月 11 日,赵某 1 到赵某 2 家为其切下眼袋、割双眼皮、面颊部双侧皮肤拉伸的医疗美容项目,赵某 2 支付美容费 6000 元。2023 年 2 月 19 日,赵某 1 为赵某 2 进行拆线,拆线后赵某 2 发现其面部的伤口崩开,赵某 1 为其重新进行缝合。后伤口再次裂开,赵某 2 在明水县某门诊点滴消炎治疗。后赵某 2 到赵某 1 经营的富裕县某护理中心找到赵某 1,双方就此事协商未果。2023 年 2 月 27 日,赵某 2 经大庆某医院诊断为面部除皱术后随诊医疗,经治疗现已痊愈。

2023 年 4 月 19 日,明水县某局作出明卫医罚 2023 - 01 号行政处罚决定书,对富裕县某护理中心负责人赵某 1 处以没收违法所得 6000 元并处以罚款 5 万元的行政处罚。

2023 年 5 月 6 日,经法院委托绥化市某司法鉴定所鉴定,被鉴定人赵某

---

[1] 参见黑龙江省明水县人民法院民事判决书,(2023)黑 1225 民初 1126 号。

2 此次损伤构成十级伤残,误工期 45 日、护理期 7 日,营养期 15 日,瘢痕整形费约需 10,000 元或支持实际合理性支出。

2. 法院判决

法院认为,本案为医疗损害责任纠纷。富裕县某护理中心的经营者赵某 1 在未取得医师职业证书的情况下,擅自为赵某 2 实施下眼袋、割双眼皮、面颊部双侧皮肤拉伸的医疗美容项目,造成赵某 2 十级伤残的后果,赵某 2 伤残后果与赵某 1 进行的整形美容有民法上的直接因果关系,赵某 1 应对赵某 2 的经济损失负全部民事责任。结合绥化市某司法鉴定所出具的鉴定意见,判决富裕县某护理中心(经营者赵某 1)赔偿赵某 2 各项损失合计 100,380.44 元。

(三)秦某诉何某健康权纠纷案[1]

1. 基本案情

2021 年 4 月 7 日,秦某经人介绍用微信与何某取得联系,在敦化某住宅内,何某为秦某进行泪沟干细胞注射术,填充后泪沟开始肿胀。后秦某又到大石头镇西林社区某处住宅内,找到何某又做了文眉、文眼线、接睫毛、漂唇、额头去皱等项目。秦某泪沟肿胀症状逐渐加重,何某又为秦某下眼睑注射了溶解酶,但症状未缓解,秦某下眼睑仍然肿胀变白。

2023 年 7 月 3 日,秦某为改善双眼下眼睑形态,分别到吉林大学中日联谊医院、长春肿瘤医院进行了检查治疗。2023 年 7 月 28 日,秦某到北京某医疗美容诊所对泪沟注射物进行了取出术治疗。

另查,何某未取得医师资格证书,亦无医疗执业场所。

2. 法院判决

法院认为,公民的生命权、健康权受法律保护,由于过错侵害公民人身的,应当承担民事赔偿责任。被侵权人对损害的发生也有过错的,可以减轻侵权人的责任。该案何某并非具备实施医疗美容项目的执业人员,其擅自为秦某进行泪沟干细胞注射术,造成秦某损伤,后又自行为秦某注射了溶解酶,症状仍未缓解,致使秦某到北京某医疗美容诊所对泪沟注射物进行了取出术治疗。何某的行为给秦某的面部造成了损害,应承担相应的民事责任。

---

[1] 参见吉林省敦化林区基层法院民事判决书,(2023)吉 7504 民初 264 号。

该案酌情认定何某承担 70% 责任。秦某作为完全行为能力人，对脸部注射应当知道有风险后果，但其未选择专业机构实施美容项目，在事后仍选择由何某为其注射溶解酶，秦某在明知何某无营业场所、无医疗资质的情况下，到何某处多次做美容项目，故对其风险后果应承担 30% 的责任。判决何某赔偿秦某各项损失共计 28,847.04 元。

(四)殷某娜诉李某、陆某灵、解某生命权、身体权、健康权纠纷案[1]

1. 基本案情

自 2021 年 6 月至 2022 年 10 月初，被告李某在定州市西城区街道××小区××室开办某某持久美妆机构。2022 年 9 月 15 日，原告经被告陆某灵介绍到李某开办的某某持久美妆机构接受医疗美容服务。李某在无行医资格、未办理卫生许可证的情况下，让陆某灵和解某给原告实施局部麻醉，李某给原告注射玻尿酸和水光针。注射后原告出现皮肤疼痛，后逐渐加重，致使原告左侧鼻翼肿痛化脓，后为原告做了消融术(玻尿酸溶解酶注射)，仍无法控制病情。

2022 年 9 月 18 日，李某将原告安排在石家庄市某某医院住院治疗，诊断为左侧鼻翼皮肤坏死，9 月 23 日出院。住院期间李某为原告垫付了医疗费。出院后李某曾安排原告在定州市某某酒店输液治疗，后原告于 2022 年 12 月至 2023 年 5 月多次到石家庄市某某医院门诊检查治疗。

2023 年 9 月 1 日，经法院委托定州市司法医学鉴定中心对原告殷某娜的伤残程度及误工期、护理期、营养费进行鉴定，经鉴定，原告殷某娜的损伤不构成伤残等级，误工期 15～30 日、护理期 1～7 日、营养期 1～7 日。

另查明，定州市西城区街道办事处于 2023 年 1 月 8 日对李某作出行政处罚决定，没收李某违法所得 999 元，并处罚款 50,000 元。

2. 法院判决

法院认为，被告李某在无行医资格、未办理卫生许可证的前提下，非法开办医疗美容机构进行美容服务，致原告受到损伤，构成侵权。对原告受到的损失应承担全部责任。判决被告李某赔偿原告殷某娜损失共计 19,483.16 元。

---

[1] 参见河北省定州市人民法院民事判决书，(2023)冀 0682 民初 3396 号。

(五)江某诉魏某某生命权、身体权、健康权纠纷案[1]

1.基本案情

2022 年 8 月 22 日,原告江某在被告魏某某处做线雕隆鼻术,术后鼻部流脓不愈合。江某于 2022 年 10 月 7 日至 2022 年 12 月 14 日陆续到元宝山区刘虹利中西医诊所、赤峰宝山医院、赤峰宁城县中心医院进行治疗,并进行“隆鼻术后感染清创 + 隆鼻材料取出术”。

2022 年 12 月 2 日,原告向法院起诉要求被告返还美容费,并向原告支付 3 倍赔偿,双方于 2022 年 12 月 8 日经法院主持调解,被告魏某某给付原告江某美容费及补偿款 5000 元。

后江某因线雕隆鼻术多次就医,再就医疗费等损失诉请魏某某赔偿。

2.法院判决

法院认为,公民享有生命健康权,侵害他人造成人身损害的,应当赔偿医疗费、交通费等为治疗而支付的合理费用。本案被告魏某某不具备医疗美容资质,在不具备手术条件的情况下,为原告江某施行“线雕隆鼻”手术,致使原告遭受人身损害,被告的行为与原告的损害结果有直接因果关系。关于原告要求被告赔偿医疗费 17,720.35 元的诉请,《消费者权益保护法》第 49 条规定:“经营者提供商品或者服务,造成消费者或者其他受害人人身伤害的,应当赔偿医疗费、护理费、交通费等为治疗和康复支出的合理费用,以及因误工减少的收入。造成残疾的,还应当赔偿残疾生活辅助具费和残疾赔偿金。造成死亡的,还应当赔偿丧葬费和死亡赔偿金。”根据原告提交的相关票据、病历等证据,可以认定原告的就医行为与此次“线雕隆鼻”手术具有关联性,对原告主张的医疗费 17,720.35 元,法院予以确认。

关于被告主张原告本次诉讼系重复起诉,因原告在(2022)内 0403 民初 4161 号诉讼中主张的费用未包含 2022 年 10 月 7 日至 2022 年 12 月 14 日发生的治疗费,本案不属于重复起诉。

原告在(2022)内 0403 民初 4161 号诉讼中主张退还美容费,并支付 3 倍赔偿是基于《消费者权益保护法》第 55 条第 2 款,被告在不能确定其所提供的美容服务具有安全性保障的情况下,仍为原告进行“线雕隆鼻”美容手术,

---

[1] 参见内蒙古自治区赤峰市元宝山区人民法院民事判决书,(2023)内 0403 民初 3169 号。

术后原告鼻部流脓不愈合,导致合同目的不能实现,给原告造成损失,可以对该损失计算惩罚性赔偿金。此次诉讼中,原告主张医疗费、交通费、伙食费是基于《消费者权益保护法》第 49 条、《民法典》第 1179 条的规定,因被告的行为给原告造成损害,被告应当赔偿原告为治疗隆鼻术后感染清创和隆鼻材料取出,而产生的医疗费、交通费、伙食补助费。判决被告魏某某赔偿原告江某各项损失合计 19,033.05 元。

二、实务分析

本章第一节案例是针对机构,未取得医疗机构执业许可证的,不得从事医疗美容服务。本节案例主要针对医疗美容项目具体实施操作人员,必须同时具备法律法规规定的资格、条件才能实施具体的医疗美容项目。

《医疗机构管理条例》第 27 条明确规定:“医疗机构不得使用非卫生技术人员从事医疗卫生技术工作。”

《医疗美容服务管理办法》第 3 章执业人员资格也对负责实施医疗美容项目的主诊医师、护理人员的资格、条件进行了具体规定。其中第 11 条规定:“负责实施医疗美容项目的主诊医师必须同时具备下列条件:(一)具有执业医师资格,经执业医师注册机关注册;(二)具有从事相关临床学科工作经历。其中,负责实施美容外科项目的应具有 6 年以上从事美容外科或整形外科等相关专业临床工作经历;负责实施美容牙科项目的应具有 5 年以上从事美容牙科或口腔科专业临床工作经历;负责实施美容中医科和美容皮肤科项目的应分别具有 3 年以上从事中医专业和皮肤病专业临床工作经历;(三)经过医疗美容专业培训或进修并合格,或已从事医疗美容临床工作 1 年以上;(四)省级人民政府卫生行政部门规定的其他条件。”第 13 条规定:“从事医疗美容护理工作的人员,应同时具备下列条件:(一)具有护士资格,并经护士注册机关注册;(二)具有二年以上护理工作经历;(三)经过医疗美容护理专业培训或进修并合格,或已从事医疗美容临床护理工作 6 个月以上。”

在常见医疗美容服务纠纷处理中,因医疗美容机构任用非卫生技术人员给求美者或消费者造成损害的,审判机关原则上认定其行为与损害后果存在民法上的直接因果关系,从而推定医疗美容机构承担全部责任,如本节第 2 个案例。当然,作为求美者或消费者,也应负有审慎选择和注意义务,如明知医疗美容项目操作人员不具有相应资质仍然为之,则求美者或消费者要自己承担部分责任,而相应减少医疗美容机构的责任,如本节第 1 个和第 3 个案例。

第三节　生活美容机构从事医疗美容服务构成消费欺诈

一、典型案例

(一)李某诉郭某新医疗损害责任纠纷案[1]

1. 基本案情

2022 年 5 月 15 日,经原告李某朋友陆某玲介绍,郭某新带原告到中山市××路的一处民房中做了双侧注射丰臀术。

2022 年 10 月 23 日,在郭某新安排下,原告到某某店再次进行了双侧注射丰臀术。2022 年 10 月 24 日至 27 日,原告通过微信聊天多次向郭某新及陆某玲表示其术后很痛。2022 年 10 月 27 日,在原告的要求下,郭某新通过微信聊天向原告发送了所注射产品的韩国语的医疗器械生产许可证、医疗器械销售业申报证。

2022 年 11 月 6 日,原告因“双侧臀部注射隆臀术后红肿热痛 9 天”到南方医科大学南方医院进行住院治疗,至 2022 年 11 月 29 日出院,住院 23 天,出院诊断:臀部软组织感染(双侧注射丰臀术后感染)。出院医嘱:(1)后续治疗计划:门诊定期随诊继续治疗。(2)患者出院前 24 小时内 VTE(注静脉血栓栓塞症)风险评估结果及出院后预防计划:无。(3)出院带药:无。(4)复诊指导:2 周后门诊随诊继续治疗。(5)宣教指导:注意休息、清淡饮食。原告因上述治疗花去医疗费 45,724.75 元。

另查明,某某店属个体工商户,经营者为陆某玲,经营范围为理发及美容服务。

---

[1] 参见广东省佛山市南海区人民法院民事判决书,(2023)粤 0605 民初 16575 号。

2. 法院判决

法院认为,原告在郭某新及某某店的经营者陆某玲的安排下在一处民房及某某店处两次接受双侧注射丰臀手术,原告与某某店、郭某新之间存在医疗服务合同关系。原告诉称消费型美容机构存在欺诈行为的,应适用《消费者权益保护法》关于惩罚性赔偿的规定并可以要求赔偿损失。法院认为,因原告为健康人士,为满足对美的追求而接受美容整形服务,具有消费者的特征,而某某店的经营目的是获取利润,具有经营者的特征,因此,原告与某某店、郭某新之间的法律关系应由《消费者权益保护法》调整。综合双方的起诉和答辩意见,本案的争议焦点为:(1)某某店、郭某新是否实施了欺诈行为。(2)原告因涉案医疗美容服务造成损失的问题。

关于争议焦点一:某某店辩称与原告不存在任何关系,但从法院查明的上述事实可以反映,其与郭某新存在合作关系,共同为原告提供服务,故法院对其辩解不予采信。原告在郭某新及某某店的经营者陆某玲的安排下在一处民房及某某店处两次接受了双侧注射丰臀手术,为原告提供的注射产品现有证据无法证明具有国内上市许可证书,进行手术的人员也未能证明取得医师执业资格及具有从事医疗美容的资质,且进行手术的地方为一处民房及某某店内而非正规的手术室,同时某某店的经营范围只是理发及美容服务,法院根据上述的事实认定某某店、郭某新对原告的诊疗行为构成了欺诈。

关于争议焦点二:首先,依照《消费者权益保护法》第 55 条第 1 款的规定:“经营者提供商品或者服务有欺诈行为的,应当按照消费者的要求增加赔偿其受到的损失,增加赔偿的金额为消费者购买商品的价款或者接受服务的费用的三倍;增加赔偿的金额不足五百元的,为五百元。法律另有规定的,依照其规定。”本案中,某某店、郭某新在提供服务过程中存在欺诈行为,应当退还原告服务费并给予服务价款 3 倍的赔偿。原告向郭某新支付医疗美容整形服务费用合共 56,764 元(51,764 元 + 3000 元 + 2000 元),因此,某某店、郭某新应向原告返还服务费 56,764 元并赔偿 3 倍服务费用 170,292 元。其次,依照《消费者权益保护法》第 49 条的规定:“经营者提供商品或者服务,造成消费者或者其他受害人人身伤害的,应当赔偿医疗费、护理费、交通费等为治疗和康复支出的合理费用,以及因误工减少的收入。造成残疾的,还应当赔偿残疾生活辅助具费和残疾赔偿金。造成死亡的,还应当赔偿丧葬费和死亡赔偿金。”参照《民法典》第1222条的规定：“患者在诊疗活动中受到损害，有下列情形之一的，推定医疗机构有过错：（一）违反法律、行政法规、规章以及其他有关诊疗规范的规定；（二）隐匿或者拒绝提供与纠纷有关的病历资料……”本案中，某某店、郭某新并非正规医疗美容机构，且在提供服务过程中存在欺诈行为，亦未提供相关病历资料，故法院推定其二人负有全部过错，应对原告的损害后果承担全部的赔偿责任。判决某某店、郭某新向李某返还服务费56,764元及支付赔偿金170,292元，赔偿李某医疗费、住院伙食补助费、误工费共计55,691.42元。

（二）杨某某诉伍某某美容服务合同纠纷案[1]

1. 基本案情

伍某某系安徽某某生物科技有限公司法定代表人，安徽某某生物科技有限公司的经营范围包括美容服务、生活服务等（依法须经批准的项目，经相关部门批准后方可开展经营活动）。2021年9月26日，杨某某（乙方）为祛除面部黄褐斑与伍某某（甲方）签订《一次性祛斑服务协议书》一份，约定伍某某为杨某某提供祛斑美容服务。甲方承诺所提供的产品不含铅汞、激素，经检测合格。技术经过数十年临床验证，不会对皮肤造成不正当的伤害，且不具依赖性。此后，杨某某即在伍某某处购买美容产品，并由伍某某使用上述产品为杨某某提供祛斑美容服务。其间，杨某某陆续多次向伍某某反映其面部多部位存在“药水淌的沟太深”、化脓、不结痂等问题。因杨某某面部持续未予康复，存在疼痛、红肿等情况，12月初，经伍某某介绍杨某某至合肥爱邦生物疤痕斑痘敏机构高某处接受修复治疗，但直至2022年8月其面部情况并未完全好转。后杨陆续前往南京肤康皮肤中医医院、皖南医学院第一附属医院、芜湖中科医院、芜湖市第二人民医院就医，经诊断为局部皮肤瘢痕增生、面部皮肤色素脱失。

2. 法院判决

法院认为，杨某某与伍某某签订的《一次性祛斑服务协议书》，系双方真实意思表示，对双方均具有约束力，双方应按照协议约定履行。

根据《医疗美容服务管理办法》的规定，医疗美容是指运用手术、药物、

---

〔1〕 参见安徽省芜湖市镜湖区人民法院民事判决书，(2022)皖0202民初10454号。

医疗器械以及其他具有创伤性或者侵入性的医学技术方法对人的容貌和人体各部位形态进行的修复与再塑。本案所涉色斑属于《医疗美容项目分级管理目录》美容皮肤科项目中的无创治疗项目，根据《医疗美容服务管理办法》及《医疗美容项目分级管理目录》的规定，面部护理治疗痤疮、色斑及调解肤质等，属于医疗美容治疗范畴。双方签订《一次性祛斑服务协议书》时，伍某某未取得任何医疗美容相关资质，也无证据证明其将使用产品成分、副作用等关键信息对杨某某进行过详细告知或进行皮肤测试，故伍某某在提供服务中存在履行不当，杨某某要求伍某某退还其祛斑美容费 5000 元并赔偿其因此产生的损失，应予支持。判决被告伍某某赔偿原告杨某某损失合计 212,684.25 元。

（三）蔡某某诉山东某美容科技有限责任公司医疗服务合同纠纷案[1]

1. 基本案情

2022 年 9 月 13 日，山东某美容科技有限责任公司工作人员杨某向蔡某某推荐张某某为蔡某某进行美容手术，蔡某某向山东某美容科技有限责任公司交纳了 7000 元，在山东某美容科技有限责任公司进行了全麻手术，由山东某美容科技有限责任公司工作人员张某某为蔡某某进行了“胳膊抽脂”“面部线雕”的手术。张某某在为蔡某某做手术时没有医师资格证。蔡某某在山东某美容科技有限责任公司手术后，对手术效果不满意，并向山东某美容科技有限责任公司反映出现了面部凹凸不平、肿块等现象。蔡某某经与山东某美容科技有限责任公司工作人员杨某、山东某美容科技有限责任公司股东贾某某协商未果，遂向法院起诉，主张山东某美容科技有限责任公司虚假宣传、欺诈蔡某某购买美容服务，要求山东某美容科技有限责任公司返还蔡某某支付的医疗美容服务费 7000 元，并赔偿其 3 倍损失 21,000 元，合计 28,000 元。

2. 法院判决

法院认为，山东某美容科技有限责任公司没有卫生行政主管部门核发的医疗机构执业许可证，其经营范围不包括“医疗美容外科”，不具备为他人提供医疗美容外科手术的资质，山东某美容科技有限责任公司进行了一些

---

〔1〕 参见山东省临沂市兰山区人民法院民事判决书，(2023)鲁 1302 民初 6723 号。

不实的宣传，且明知其不具备进行全麻手术的资质而向蔡某某隐瞒该情形，并对原告进行全麻手术；张某某在为蔡某某做手术时没有医师资格证。山东某美容科技有限责任公司的上述行为违反国家相关规定，且向蔡某某隐瞒真实情况，该行为构成《消费者权益保护法》规定的欺诈经营，应当承担相应的民事责任。山东某美容科技有限责任公司上述行为给蔡某某造成了损害后果，造成了实际的损失，故应当按照法律规定返还蔡某某服务费7000元，并赔偿损失21,000元。综上所述，蔡某某的诉讼请求，于法有据，法院予以支持。

二、实务分析

关于生活美容与医疗美容的区别，本书第一篇第一章第二节已经进行了详细论述，可参阅。

生活美容机构因其未取得医疗机构执业许可证，相关服务人员或实际操作人员也未达到从事医疗美容项目的资格和条件，如果其从事医疗美容项目，如注射丰臀手术、抽脂、线雕等，或虚假宣传其能从事前述医疗美容项目，让消费者产生错误认知，则认定该机构的行为对求美者或消费者构成欺诈。依照《消费者权益保护法》第55条第1款的规定："经营者提供商品或者服务有欺诈行为的，应当按照消费者的要求增加赔偿其受到的损失，增加赔偿的金额为消费者购买商品的价款或者接受服务的费用的三倍；增加赔偿的金额不足五百元的，为五百元。法律另有规定的，依照其规定。"造成其他损失的，仍应承担赔偿责任。

笔者注意到，在本节所述案例处理过程中，审理法院均将《消费者权益保护法》作为判决承担赔偿责任的依据。对于医疗美容纠纷是否应当适用《消费者权益保护法》？现阶段在理论界及实务界仍然存在争议。

一种观点主张，医疗美容纠纷应适用《消费者权益保护法》，主要原因如下：(1)医疗美容服务可被认定为生活消费行为。它不具有国家公益性；主要目的并非治疗疾病，而是满足求美者的心理需求；医疗美容机构具有营利性；求美者与一般消费者一样，在医疗机构及具体医疗行为的方式上都享有自主选择权，以上特征均符合《消费者权益保护法》关于生活消费行为的定义。(2)医疗美容求美者与医疗美容机构相比，在专业知识、社会地位、经济能力等方面仍处于弱势地位。适用《消费者权益保护法》能够更好地保护其合法权益，符合《消费者权益保护法》保护弱者的立法目的。本节案例中，法院几乎均引用了《消费者权益保护法》作为裁判依据。

另一种观点认为，在现行的法律规范下，医疗美容纠纷不应单独适用《消费者权益保护法》。笔者支持此观点，理由如下：(1)从医疗美容的概念上看，其在行为主体、资质要求、行为方式、目的及行政管理等多方面都区别于一般的生活美容。并且在实践中，并非所有的医疗美容都只是为了达到变美丽的效果，更多的是含有一定的修复治疗、矫正目的。故不能将医疗美容简单等同于一般消费行为。(2)在法律适用上，我国《民法典》已经就医疗损害责任进行了规制，医疗美容仍然是一种医疗行为，因此产生纠纷实际上也是归于医疗纠纷的范畴，也应在《民法典》范围内寻求救济，而不应单独适用《消费者权益保护法》。例如，有的案例在有关诊疗行为与损害后果的因果关系认定及过错认定等方面便适用了《民法典》的相关规定。(3)如果在医疗服务合同纠纷案件中适用《消费者权益保护法》，可能会造成不同医疗美容纠纷适用不同法律的局面，引起执法不统一，不利于实现法律的公正性。

当然，为系统编著出发，有助于读者更深入了解医疗美容法律风险并加以规避，本节仍以法院判决所依据的《消费者权益保护法》为例进行讲解。同时，这似乎代表了大多数司法机关针对医疗美容纠纷的处理规则，对此，医疗美容机构有必要引起重视。

针对求美者，作为就医主体，从自我保护的角度出发，应进一步提高风险意识和理性维权意识，就诊前应尽到相关的审慎义务。一是就诊前对医院及医师的相关资质进行了解，选择正规的医疗机构和执业医师。二是签订合同及付款时应尽相应的审慎义务。就诊者选择进行医疗美容服务时，应当与医疗美容机构签订书面合同，可要求诊疗机构出示具体价目表，对医疗美容行为期待的效果可在合同中作出明确约定。仔细阅读合同条款，特别是免除诊疗机构责任、加重就诊者责任的条款。诊疗费用应直接支付至诊疗机构账户中，避免支付至介绍人账户中，并主动要求其提供发票。三是术前应详细了解诊疗风险。医疗美容行为具有相应风险，就诊者应仔细阅读风险告知书、知情同意书等材料，在充分了解可能产生的手术风险后再行签字，如发现诊疗机构有不规范之处，可立即停止接受服务并向相关卫生健康主管部门反映。四是提高保留证据意识。固定术前术后形态，包括但不限于术前照片、术前病历材料、聊天记录、通话录音等。一旦出现纠纷，可证明损害后果及双方沟通经过等事实。五是增强合法理性维权意识。在诊疗过程中或诊疗后，一旦出现未能预见的损害后果或者未达预期效果，应客观理性对待，首先向院方提出异议，并与医院协商解决，协商未果可以选择向卫生健康主管部门提出处理申请，或向法院提起诉讼等合法途径进行理性维权，避免采取打砸、伤害医师等害人害己的过激行为。

第四节　医疗美容机构因诊疗行为致人损害需承担赔偿责任

一、典型案例

(一)葛某燕诉西安××医疗美容有限公司医疗损害责任纠纷案[1]

1. 基本案情

原告葛某燕因面部美容在被告西安××医疗美容门诊部就诊。双方经协商，原告同意被告修复方案。被告于 2020 年 8 月 16 日、2021 年 7 月 17 日，给原告进行了假体隆鼻修复术。术后，原告自感不适，与被告协商，并前往西安市人民医院、空军军医大学第一附属医院诊疗。原告认为被告存在医疗过错，被告予以否认。双方形成医患纠纷，故诉至法院。法院受理后，依据原告申请委托西安市中级人民法院司法鉴定中心，就被告诊疗行为是否存在医疗过错、诊疗行为与原告本次受伤之间有无因果关系及原因力大小以及后续治疗费、误工期、护理期、营养期进行鉴定。经陕西中金司法鉴定中心鉴定，司法鉴定意见书认为：(1)被告在对原告的诊疗中存在过错，其过错与原告损害后果之间存在一定因果关系，被告过错原因力为同等原因；(2)后续治疗费约需 20,000 元，并复函因《人身损害误工期、护理期、营养期评定规范》中无相应条款，无法对误工期、护理期、营养期进行评定。

2. 法院判决

法院认为，患者前往被告处诊疗，与被告之间建立了医疗服务关系。医

[1] 参见陕西省西安市碑林区人民法院民事判决书，(2024)陕 0103 民初 950 号。

方在收治患者、收取治疗费用的同时，负有保障其健康的义务。本案中被告在对原告的诊疗中存在过错；被告的过错与原告损害后果之间存在一定因果关系（同等原因力），故依据规定，患者在诊疗活动中受到损害，医疗机构及其医务人员有过错的，由医疗机构承担赔偿责任。原告要求被告承担赔偿责任，理由成立，依法予以支持。根据最高人民法院《关于审理人身损害赔偿案件适用法律若干问题的解释》的相关规定，参照司法鉴定意见书损害结果被告负同等原因力，被告应赔偿数额为 36,319.5 元。综上，根据《民法典》第 1165 条、第 1179 条、第 1183 条之规定，判决被告西安××医疗美容有限公司赔偿原告葛某燕医疗费、误工费、交通费、精神损害抚慰金、后续治疗费、鉴定费共计 36,319.5 元。

（二）胡某梅诉某甲医院医疗损害责任纠纷案〔1〕

1. 基本案情

胡某梅于 2022 年 10 月 10 日至某甲医院住院进行“双下肢大腿、小腿吸脂术”，同年 10 月 13 日出院，出院医嘱：（1）术后第 12～14 天来院拆线，保持伤口清洁干燥；（2）穿束身裤 1～3 个月，忌烟酒、禁食辛辣刺激性食物、不适随诊。2022 年 10 月 16 日，胡某梅至某甲医院换药，2022 年 10 月 17 日再次住院对伤口换药至同月 23 日出院。术后胡某梅伤口感染，双下肢大小腿皮肤色素沉着、皮肤表面凹凸不平并有瘢痕形成。胡某梅认为某甲医院的诊疗行为存在过错，诉至法院，要求赔偿损失。

另查明，2023 年 4 月 25 日，胡某梅与某甲医院签订《医院纠纷协议》，载明患者在该院于 2022 年 8 月 28 日和 2022 年 10 月 10 日进行吸脂项目，术后大小腿瘢痕沉着，双方协商一致约定某甲医院退还胡某梅全部手术费用 22,000 元，胡某梅继续免费在该院做皮肤激光治疗，后期赔偿问题再来协商。

胡某梅向法院提交鉴定申请：（1）对某甲医院的医疗行为是否存在过错进行鉴定；（2）对某甲医院的医疗过错行为与胡某梅的损害后果之间是否存在因果关系进行鉴定；（3）对某甲医院的医疗过错行为在损害后果中的责任程度进行鉴定；（4）对胡某梅的人体损伤残疾程度进行鉴定；（5）对胡某梅的

〔1〕 参见湖北省武汉市江汉区人民法院民事判决书，（2024）鄂 0103 民初 3955 号。

护理期、营养期、误工期以及后续治疗费数额进行鉴定。经法院委托，武汉平安法医司法鉴定所于2024年3月26日出具司法鉴定意见书。鉴定专家分析认为：胡某梅双下肢吸脂手术时间较长，创伤面积大，可致使患者抵抗力下降，使其术后肿胀、感染并发症出现概率增加。术中抽吸部位因操作技术水平等抽吸层次不均匀，易出现肿胀感染、皮肤坏死，导致胡某梅术后双下肢大小腿皮肤色素沉着及皮肤表面凹凸不平，以及瘢痕形成，医方的诊疗行为存在过错。医方与患者签署的“侵入性操作知情同意书”中没有明确告知患者吸脂可能带来的后果和风险，未尽到全面告知义务和高度注意义务，医方应承担相应的过错责任。鉴定意见为：(1)某甲医院对患者(胡某梅)诊疗行为过程中存在过错；(2)被鉴定人胡某梅双下肢腿部色素沉着及皮肤表面凹凸不平，瘢痕形成与某甲医院诊疗行为存在直接因果关系；(3)医方的医疗过错行为在损害后果中的责任程度为全部责任；(4)被鉴定人胡某梅的损伤不构成伤残，评定其误工期90日，护理期50日，营养期60日，后期治疗费用以医院实际开支据实结算。

2. 法院判决

法院认为，患者在诊疗活动中受到损害，医疗机构及其医务人员有过错的，由医疗机构承担赔偿责任。某甲医院虽对武汉平安法医司法鉴定所出具的司法鉴定意见书有异议，但未提供相应证据推翻该鉴定意见，亦明确表示不重新申请鉴定。法院认为该鉴定机构鉴定程序合法，鉴定结果并无明显不当，法院对司法鉴定意见书予以采信。某甲医院在对胡某梅的诊疗行为过程中存在过错，其诊疗行为与胡某梅双下肢腿部色素沉着及皮肤表面凹凸不平，瘢痕形成之间存在直接因果关系，依法应当承担赔偿责任。

关于某甲医院辩称：(1)胡某梅已签署相关手术知情同意书，知晓手术风险的问题。手术知情同意书是医疗机构就手术可能产生的风险及替代医疗方案等向患者进行的告知，是医疗机构必须履行的法定义务，并非免责条款。胡某梅在相关手术知情同意书上签字，并不能免除某甲医院因过错医疗行为所应承担的赔偿责任。(2)胡某梅自行换药，处理不当，未遵医嘱持续吸烟，是导致患者术后感染的主要原因。某甲医院提交的微信聊天记录仅能证明胡某梅在医院工作人员多次告知其不能自行在家换药的情况下，仍然存在自行换药的事实，对于其主张的持续吸烟情况并未提交相关证据，其提交的门诊记录因系其单方制作，胡某梅对此亦不予认可，无法达到其证明目的。虽然司法鉴定意见书关于医方的医疗过错行为在损害后果中的责任程度为全部责任,但鉴定人出庭时明确表示双方的微信聊天记录不在鉴定认定范畴中,故法院综合考虑某甲医院的过错诊疗行为及与胡某梅术后自行护理不当等因素,认定某甲医院应当承担责任的比例为90%,胡某梅自行护理不当亦对损害结果的产生存在一定过错,应由其自负10%的责任。

关于精神损害抚慰金。虽然胡某梅并未构成伤残,但侵权事故发生后,造成胡某梅双下肢腿部色素沉着及皮肤表面凹凸不平,瘢痕形成的损害后果,某甲医院的诊疗行为与该损害后果存在直接因果关系,鉴于胡某梅的女性身份,上述形体损伤可能会对胡某梅在日后生活中造成较为严重的心理创伤,以及考虑到某甲医院作为医疗美容机构,胡某梅对其所具有的信赖利益,某甲医院的行为却对胡某梅造成一定的精神损害后果,法院酌定精神损害抚慰金为5000元。

关于胡某梅要求某甲医院在省级报或某甲医院微信公众号上赔礼道歉的问题。赔礼道歉是行为人通过口头、书面或其他方式向受害人进行道歉以取得谅解的一种责任方式,主要适用于人格权益受到侵害的情形,但并非一旦人格权遭受侵害就必然采用赔礼道歉的方式承担责任,是否适用赔礼道歉应当遵循责任与救济相适应原则,法院确定侵权人承担某种侵权责任,需要以该种责任能够达到救济的目的为条件,胡某梅因院方医疗过错遭受的经济损失及精神损害,已经通过赔偿的方式得到救济,无须再并用赔礼道歉的责任承担方式。故对其该项诉请,法院不予支持。判决某甲医院向胡某梅赔偿各项经济损失及精神损害抚慰金共计45,227.23元。

二、实务分析

我国《民法典》第1218条规定:“患者在诊疗活动中受到损害,医疗机构或者其医务人员有过错的,由医疗机构承担赔偿责任。”医疗美容机构在提供医疗美容服务过程中,因诊疗行为存在过错造成求美者损害的,需按过错原因力大小承担相应赔偿责任。

关于医疗机构通常抗辩的“患者已经签署相关手术知情同意书,知晓手术风险的问题”。法院认为,手术知情同意书是医疗机构就手术可能产生的风险及替代医疗方案等向患者进行的告知,是医疗机构必须履行的法定义务,并非免责条款。故患者在相关手术知情同意书上签字,并不能免除医疗机构因过错医疗行为所应承担的赔偿责任。

关于精神损害抚慰金。根据最高人民法院《关于审理人身损害赔偿案件适用法律若干问题的解释》的相关规定，原则上只有受害者达到伤残等级并主张精神损害抚慰金才会得到法院支持。但在医疗美容服务纠纷处理中，法院通常会认为，求美者或消费者虽然并未构成伤残，但侵权事故发生后，会造成求美者外观损害或基于求美却出现"损美"的损害后果，医疗美容机构的诊疗行为与该损害后果存在直接因果关系，损伤会对求美者在日后生活中造成较为严重的心理创伤，以及考虑到求美者对医疗美容机构所具有的信赖利益，诊疗行为却对求美者造成一定的精神损害后果。故如果医疗美容机构在对求美者的诊疗中存在过错，且其过错与求美者损害后果之间存在一定因果关系的前提下，通常会判决由医美机构承担部分精神损害抚慰金。

第五节　术前检查不全面、准备不充分，病历书写不规范，医疗风险告知不详尽

一、典型案例

（一）陈某诉海口美兰某某医疗美容门诊部医疗损害责任纠纷案[1]

1. 基本案情

原告陈某因"面部皮肤松弛"于2022年7月12日在被告海口美兰某某医疗美容门诊部整形，诊断：面部皮肤松弛。2022年7月12日进行"面部提拉术"。2022年7月13日因"嘴角左歪半大"到中国人民解放军联勤保障部队第九二八医院就诊。诊断：面神经损伤（右侧待排）。当日肌电图检查报告提示：右侧面神经波幅较左侧低。2022年7月20日肌电图复查提示：双侧面神经颊支运动传导波幅均低，右侧面神经颧支运动传导波幅较左侧低；双侧口轮匝肌肌电图呈神经源性改变。2023年3月21日，被鉴定人陈某因"面部医美手术后口角歪斜8个月以上，要求面神经肌电图"在成都市第六

---

〔1〕参见海南省海口市美兰区人民法院民事判决书，(2023)琼0108民初17405号。

人民医院就诊。诊断:周围性面神经麻痹。当日肌电图检查报告提示,NCV(注:神经传导速度):右面神经眼肌段波幅降低(与对侧相比达 40.57%);右面神经上唇方肌段波幅降低(与对侧相比达 68.22%)。原告认为被告的诊疗行为存在过错,导致其面部神经损伤,被告应对其承担损害赔偿责任。医患因此产生纠纷,原告遂起诉至法院。

诉前原告向法院申请就被告的诊疗行为是否存在过错,如存在过错,与原告的损害后果是否具有因果关系及过错程度进行司法鉴定,法院依法委托海南医学院法医鉴定中心进行司法鉴定。2023 年 5 月 30 日,海南医学院法医鉴定中心作出司法鉴定意见书,主要记载以下内容。

被鉴定人损害后果——被鉴定人陈某术前病历资料未显示其存在面神经异常的临床表现,术后次日即出现面神经损伤的表现,且此后经多家医院检查证实。

医方行为评价——被鉴定人陈某因"面部皮肤松弛"于 2022 年 7 月 12 日在海口美兰某某医疗美容门诊部整形,诊断:面部皮肤松弛。2022 年 7 月 12 日行"面部提拉术"。根据该病的治疗原则,患者具备手术指征,医方选择"面部提拉术"符合临床医疗原则,但审查医方对患者的诊疗过程发现存在如下不足:

医方术前检查及医疗文书过于简单,检查不够全面,医疗风险告知不充分。患者是否患有严重的面部皮肤松弛,就医方提供的相关资料,缺乏对面部皮肤松弛的程度进行全面评估的详细检查记录,影响对其手术必要性的判断。对于治疗方案的选择,一种美容诊疗的手术方案可有多种,不同手术方案各有利弊,疗效与风险各不相同,医方有义务向患者告知并强调不同手术方案的利弊,让患方进行选择并书面记录医方具有向患者说明各种治疗方案和相应风险的义务,但本案医方对手术方式的种类、手术方式的选择、相应预案的提供方面,未给患者相应的告知和选择权,存在明显不足。同时,在术前,医方与患者签署了整形美容手术知情同意书、颅颌面、唇颊部整形美瞳手术术前告知暨知情通知书二份术前告知与知情同意书。以上行为显示医方在告知方面存在风险告知范围宽泛化、形式化、程序化,聚焦具体手术风险不够、针对性不强的不足,一定程度上影响患者对手术风险的准确判断。

另外,医方诊治过程中对患者的病历资料书写及管理存在明显不规范的不足。根据病历资料记载,医方手术时间为2022年7月12日,但就双方提供的鉴定材料,医方缺乏合规的门诊病历、病程首页、入院记录、手术记录及出院记录等医疗资料,因此,医方缺乏相应的资料证实其在诊疗过程中特别是手术过程中尽到了相应应尽的充分的注意义务以防止面神经损伤等并发症的发生,存在过错。

综上所述,医方的诊疗行为存在过错,其过错与医疗损害后果之间存在一定的因果关系。

面部提拉术,由于其手术部位、范围,以及会遇到面神经变异等情况,其手术后面神经损伤为该手术的常见并发症,即使尽到完全、充分的注意义务,也难以完全杜绝该并发症的发生,因此,该手术本身具有较大的面神经损伤的风险;而且,医方在颅颌面、唇颊部整形美瞳手术术前告知暨知情通知书中列出了出现面神经损伤的风险事项,医方已经尽到了一定的告知义务。故综合分析,建议医方过错的原因力大小为次要原因。

鉴定意见:海口美兰某某医疗美容门诊部的诊疗行为存在过错,其过错与被鉴定人陈某面神经损伤的后果之间存在一定的因果关系,建议原因力大小为次要原因。

2. 法院判决

法院认为,本案中,法院委托海南医学院法医鉴定中心对被告的诊疗行为是否存在过错,如存在过错,与原告的损害后果是否具有因果关系及过错程度进行司法鉴定。原告及被告均对海南医学院法医鉴定中心作出海医法医鉴定中心〔2023〕医损字第4号司法鉴定意见书无异议,故法院对该鉴定意见书的证明效力应予认定。该鉴定意见书认为:"海口美兰某某医疗美容门诊部的诊疗行为存在过错,其过错与鉴定人陈某面神经损伤的后果之间存在一定的因果关系,建议原因力大小为次要原因。"综合本案案情,考虑到面部提拉术因手术部位、范围不同,以及会遇到面神经变异等情况,手术后面神经损伤为该手术的常见并发症,即使尽到完全、充分的注意义务,也难以完全杜绝该并发症的发生,因此,该手术本身具有较大的面神经损伤的风险;而且,医方在颅颌面、唇颊部整形美瞳手术术前告知暨知情通知书中列出了出现面神经损伤的风险事项,医方已经尽到了一定的告知义务,法院确认由被告承担30%的赔偿责任。

关于原告主张的被告向原告当面赔礼道歉,并消除影响的诉求。赔礼道歉属于承担民事法律责任的一种方式，一般是侵权人主观上存在严重过错，包括故意或重大过失，受害人才可以要求侵权人赔礼道歉。消除影响这一法律责任主要保护的是权利人的名誉、商誉，适用于权利人的名誉和商誉因侵权受到损害。本案中，原告因自身原因到被告处进行“面部提拉术”，这是医疗美容。医疗美容是通过医学手段，以达到改变人体外部形态、色泽及部分改善生理功能，增强人体外在美感为目的，而进行的一系列治疗，如外科手术美容。被告对原告所行的“面部提拉术”虽然存在一定过错，但并不存在主观上的严重过错，且也未对原告的名誉产生损害，故原告主张被告向原告当面赔礼道歉，并消除影响无事实和法律依据，法院不予支持。判决海口美兰某某医疗美容门诊部赔偿原告陈某医疗费、交通费、精神损害抚慰金共计10,743.79元。

（二）范某某等诉北京某某医疗美容诊所有限公司医疗损害责任纠纷案〔1〕

1. 基本案情

患者范某某于2020年2月11日因下颌后缩到被告处就诊，诊断下颌后缩（轻度）。于2月11日行自体脂肪填充术。2020年2月15日下午家属发现患者无呼吸、昏迷，拨打“120”电话，经抢救病人仍无生命体征恢复，宣布临床死亡。

案件审理过程中，经三原告申请，商被告同意，法院委托北京中正司法鉴定所就“被告对患者范某某的诊疗行为是否存在过错，若存在过错，其诊疗行为与范某某的死亡损害后果之间是否存在因果关系及参与度”进行司法鉴定。2022年7月28日，北京中正司法鉴定所出具司法鉴定意见书，载明：

“五、分析说明

“（二）关于北京某某医疗美容诊所对被鉴定人范某某诊疗行为的评价：

“1. 关于病历书写的分析

“《病历书写基本规范》第一章基本要求：第三条，病历书写应当客观、真实、准确、及时、完整、规范。第六条，病历书写应规范使用医学术语，文字工

〔1〕 参见北京市朝阳区人民法院民事判决书，（2021）京0105民初27145号。

整,字迹清晰,表述准确,语句通顺,标点正确。第七条,病历书写过程中出现错字时,应当用双线划在错字上,保留原记录清楚、可辨,并注明修改时间,修改人签名。不得采用刮、粘、涂等方法掩盖或去除原来的字迹……

"审阅病历材料,医方病历书写不完善,如复诊记录没有、手术记录没有记录患者起始及结束时间、手术记录中没有详细记录手术过程等,视为医方病历书写不规范……

"六、鉴定意见

"(一)北京某某医疗美容诊所在对被鉴定人范某某诊疗过程中存在以下医疗过错行为:

"1.病历书写不规范。

"2.未尽充分说明义务。

"3.诊断依据不足,检查措施不完善。

"4.术前未进行详细的术前设计,手术准备不充分,沟通不充分。

"5.术前检查不细致、不完善。

"6.对患者病情重视不足,对患者术后出现不适未及时给予正确指导,存在不足。

"7.在术后再次进行心电图检查不除外患者术后出现心脏相关疾病症状的可能,医方应及时嘱患者到综合医院进行专科治疗,但病历中未见相关指导。"

2.法院判决

法院认为,综合考虑鉴定意见、患者死亡情况、在案病历、患者自身疾病情况等因素,依法酌情确定由被告对三原告的合理损失按照15%责任比例予以赔偿。判决被告北京某某医疗美容诊所有限公司赔偿三原告医疗费3933元、死亡赔偿金363,832.8元、尸检费2700元、丧葬费8466.45元、精神损害抚慰金15,000元。

(三)肖某诉北京某某医疗美容门诊部有限公司医疗损害责任纠纷案[1]

1.基本案情

2020年1月3日,原告肖某在被告北京某某医疗美容门诊部有限公司

[1] 参见北京市丰台区人民法院民事判决书,(2020)京0106民初17896号。

进行鼻头缩小、鼻翼缩小、鼻背骨磨窄、人中缩短的手术，麻醉方式为静脉复合全麻。手术结束后，肖某未正常苏醒，被送往首都医科大学附属北京天坛医院急诊科住院治疗36天。

2020年2月10日，肖某先后转入常德市西湖管理区人民医院、常德市第一中医医院、湖南省人民医院、中南大学湘雅医院等医院住院治疗，共计住院668天。

经肖某申请，法院委托北京中正司法鉴定所对北京某某医疗美容门诊部有限公司对肖某的诊疗行为是否存在过错、过错行为与肖某的损害结果是否有因果关系及原因力大小、肖某的伤残等级、护理期、误工期、营养期及护理依赖程度、护理人数进行鉴定。2021年6月2日，该鉴定所出具鉴定意见书，分析说明部分关于北京某某医疗美容门诊部有限公司对被鉴定人肖某诊疗行为的评价如下："《临床技术操作规范美容医学分册》美容外科手术适应证、禁忌证：一、适应证：1. 容貌、体形有畸形、缺陷、老化及瑕疵者，并有强烈的修复、改善及美化愿望者。2. 解剖生理功能正常条件下的求美状态者，通过美容外科手术，能达到改善、美化要求并能最大限度地接近人体理想的美学参数。3. 美容就医者精神心理状态正常。4. 美容就医者无全身器质性疾病，受术区无感染灶。二、禁忌证：1. 有严重糖尿病或心、肺疾病及严重高血压者。2. 血液疾病或凝血机制异常者。3. 月经期或妊娠期的妇女。4. 精神病患者或各种心理障碍者。5. 要求手术部位不明者或要求过高者。6. 经手术难以达到美容目的者。术前准备：1. 确定适应证及禁忌证。2. 术前社会美容心理状态的判定。3. 病历采集。4. 手术知情同意书的签署。5. 除外体内潜在性疾病的存在。6. 备血。7. 术式选择与手术设计。……鼻部手术：术前2－3d用抗生素滴鼻液滴鼻，术前1d剃须……审阅病历材料，(1)患者于2020年01月03日到医方就诊，主诉：鼻头肥大、鼻背较宽、鼻翼宽大、人中过长，就诊要求手术改善，医方给予凝血功能、感染四项、血常规、心电图检查，拟行鼻头缩小术等治疗，符合诊疗规范。(2)依据规范，术前2－3d应使用抗生素滴鼻，病历中未见相关记载，病历中也未见术前设计、画线等。另外，全身麻醉术前应给予禁食禁水等准备，该手术不是急诊手术，应准备充分，将手术风险降到最低。因此视为医方术前准备不充分，对手术风险评估不足……(三)关于北京某某医疗美容门诊部有限公司对被鉴定人肖某诊疗过程中存在的医疗过错行为与其损害后果之间因果关系，参与度的分析:1. 北京某某医疗美容门诊部有限公司在对被鉴定人肖某的诊疗过程中存在以下医疗过错行为:(1)术前准备不充分,对手术风险评估不足……鉴于被鉴定人在术前已经签署了麻醉、手术同意书,则表示愿意承担相关的风险,但是医方在麻醉告知书中没有告知拟实施的麻醉方式,麻醉方式是在手术同意书中告知的,告知不充分……"

鉴定意见为,北京某某医疗美容门诊部有限公司在对被鉴定人肖某的诊疗过程中存在以下医疗过错行为:(1)术前准备不充分,对手术风险评估不足;(2)对患者术中出现血氧下降重视不足,未及时查找病因并给予相应的处理,未评估患者机体是否受损、能否继续承受手术,存在不足。

2. 法院判决

法院认为,患者在诊疗活动中受到损害,医疗机构及其医务人员有过错的,由医疗机构承担赔偿责任。北京中正司法鉴定所出具鉴定意见认定被告在原告诊疗行为中存在医疗过错,其过错与损害后果之间存在一定因果关系,建议医方占主要原因,故法院确定由被告承担75%的赔偿责任。判决被告北京某某医疗美容门诊部有限公司赔偿原告肖某各项经济损失等合计2,103,478.57元。

二、实务分析

我国《民法典》第1225条规定:"医疗机构及其医务人员应当按照规定填写并妥善保管住院志、医嘱单、检验报告、手术及麻醉记录、病理资料、护理记录等病历资料。患者要求查阅、复制前款规定的病历资料的,医疗机构应当及时提供。"《医疗美容服务管理办法》第19条规定:"执业医师对就医者实施治疗前,必须向就医者本人或亲属书面告知治疗的适应症、禁忌症、医疗风险和注意事项等,并取得就医者本人或监护人的签字同意。未经监护人同意,不得为无行为能力或者限制行为能力人实施医疗美容项目。"

医学文书是记载医疗信息的载体,临床常见的就是病历资料,在医疗管理、医疗纠纷和预防处理中发挥着重要作用,是判断医疗行为是否存在过错的最主要证据。在医疗美容服务过程中,同样如此。如果病历书写不完善,如没有复诊记录、手术记录没有记录患者起始及结束时间、手术记录中没有详细记录手术过程等,会视为医方病历书写不规范。同时,如果医疗美容机构的医疗文书过于简单,术前检查不够全面,医疗风险告知和术前准备不充分,对手术风险评估不足等,会被视为医方存在过错,造成求美者损害,应当承担相应的赔偿责任。本节所述案例中,医方有的存在病历书写不规范,有的术前记录、术前检查不全面,有的术前准备不充分,导致在实际诊疗活动中存在过错,而需承担一定的赔偿责任。

第六节　医务人员的告知义务和求美者的知情权

一、典型案例

(一)李某诉佛山市南海区某甲医疗美容有限公司、谷某勇、吕某平医疗损害责任纠纷案[1]

1. 基本案情

2022 年 5 月 28 日,原告李某到被告佛山市南海区某甲医疗美容有限公司处接受"玻尿酸填充双侧胸部"手术。

2022 年 6 月 19 日,原告感到不适,到乌鲁木齐市中医医院进行门诊就诊,进行了多项检查,其中超声提示:"双乳部分皮下软组织结构疏松,回声欠均匀。左侧乳腺内无回声,考虑:扩张的导管可能,建议随诊。双侧乳腺增生并双乳内导管扩张,BI－RADS:2 类。请结合临床。双侧腋窝多发低回声,考虑淋巴结(反应性)可能。"之后,2022 年 7 月 10 日、9 月 13 日、9 月 23 日、10 月 22 日、10 月 30 日,2023 年 2 月 6 日和 2 月 9 日,原告先后到佛山市南海区某甲医疗美容有限公司、新疆医科大学第一附属医院、广州市某医疗美容门诊部有限公司、茂名市人民医院、广东燕岭医院进行了 7 次门诊检查、治疗。

另查明,本案诉讼前,原告向法院申请诉前医疗损害及伤残等级、误工期、护理期和营养期鉴定,法院委托广东明镜司法鉴定中心进行上述鉴定,该中心于 2023 年 9 月 18 日作出了司法鉴定意见书。

该鉴定意见书对因果关系分析说明如下:"……(二)佛山市南海区某甲医疗美容有限公司对李某的诊疗行为存在以下过错:1、医方未尽告知义务。

---

[1] 参见广东省佛山市南海区人民法院民事判决书,(2023)粤 0605 民初 30191 号。

李某因母乳喂养小孩后自觉乳房偏小，萎缩加重。医方对李某行玻尿酸填充双侧胸部，虽与患者签订手术知情同意书，医方未告知治疗方法和替代医疗方案及最经济最安全的治疗方案供患者根据自己的条件进行选择。术后病情变化，医方应及时进行诊治的同时，应如实告知患者的病情。医方违反了《中华人民共和国民法典》第一千二百一十九条规定‘医务人员在诊疗活动中应当向患者说明病情和医疗措施。需要实施手术、特殊检查、特殊治疗的，医务人员应当及时向患者具体说明医疗风险、替代医疗方案等情况，并取得其明确同意；不能或者不宜向患者说明的，应当向患者的近亲属说明，并取得其明确同意’。2、医方违反诊疗常规和规范。一是术前未按规范对患者进行临床检查，包括乳房的大小，硬度，手术适应症和禁忌症等进行诊断和鉴别诊断，再作出诊疗方案。二是对李某使用由谷某勇、吕某平销售给李某的无生产厂家，生产日期，药品生产批准文号和产品批号的‘透明质酸’进行丰乳，违反《中华人民共和国药品管理法》和《医疗器械监督管理条例》相关规定。三是操作不规范。患者经用玻尿酸填充双侧胸部后，双侧乳房质硬，柔软度欠佳，移动度差，与手术医师的操作和使用过量填充物有关。3、医方对患者检查，诊断，特别是手术过程未能如实记录。违反了《医疗质量安全核心制度要点》病历管理制度，‘医疗机构应当建立住院及门急诊病历管理和质量控制制度，严格落实国家病历书写、管理和应用相关规定，建立病历质量检查、评估与反馈机制。医疗机构病历书写应当做到客观、真实、准确、及时、完整、规范，并明确病历书写的格式、内容和时限。’之规定。（三）谷某勇、吕某平对李某的诊疗行为存在以下过错：据医方及李某证实，2022 年 5 月 28 日佛山市南海区某甲医疗美容有限公司对李某进行丰乳的产品由谷某勇、吕某平销售给李某，其产品用玻璃瓶封装，标有‘透明质酸’字样，未标注生产厂家，生产日期，药品生产批准文号，产品批号，使用适应症，禁忌症，有效期等；谷某勇、吕某平违反了《中华人民共和国药品管理法》第九十八条之规定。（四）佛山市南海区某甲医疗美容有限公司及谷某勇、吕某平对李某的诊疗行为与损害后果之间的因果关系以及参与度。根据《中华人民共和国民法典》第一千二百一十八条规定‘患者在诊疗活动中受到损害，医疗机构或者其医务人员有过错的，由医疗机构承担赔偿责任’。医方未尽告知义务，违反诊疗常规和规范，已构成医疗损害；对患者出现的损害后果医方应承担相应的责任。根据《医疗损害司法鉴定指南》（SF/T

0097－2021）标准7.3.5之规定，医疗过错行为是导致患者损害后果的主要原因，患者病情本身的特点、自身健康状况、体质的特殊性或者限于当时医疗水平等因素只起次要作用，若没有医疗过错，损害后果一般不会发生。参照《人身损害与疾病因果关系判定指南》（SF/T 0095－2021）附录A之规定，佛山市南海区某甲医疗美容有限公司和谷某勇、吕某平对李某的诊疗行为存在过错，其过错与患者的损害后果之间存在因果关系，过错系主要原因，损害参与程度为56%~95%（建议75%，其中佛山市南海区某甲医疗美容有限公司为25%，谷某勇、吕某平为50%）。（五）李某的伤残程度鉴定。被鉴定人李某在佛山市南海区某甲医疗美容有限公司进行玻尿酸丰乳失败，遗留双侧乳房质硬，活动度差，法医临床检查见：双侧乳房质硬，以内上象限为甚，活动度差，触痛（＋），阅广东燕岭医院MR片（日期：2023年2月6日，号：119672）示：双侧乳房隆乳术后改变，双侧植入信号异常，双侧乳房皮下软组织肿胀，按照《人体损伤致残程度分级》标准5.9.3.8）之规定，评定为九级伤残。（六）李某的误工期、护理期、营养期评定。被鉴定人李某在佛山市南海区某甲医疗美容有限公司进行玻尿酸丰乳失败，遗留双侧乳房质硬，活动度差，阅广东燕岭医院MR片（日期：2023年2月6日，号：119672）示：双侧乳房隆乳术后改变，双侧植入信号异常，双侧乳房皮下软组织肿胀，按照《人身损害误工期、护理期、营养期评定规范》（GA/T 1193－2014）标准7.14，其误工期评定为60日，护理期评定为15日，营养期评定为30日。”

该鉴定意见书的鉴定意见为：“1、佛山市南海区某甲医疗美容有限公司和谷某勇、吕某平对李某的诊疗行为存在过错，其过错与患者的损害后果之间存在因果关系，过错系主要原因，损害参与程度为56%~95%（建议75%，其中佛山市南海区某甲医疗美容有限公司为25%，谷某勇、吕某平为50%）。2、被鉴定人李某的损伤，评定为九级伤残。3、被鉴定人李某的误工期评定为60日，护理期评定为15日，营养期评定为30日。”

2. 法院判决

法院认为，本案为医疗损害责任纠纷。根据鉴定意见，鉴定机构认定佛山市南海区某甲医疗美容有限公司和谷某勇、吕某平对李某的诊疗行为存在过错，其过错与患者的损害后果之间存在因果关系，过错系主要原因，综合鉴定意见书关于该部分的分析说明及该案的相关事实，法院酌定原告自行承担25%的责任，佛山市南海区某甲医疗美容有限公司承担25%的责任，谷某勇、吕某平承担50%的责任。

针对原告的诉求，参照广东明镜司法鉴定中心出具的鉴定意见及政府统计部门发布的信息并依据最高人民法院《关于审理人身损害赔偿案件适用法律若干问题的解释》的规定，判决佛山市南海区某甲医疗美容有限公司向李某赔偿105,955.24元；谷某勇、吕某平向李某赔偿195,610.49元。

（二）杨某桃诉广州某医学美容医院有限公司医疗损害责任纠纷案[1]

1. 基本案情

2022年6月2日，原告通过微信向被告广州某医学美容医院有限公司的工作人员咨询大腿、臀部抽脂效果。6月3日，原告在被告处做了检查，后被告工作人员向原告发送了检查报告，其中语音回复转文字为“你的身体指标儿挺好的，亲爱的，不用担心，我都看了一遍，没有问题”，文字信息为“没事，都挺好的”“明天麻醉再看一下，放心吧”。

2022年6月4日，原告到被告处住院。入院记录上载明，主诉为“自觉臀上及双侧大腿肥胖3年，哺乳后乳房形态不佳1年余”，婚育史为“已婚已育，配偶及子女体健”，月经史为“14岁4～5天/28～30天2022年5月6日，未在行经期”，辅助检查包括血常规、血清、血糖、尿常规、凝血四项、丙型肝炎病毒、新型冠状病毒检测、××两对半、艾滋病检测、梅毒检测、胸部正位X线、心电图、乳腺B超。入院诊断为臀上脂肪堆积、大腿脂肪堆积、哺乳后乳腺萎缩。

同日，原告签署了脂肪整形术及腹壁整形术术前告知暨知情同意书、乳房美容手术术前告知暨知情同意书，并均在最下方处手写有“对以上内容及费用已知悉，同意手术”。上述两份术前告知暨知情同意书上均载明：“一、禁忌症。就医者应如实将自己的既往病史告诉医师，以便医师正确判断和治疗。尤其若有下列疾病：……备孕中（因HCG检测的时限性，所以顾客术前是否怀孕需自行负责）等情况一般不宜手术。若隐瞒以上病史或特殊情况，由此出现的不良后果，由就医者负责。二、医疗风险。（一）一般风险：……2. 受医学发展水平所限，目前美容手术尚无法满足人们的所有要求；术前就医者与医师应进行充分沟通，客观地认识手术的美容效果。术后

---

〔1〕 参见广东省广州市白云区人民法院民事判决书，（2024）粤0111民初257号。

一年内,医院根据情况免费给予同项目手术调整或修复,术前所收费用不退。……8.月经周期内的早早孕实验结果不具备早孕的确诊诊断(早期假阴性),顾客可根据自己意愿选择手术。……六、患者或其监护人声明。本人已经仔细阅读了告知书的全部内容,对于医疗美容手术的适应症、禁忌症、医疗风险、注意事项及医疗摄影等已经有了明确的认识,并表示同意,经慎重考虑,决定接受手术。"

同日,原告签署了《麻醉知情同意书》《顾客全身麻醉授权委托书》《静脉留置针置管术操作同意书》《留置导尿术护理操作同意书》。

同日,被告对原告在静脉复合全麻下进行臀上、大腿吸脂术,自体脂肪丰乳术。

2022 年 6 月 5 日,原告自被告处出院,并签署了《自动出院协议书》。出院诊断同入院诊断,出院情况为"出院时一般情况可,伤口换药切缘对合好,未见红肿、渗血、未见脓性分泌物,双侧乳房对称,形态佳。目前未见术后并发症"。

2022 年 7 月 5 日,原告给被告的工作人员发微信:"我 5 月 6 号来月经的,上个月本来 6 号来的,4 号做了手术到现在 7 月都没来"。被告的工作人员语音回复,转文字为:"嗯,有些人是两三个月的"。原告回复:"不知道是不是手术影响了内分泌"。被告的工作人员语音回复,转文字为:"有一些顾客会有一些影响,大概半年左右才恢复正常。"

2022 年 7 月 8 日,原告在微信上给被告的工作人员发送了一张图片,并发信息:"这种情况你们医院怎么处理?"被告的工作人员语音回复,转文字为:"这种情况不属于我们医院处理范围内呀。"原告回复:"你问清楚领导再回复我吧,这是属于医疗事故的一种了,如果我怀孕了就可以选择不做,现在打了全麻,孩子还能要吗"。被告的工作人员语音回复,转文字为:"你自己先去咨询一下吧,反正这不是属于我们医院处理的范围内的。"原告回复:"那你们验尿验血为了什么?不是防止病人有怀孕或者其他疾病之类不能做手术吗?这不是最基本的吗"。被告的工作人员语音回复,转文字为:"验血验尿,不是为了验你这些怀孕的问题的,怀孕的问题,做手术之前,首先你个人去确认你有没有怀孕,如果你没有怀孕,或者是你自己怀疑你自己怀孕了,那你就要跟我们讲的。"

2022 年 7 月 9 日,原告到江门市妇幼保健院的计划生育科进行门诊检查，其中超声检查报告单显示“宫内早期妊娠，胚胎存活，约孕8周大小”。

同日，原告在微信上给被告的工作人员发送了一张超声检查报告单的照片，并发信息：“我怀孕了，你们做手术之前不是验血验尿了吗？怎么都查不出来呢”。被告回复：“你的月经不满一个月”。原告回复：“5月6号月经，4号手术”“就差2天”。被告的工作人员回复：“对呀”“没有满呀”。原告回复：“你们验血验尿，你们不可能不知道的”“你们是没有去验怀孕这个项目吗”“假如我知道怀孕就不可能手术啊”。

2022年7月12日，原告在江门市妇幼保健院进行了人工流产手术。

2023年6月2日，原告在江门市人民医院进行门诊检查，超声检查报告显示“双侧乳腺增生（BI－RADS3类）”。

诉讼中，原告明确在本案中不对被告的医疗行为是否存在医疗过错进行鉴定，被告的过错明显；其在被告处做手术前是离异状态，已生育了一孩，当时有一个正在交往中的男朋友，在不知道怀孕的情况下做了涉案手术；被告在2022年6月3日时有了解过其性生活、月经、有无男朋友、有无生育小孩的情况，其在手术前也有告知被告进行性生活时没有采取避孕措施，因为其是准备结婚的；被告在2022年6月4日手术前几分钟让其签术前告知暨知情同意书时，才告知怀孕和有备孕计划的不能进行整形手术，让其照抄了一句话，因被告给其做了检查，说其身体一切符合要求没有问题，其才觉得应该不可能怀孕，才进行手术的；当时被告没有告知其具体的检查内容，也没有给其检查报告，只是说有一个3680元的术前检查。

被告抗辩称，在术前有了解过原告性生活、月经、有无男朋友、有无生育小孩的情况，知晓原告在手术前是离婚状态，已生过小孩，但不清楚原告进行性生活有无采取避孕措施，有告知原告怀孕和有备孕计划的不能进行整形手术；在原告手术前，已为原告进行了血清检查、血浆检查、全血检查、不包含早孕检查，已告知原告没有进行早孕检查。

2. 法院判决

法院认为，《民法典》第1218条规定：“患者在诊疗活动中受到损害，医疗机构或者其医务人员有过错的，由医疗机构承担赔偿责任。”第1219条规定：“医务人员在诊疗活动中应当向患者说明病情和医疗措施。需要实施手术、特殊检查、特殊治疗的，医务人员应当及时向患者具体说明医疗风险、替代医疗方案等情况，并取得其明确同意；不能或者不宜向患者说明的，应当向患者的近亲属说明，并取得其明确同意。医务人员未尽到前款义务，造成患者损害的，医疗机构应当承担赔偿责任。”本案中，被告作为医疗机构，明知患者怀孕和有备孕计划的不能进行整形手术，但被告在术前并未了解原告有无怀孕或备孕计划、性生活有无采取避孕措施，在对原告进行身体检查时未进行早孕检查，也无证据显示已告知原告在手术前应自行进行早孕检查，并在向原告传达检查结果时告知原告“身体指标挺好”“没有问题”，由此造成原告在未排查出已怀孕的情况下进行了手术，对原告的损害存在过错。原告作为具有完全民事行为能力的成年人，明知在手术前未采取避孕措施，在被告知有怀孕和备孕计划情形的不能进行整形手术后，未进一步核实有无怀孕，由此造成自己在未排查出已怀孕的情况下进行手术，对自身的损害亦存在一定的过错。综上，法院认定被告应对原告的损害后果承担70%的赔偿责任，原告应自行承担30%的损失。判决被告广州某医学美容医院有限公司赔偿原告杨某桃53,918.83元。

（三）邢某某与上海某医疗美容医院有限公司医疗损害责任纠纷案[1]

1. 基本案情

2016年7月17日，原告邢某某与被告上海某医疗美容医院有限公司签订医疗美容服务合同，约定由被告为原告实施自体脂肪隆乳、鼻中隔、耳软骨、假体隆鼻、自体脂肪填充面部手术。2016年7月18日，原告因注射隆鼻术后形态不满意1年余，入住被告处，行鼻部注射材料取出术、假体隆鼻术、鼻中隔耳软骨鼻尖成形术，后于7月25日出院。同年12月11日，原告因面部凹陷及双侧乳形态欠佳不满意1年第2次入住被告处，行自体脂肪丰面部、丰乳术，后于12月17日出院。2017年6月5日，原告因双侧眼部形态欠佳不满意3年余就诊于被告门诊，当天行双侧重睑术后修复术、双侧上睑下垂矫正术、双侧外眦开大术、下睑下至术、经皮肤入路双侧下睑袋祛除术加眶隔脂肪释放术。2017年12月18日，原告因假体隆鼻术后1年形态欠佳不满意第3次入院，行假体隆鼻术后修复术、肋软骨鼻尖成形术、歪鼻矫正术，后于12月26日出院。2018年5月17日，原告因乳房形态不满意1年第4次入院，行内窥镜辅助下双侧假体隆乳术，后于5月24日出院。同年5月

---

〔1〕 参见上海市静安区人民法院民事判决书，(2023)沪0106民初20869号。

31 日,因重睑术后 1 年余形态不佳就诊于被告门诊,当天行双侧重睑修复术。2019 年 6 月 13 日,原告查 B 超显示双侧乳房脂肪层多发囊性结节,双乳房内假体未见异常。同年 9 月 4 日,原告因眼部整形术后形态欠佳 1 年余至被告处就诊,后于 9 月 7 日行双侧外眦开大术后修复术。

2020 年 6 月 30 日,原告因重睑术后双侧重睑不等宽就诊于上海交通大学医学院附属第九人民医院。查体为左侧重睑略宽,双侧上睑凹陷,双侧下睑外翻,睑结膜外露。建议下睑悬吊。同年 7 月 3 日,原告查乳腺 MRI 增强显示双侧隆乳术后改变,假体位置正常,假体有折叠表现;双侧乳腺增生(伴结节样增生),右乳内下象限结节(BI－RADS4 类)。8 月 27 日,因发现左乳内下肿块就诊于上海长征医院。建议超声介入科就诊或密切随访。

审理中,法院委托上海市徐汇区医学会进行医疗损害鉴定,上海市徐汇区医学会出具医疗损害鉴定意见书,就医方行为作出以下分析:(1)手术前应该明确诊断,掌握手术适应证,根据患者的具体情况选择正确的术式。医疗行为中不应该存在诱导性的商业合同。根据医疗的不伤害原则,避免过度医疗。(2)根据医方提供的照片不支持患者有上睑下垂的诊断,医方施行双侧上睑下垂矫正术无指征。2019 年 9 月 7 日医方行双侧外眦开大术后修复术,手术适应证及修复方式选择不当,导致患者双下睑外翻畸形、外眦瘢痕增生加重,属于过度医疗。(3)患者体格偏瘦,皮下脂肪少,行自体脂肪隆乳术属于适应证选择不当,虽然再次经双侧假体隆乳术后乳房形态改善,但是目前乳房的多发结节为自体脂肪隆乳术所致。

关于损害后果和损害程度分析:患者目前双侧下睑外翻畸形、双外眦明显瘢痕、双乳多发结节,符合《医疗事故分级标准(试行)》三级戊等"器官部分缺损或畸形,有轻微功能障碍,无医疗依赖,生活能自理",对应十级伤残。

因果关系和原因力分析:(1)医方的医疗行为是患者目前双侧下睑外翻畸形、双外眦明显瘢痕、双乳多发结节的主要原因。(2)患者小乳症及双眼皮埋线术后要求进一步美化眼睛,有手术指征;医方数次手术前均明确告知患者手术风险及并发症,患者知情并签署知情同意书,须承担一定的手术风险。

综上所述,鉴定意见为:(1)本例属于对患者人身的医疗损害。(2)上海某医疗美容医院有限公司在医疗活动中存在诊断不准确、手术适应证以及手术方式选择不当的过错,与患者的人身医疗损害状况存在主要的因果关系。(3)参照《医疗事故分级标准(试行)》,患者的人身医疗损害状况为双侧下睑外翻畸形、双外眦明显瘢痕和双乳多发结节,符合三级戊等医疗事故,构成十级伤残。(4)本例医疗损害医疗过错的参与程度为主要原因力。

后上海市徐汇区医学会出具医疗损害三期鉴定意见书,评定原告的休息期为30日、护理期为3日、营养期为7日,医疗过错的参与程度为主要原因力。

2. 法院判决

法院认为,医疗损害责任的构成,以医疗行为存在过错,该过错与患者的人身损害后果之间具有因果关系为要素。由于临床医疗行为的专业性、复杂性、实践性,对于上述要素的判断,依赖于具有精深医学知识和丰富临床经验的医学专家专业评判。本案经上海市徐汇区医学会组织医疗专业领域的专家进行评判,作出的鉴定意见法院已予以采信,对于被告应当承担的医疗损害责任,将把鉴定意见作为认定的主要依据。考虑到被告方的过错行为以及原告的损害后果等因素,法院酌情确定由被告按照70%的比例赔偿原告损失。判决被告上海某医疗美容医院有限公司支付原告邢某某赔偿款139,294.79元。

(四)马某某诉北京某某整形医疗美容门诊部有限责任公司医疗损害责任纠纷案〔1〕

1. 基本案情

原告于2019年3月8日到被告处就诊,主诉:乳房萎缩下垂形态不满意4年余。入院诊断为:(1)乳房萎缩双侧哺乳后;(2)乳房下垂双侧哺乳后;(3)双侧乳头高低不对称;(4)双侧乳房大小不对称;(5)左右侧胸廓不对称。当日,原告在被告处进行"垂直切口法双侧乳房上提术+乳房假体植入隆胸术"。2020年11月28日,原告前往解放军总医院海南医院检查,超声报告单中超声印象显示:(1)符合双侧乳腺假体隆胸术后声像图改变,(2)右侧乳腺6点乳晕旁假体浅层边缘局限性凸起,建议复查。原告于2021年10月30日至11月4日在上海交通大学医学院附属第九人民医院住院,2021年11月1日进行了"带蒂复合组织瓣成形术、隆乳术后继发畸形矫正术、乳

〔1〕 参见北京市朝阳区人民法院民事判决书,(2021)京0105民初41411号。

腺假体取出术、轴型组织瓣形成术”。

案件审理过程中，经原告申请，商被告同意，委托北京中衡司法鉴定所就“原告的损害后果是什么、被告对原告的诊疗行为是否存在过错，如存在过错，该诊疗行为与损害后果是否存在因果关系及原因力大小、误工期、护理期、营养期”进行司法鉴定。

“五、分析说明

“根据案件相关材料及双方陈述意见，并会同相关临床医学专家，经认真分析讨论，达成一致意见如下：

“（一）关于北京某某整形医疗美容门诊部有限责任公司对被鉴定人诊疗行为的评价：

“被鉴定人马某某。向被鉴定人告知相关手术方式及可能风险及并发症等，被鉴定人知情同意并签字。于当日在局麻＋镇静下行‘垂直切口法双侧乳房上提术＋乳房假体植入隆胸术’，术中站立位涉及标记位置后，平卧位常规消毒铺巾后，于乳腺下缘切开皮下脂肪组织至乳腺后间隙，向上于乳腺后间隙剥离形成置入腔隙，置入光面圆形中凸乳房假体，右侧 200cc，左侧 225cc，手术顺利，术后头孢呋辛钠抗炎、白眉蛇毒血凝酶止血及补液等治疗，4 天拔出引流管，切口愈合出院。2020 年 11 月 28 日外院行超声示：右侧乳腺 6 点乳晕旁假体浅层边缘局限性凸起。被鉴定人自觉乳房胀痛，于 2021 年 10 月 30 日入住上海第九人民医院并于 11 月 1 日行假体取出术。医方为被鉴定人行‘直切口法双侧乳房上提术乳房假体植入隆胸术’有手术指征，手术方式合理。医方假体置于乳旅后间限但所置入的假体（右侧 200cc、左侧 225cc）选择偏大，同时未将其他可行术式进行充分沟通，医方存在过错。

“（二）关于北京某某整形医院美容门诊部有限责任公司医疗行为与被鉴定人损害后果的因果关系分析；被鉴定人因乳房萎缩下垂形态不满意于医方行‘双侧乳房上提＋乳房假体植入隆胸术’，术后发生包膜挛缩，自觉疼痛，2 年半后外院行假体取出术。人工乳房假体隆乳术，依据假体的被覆组织厚度可以选择乳腺后平面、胸大肌筋膜下平面、胸大肌下平面以及双平面等层次。乳腺后平面要求患者乳房有较好的组织厚度，选用的假体直径不超过患者乳房的直径。乳腺后平面术式简单、手术时间较短、不需要离断肌肉、手术创伤相对较小、术后疼痛轻恢复快，且能避免胸大肌下隆乳所致的假体变形。变硬等并发症。乳房假体隆乳术的并发症；感染；血肿；乳头乳晕感觉障碍;包膜挛缩;其发生原因目前尚不明确,可能与术中出血、异物、剥离腔隙过小等原因有关,出现包膜挛缩应彻底切除包膜,重新定位腔隙并更换假体;假体破裂;假体可触及、假体外露;这种情况的出现是由于组织过薄,假体缺少足够的组织覆盖造成,应避免选择过大的假体,并在术中保持一定的组织厚度以形成对假体的覆盖……

“本案,被鉴定人因哺乳后双侧乳房后萎缩下垂,到医方要求隆乳手术,有手术指征。听证会上临床专家及鉴定人对被鉴定人进行查体;被鉴定人体型偏瘦,皮下组织厚度偏薄;站立位见;双侧乳房对称,外形丰满,乳房皮肤张力较高,可见血管走形,假体轮廓触感明显,右侧乳房乳晕旁局部略凸起,触痛(－),与医方选择假体偏大及层次有关;医方术前未将其他可行术式进行充分告知,影响被鉴定人方的选择;医方存在过错,与被鉴定人的损害后果存在一定的因果关系。综合考虑,被鉴定人有手术要求;隆乳术后包膜挛缩为该项手术常见且难以完全避免的并发症;自身需承担相关风险。

“六、鉴定意见

“北京某某整形医院美容门诊部有限责任公司在对被鉴定人的诊疗过程中存在过错,该过错与被鉴定人的损害后果有因果关系,属次要原因。”

2. 法院判决

法院认为,本案患者于 2019 年 3 月 8 日在被告处进行诊疗后,于 2020 年 11 月发现被告诊疗行为导致其存在损害后果,故本案依法适用原《侵权责任法》的相关规定。患者在诊疗活动中受到损害,医疗机构及其医务人员有过错的,由医疗机构承担赔偿责任。法院综合考虑鉴定意见、在案病历、患者损害后果出现的时间的情况等因素,依法酌情确定由被告对原告的合理损失按照 20% 责任比例予以赔偿。判决被告北京某某整形医疗美容门诊部有限责任公司赔偿原告马某某医疗费 40,731.6 元、二次手术费用 6665 元、护理费 1350 元、营养费 450 元、精神损害抚慰金 1000 元。

二、实务分析

我国《民法典》第 1219 条规定:“医务人员在诊疗活动中应当向患者说明病情和医疗措施。需要实施手术、特殊检查、特殊治疗的,医务人员应当及时向患者具体说明医疗风险、替代医疗方案等情况,并取得其明确同意;不能或者不宜向患者说明的,应当向患者的近亲属说明,并取得其明确同意。医务人员未尽到前款义务，造成患者损害的，医疗机构应当承担赔偿责任。”在医疗美容服务纠纷处理中，大多数医疗美容机构疏于对接诊、咨询人员的相关培训，或基于业务收入压力，通常不会将医疗风险或替代方案告诉求美者，一旦产生纠纷，势必非常被动。

医疗美容机构对于特殊检查更要引起重视。到医疗美容机构的求美者或消费者大多是女性，尤其是年轻女性居多。术前必须对其是否怀孕进行检查，并详细告知。如本节第二个案例，就是没有对求美者是否怀孕进行详细检查并记录，导致产生纠纷。

确保求美者的知情权和选择权，除要求医疗美容机构应当在术前除告知可能采取的术式方法外，还应当将其他可行术式进行充分告知。否则，当对求美者造成损害而产生纠纷时，医疗美容机构将因未保证求美者的知情权和选择权而承担相应的责任。

第七节　从事医疗美容服务的主诊医师必须同时具备相应条件、资质

一、典型案例

（一）阿某某与成华某甲门诊部、某乙武侯浆洗街门诊部、成都某某科技有限公司医疗损害责任纠纷案[1]

1. 基本案情

2022年3月12日，阿某某因眼部形态欠佳到成华某甲门诊部进行重睑成形术、上睑下垂矫正术（左侧）、内眦赘皮矫正术。

2022年3月19日，阿某某因左眼眼红、眼痛不适6天，到某甲医院入院治疗。2022年3月24日出院，出院诊断为：（1）左眼暴露性角膜溃疡；（2）左眼睑闭合不全。同年3月30日在成都市第三人民医院门诊进行左眼上睑闭合不全松懈术。

阿某某认为，其眼部不适是2022年3月12日的整形手术造成的，遂向

---

〔1〕 参见四川省成都市成华区人民法院民事判决书，(2023)川0108民初4718号。

法院提起诉讼。诉讼过程中委托四川中信司法鉴定中心进行司法鉴定，鉴定材料包含阿某某提交的病案号为Z2022031201的门诊病历，其载明：2022年3月12日，阿某某主诉“自觉眼部重睑形态欠佳影响美观3+年”，诊断为单睑、上睑下垂（左侧）、内眦赘皮，处理意见为：（1）重睑形成术、上睑下垂矫正术（左侧）、内眦赘皮矫正术；（2）术后1天清洗、换药；（3）定期复查；（4）术后7天拆线；（5）如有不适，随诊。徐某某在前述门诊病历医师签名处签字。同日，阿某某在局部麻醉下进行“重睑形成术、上睑下垂矫正术（左侧）、内次赘皮矫正术”，主刀医师、麻醉医师均为徐某某。手术前后阿某某分别签署了局部麻醉同意书、眼、眉美容手术知情自愿书、静脉采血知情同意书、眼部整形术后须知、手术美容前谈话记录，前述病历资料左上角均有“某某医疗美容”字样，加盖有成华某甲门诊部医务科印章。

2023年7月28日，四川中信司法鉴定中心作出司法鉴定意见书，载明：根据成华某甲门诊部病历记载，行“重睑成形术、上睑下垂矫正术（左侧）、内眦赘皮矫正术”手术方式选择并无不妥，但是术前未针对上睑皮肤松弛的情况进行处理，未充分评估上直肌、上睑提肌功能，手术时机选择欠妥。目前阿某某左眼暴露性角膜炎、左上睑闭合不全，眼睑闭合不全主要表现为上下眼睑不能完全闭合，使部分眼球暴露，暴露的眼角膜、眼结膜容易导致暴露性角膜炎、结膜炎，若长时间暴露，角膜、结膜的上皮细胞会损伤，导致修复困难，形成角膜溃疡、角膜白斑等。眼睑闭合不全的病因多为外伤、面神经麻痹导致眼轮匝肌收缩功能障碍，使眼睑不能完全闭合。常见于卒中、听神经肿瘤、甲亢等引起的眼球突出等，再者眼眶内容物过大，也可使眼睑闭合不全。该例眼睑闭合不全未见上述疾病的诊断。术前左眼睑无闭合不全的表现，双睑成形术后即出现了左眼闭合不全，应属于术中左眼睑损伤所致。眼科的手术属于精细的手术，要求术者必须具备相应的技术职称和能力。《医疗美容服务管理办法》第11条规定：“负责实施医疗美容项目的主诊医师必须同时具备下列条件：（一）具有执业医师资格，经执业医师注册机关注册；（二）具有从事相关临床学科工作经历。其中，负责实施美容外科项目的应具有6年以上从事美容外科或整形外科等相关专业临床工作经历；负责实施美容牙科项目的应具有5年以上从事美容牙科或口腔科专业临床工作经历；负责实施美容中医科和美容皮肤科项目的应分别具有3年以上从事中医专业和皮肤病专业临床工作经历；（三）经过医疗美容专业培训或进修并合格,或已从事医疗美容临床工作1年以上;(四)省级人民政府卫生行政部门规定的其他条件。"成华某甲门诊部未提供主诊医师专业培训或进修并合格的证明;手术操作损伤左眼睑,致左眼睑闭合不全;医方未告知外聘主诊医师,因此,医方存在过错。综合鉴定分析认为,成华某甲门诊部对阿某某的诊断中存在过错,其过错与患者阿某某左眼暴露性角膜炎、角膜白斑、左上睑闭合不全损害后果之间存在直接因果关系,原因力大小为全部原因。鉴定意见:(1)成华某甲门诊部对阿某某的诊疗存在过错,其过错与患者阿某某左眼暴露性角膜炎、角膜白斑、左上睑闭合不全损害后果之间存在直接因果关系,原因力大小为全部原因。(2)被鉴定人阿某某左上睑闭合不全,属十级伤残。产生鉴定费14,200元。

2023年11月8日,四川中信司法鉴定中心向法院出具《关于主诊医师执业资质补充说明》,载明:"本案主诊医师徐某某2021年1月23日主要执业机构变更为某乙武侯浆洗街门诊部,2022年6月16日主要执业机构变更为成华某甲门诊部,2023年1月5日主要执业机构变更为某丙医疗美容诊所,2023年5月24日主要执业机构变更为成华某甲门诊部……徐某某2022年6月16日前主要执业机构为某乙武侯浆洗街门诊部,而不是成华某甲门诊部,属于外聘,但从送检的成华某甲门诊部病历来看,并没有外聘医师相关记录,也没有告诉患者手术主诊医师是外聘,侵犯了患者的知情同意权。同时也未提供主诊医师专业培训或进修并合格的证明。医方存在过错。"

2. 法院判决

法院认为,本案主诊医师徐某某于2015年8月10日取得执业医师执业证书,2021年4月18日取得整形外科学中级卫生专业技术资格证书,符合《医疗美容服务管理办法》第11条关于负责实施医疗美容项目的主诊医师的相关规定,且徐某某在为阿某某进行整形手术时执业机构为某乙武侯浆洗街门诊部,不属于外聘医生。但徐某某在进行手术中操作损伤阿某某左眼睑,致其左眼睑闭合不全,存在过错,是导致阿某某左眼暴露性角膜炎、角膜白斑、左上睑闭合不全的直接原因,应当由某乙武侯浆洗街门诊部承担侵权责任。某乙武侯浆洗街门诊部作为某某公司的分公司不具有法人资格,其民事责任应由成都某某科技有限公司承担。判决被告成都某某科技有限公司向原告阿某某赔偿137,311.63元。

(二)张某某与重庆某整形医院医疗服务合同纠纷申诉、申请再审案[1]

1. 基本案情

再审申请人张某某因与被申请人重庆某整形医院医疗服务合同纠纷案,不服重庆市第一中级人民法院(2023)渝01民终13158号民事判决,申请再审。理由如下:(1)注射用玻璃酸酶说明书在用法用量部分载明:“皮试取上述药液……”“本品有导致感染扩散的风险,不当注射于感染炎症区及其周围组织……”注射用透明质酸钠凝胶说明书载明:“有严重过敏性反应的患者禁止使用……”然而,重庆某整形医院未给张某某做皮试且在感染区注射溶解酶,该行为属于根本违约。(2)“透明质酸钠凝胶”是医疗器械而非药品,某医师没有资质,重庆某整形医院未将某医师没有资质的情况告知张某某,侵犯了张某某的知情权,重庆某整形医院构成消费欺诈,应承担3倍赔偿责任。(3)某医师未按规范注射,张某某因手术产生不适反应后,重庆某整形医院未告知张某某到专科医师咨询和治疗。重庆某整形医院存在过错行为,应当承担赔偿责任。根据鉴定机构出具的意见,张某某左鼻翼栓塞瘢痕是因注射透明质酸形成。根据《民法典》第1222条的规定,应推定重庆某整形医院有过错。(4)张某某签署的知情同意告知书是格式条款,因而无效,不能成为该医院的免责依据。

某整形医院未予答辩。

2. 法院裁定

法院经审查认为,张某某申请再审的理由不能成立,评析如下:

(1)根据原审查明的基本事实,某医师虽然于2011年获得卫生部门颁发的执业医师资格证,具备相应的行医资格,但是某医师的医师执业类别最初为“临床”,于同年6月变更为“外科专业”,而重庆某整形医院为张某某所行“A型肉毒毒素美容注射”为美容外科一级项目,某医师的证书中并未载明其具备医疗美容主诊医师资格。原卫生部《关于美容中医科开展整形美容手术是否认定超范围执业的批复》中指出:“根据《医疗美容服务管理办法》第二条和《医疗美容项目(试行)》,诊疗科目仅登记为美容中医科的医

---

[1] 参见重庆市高级人民法院民事裁定书,(2024)渝民申3160号。

疗美容机构开展整形美容手术,应认定为超范围执业。”前述批复内容针对的主体虽然为美容机构并非医师个人,但也能从中看出卫生部门对医疗美容机构及其从业人员进行医疗美容项目分级管理的诊疗规范。可见,原审法院据此认定某医师在为原告注射“A 型肉毒毒素”时不具备美容外科主诊医师资格,重庆某整形医院属于超范围执业,应承担相应违约责任,退还原告医疗服务费 3088 元,是正确的。

(2)张某某提出的消费欺诈的理由不能成立。某医师并非非法行医,张某某亦未举示重庆某整形医院存在虚假宣传等行为,至于某医师是否取得相应美容外科主诊医师资质,应属于行政管理范畴。原判决所作的该认定是正确的。

(3)张某某提出的损失赔偿理由,不能成立。因为医疗行为具有较强的专业性,而张某某在原审中未对重庆某整形医院的诊疗行为是否违反相关规范以及诊疗行为与损失之间是否存在因果关系申请鉴定,张某某在原审及再审审查阶段举示的病历及药品说明书不足以证明其主张的“重庆某整形医院存在未按照药品说明书载明的用法用量进行操作”等基本事实。可见,原审未支持张某某的赔偿损失的请求并无不当。

(4)关于注射及微创整形美容治疗(手术)知情同意书的效力问题。张某某在一审和二审中并未提出该理由,何况与手术相关的知情同意书内容及其签字后果应属常识,张某某提出的无效理由不能成立。

综上所述,对张某某的再审申请,法院依法应予以驳回。依照《民事诉讼法》第 215 条第 1 款,最高人民法院《关于适用〈中华人民共和国民事诉讼法〉的解释》第 393 条第 2 款的规定,再审法院裁定驳回张某某的再审申请。

二、实务分析

我国《医疗美容服务管理办法》第 11 条规定:“负责实施医疗美容项目的主诊医师必须同时具备下列条件:(一)具有执业医师资格,经执业医师注册机关注册;(二)具有从事相关临床学科工作经历。其中,负责实施美容外科项目的应具有 6 年以上从事美容外科或整形外科等相关专业临床工作经历;负责实施美容牙科项目的应具有 5 年以上从事美容牙科或口腔科专业临床工作经历;负责实施美容中医科和美容皮肤科项目的应分别具有 3 年以上从事中医专业和皮肤病专业临床工作经历;(三)经过医疗美容专业培训或进修并合格,或已从事医疗美容临床工作 1 年以上;(四)省级人民政府卫生行政部门规定的其他条件。"这里明确了负责实施医疗美容项目的主诊医师必须同时具备的全部条件,而非满足其中一项条件即可。

本节第 1 个案例中,患方(求美者)对主诊医师的资格和条件质疑,后经法院查实,案涉主诊医师符合法律规定的资格、条件,可以实施案涉医疗美容项目。虽然主诊医师的其他操作造成了求美者的损害后果,但相比达不到相应资质的主诊医师,其责任相对减轻了许多。第 2 个案例中,虽然某医师的执业类别为外科,但其在医疗美容机构执业中进行医疗美容项目服务时并未载明其具备医疗美容主诊医师资格,故其不符合《医疗美容服务管理办法》第 11 条规定的实施医疗美容项目的主诊医师条件。

第八节　诊疗过程中应当尽到对并发症、其他损害等的充分注意义务

一、典型案例

(一)胡某诉抚州某美容门诊部医疗损害责任纠纷案[1]

1. 基本案情

2023 年 3 月初,原告胡某因腰腹皮下脂肪堆积到被告抚州某美容门诊部了解抽脂项目。2023 年 3 月 9 日,被告在原告胡某签署手术知情同意书后,为其进行腰腹部皮下吸脂术。术后,原告麻醉清醒后诉腹部伤口疼痛,伴少许恶心头晕,无呼吸困难,被告为原告胡某进行抗炎止血止痛补液等治疗,2023 年 3 月 11 日 22:00,原告离院回家。2023 年 3 月 14 日 22:39,原告因腹部疼痛、出现黑便,到抚州市第一人民医院经 CT 检查,诊断印象:腹部肠管明显扩张积气,考虑肠梗阻可能性大;结合病史考虑腹壁广泛感染并积气;腹腔游离气体;胆囊结石;腹盆腔积液(血);两下肺感染性病变伴双侧胸腔少量积液,建议治疗后复查。原告胡某经与家属协商于 2023 年 3 月 15 日 3:55 转院至南昌大学第一附属医院住院治疗,在南昌大学第一附属医院行

[1] 参见江西省抚州市临川区人民法院民事判决书,(2023)赣 1002 民初 4039 号。

"小肠部分切除术 + 肠穿孔修补术 + 肠粘连松解术"。出院诊断:(1)感染性休克(主诊断);(2)急性弥漫性腹膜炎;(3)消化道穿孔;(4)粘连性肠梗阻;(5)包裹性腹腔积液;(6)胆囊结石;(7)窦性心动过速;(8)肺部感染;(9)低蛋白血症。原告胡某住院治疗 14 天,于 2023 年 3 月 29 日 8:00 出院。2023 年 3 月 31 日,原告胡某因"术后切口疼痛,且有渗出液,已持续 12 天"到瑞金市中医院继续住院治疗,于 2023 年 4 月 7 日出院。

经查,被告抚州某美容门诊部于 2019 年 8 月 8 日取得美容外科、美容皮肤科、美容中医科、麻醉科、医学检验科等诊疗科目的医疗机构执业许可证。

本案审理过程中,根据原告申请,法院委托江西神州司法鉴定中心进行以下事项鉴定:(1)被告为原告提供的诊疗行为是否存在过错,如有过错,与胡某的损害后果是否存在因果关系及参与程度大小;(2)胡某的伤残程度等级;(3)原告因此次医疗损害造成的护理期、营养期、误工期;(4)胡某因此次医疗损害造成手术瘢痕,需祛除手术瘢痕的费用。2023 年 8 月 23 日,江西神州司法鉴定中心作出司法鉴定意见书,认为:被告对患者胡某进行腰腹部皮下吸脂术过程中操作不当,导致患者肠穿孔,患者术后出现腹部疼痛难忍,医方未引起重视,导致未及时发现患者肠穿孔,使肠穿孔病情进行性进展为腹膜炎,医方在对患者诊疗过程中未尽到注意义务,存在过错,与患者肠穿孔后进行"小肠部分切除 + 肠穿孔修补术 + 肠粘连松解术"存在因果关系,为主要原因力(过错参与度为 56% ~95%);患者胡某肠穿孔后进行"小肠部分切除 + 肠穿孔修补术 + 肠粘连松解术",依据《人体损伤致残程度分级》第 5.9.4 条第 6 项、第 5.10.4 条第 3 项之规定,患者损伤达到分级标准的九级、十级伤残,依据《人身损害误工期、护理期、营养期评定规范》(GA/T 1193—2014)第 8.6.2 条之规定,自受伤之日起,评定患者误工期 120 日,护理期 60 日,营养期 120 日;鉴定机构对委托事项"需祛除手术瘢痕的费用"认为无相关标准,经与委托方沟通,不予受理。

2. 法院判决

法院认为,根据江西神州司法鉴定中心鉴定意见,被告对原告胡某进行腰腹部皮下吸脂术过程中操作不当,导致原告肠穿孔,原告术后出现腹部疼痛难忍,医方未引起重视,导致未及时发现原告肠穿孔,使肠穿孔病情进行性进展为腹膜炎,医方在对原告诊疗过程中未尽到注意义务,存在过错,与原告肠穿孔后进行"小肠部分切除 + 肠穿孔修补术 + 肠粘连松解术"存在因果关系，为主要原因力（过错参与程度为56% ～95%）。法院认为该鉴定程序合法，对被告诊疗行为评析客观适当，应予认定，被告抚州某美容门诊部在对原告行抽脂术时操作不当，术后对原告出现腹部疼痛等不良反应未引起重视，应对原告的损害结果承担主要责任。考虑被告在术前已经告知原告手术的相关风险，术后亦告知原告相关注意事项，以及从医疗机构本身隐含的正常医疗风险，原告作为成年人，在如今信息发达的时代，对医疗美容手术存在的风险或并发症应有一定预判等诸多因素，法院予以酌定被告对原告的损害后果承担70%的责任。判决被告抚州某美容门诊部赔偿原告胡某各项损失的70%共计181,559.74元。

（二）郑某诉丁某、沙坪坝区某医疗美容门诊部侵权责任纠纷案[1]

1. 基本案情

2022年3月26日，原告郑某前往被告沙坪坝区某医疗美容门诊部就诊，入院诊断为低鼻、鼻基底凹陷、鼻翼肥大、左侧鼻翼轻度退缩。同日，被告为原告行"肋软骨 + 鼻背膨体综合隆鼻术、肋软骨填充鼻基底及外切鼻翼"手术。4月16日，被告为原告行鼻尖盾牌取出手术。

4月20日，原告前往西南医院整形外科门诊就诊，诊断结果为：隆鼻术后感染，医生建议手术取出假体。4月22日，原告因隆鼻术后感染伴创面在西南医院住院治疗。4月24日，西南医院为原告行鼻部清创、假体取出 + 鼻修整术，原告经治疗后于5月5日出院。

原告认为，被告的诊疗行为存在过错，故起诉至法院。审理中，原告申请对沙坪坝区某医疗美容门诊部对申请人实施的诊疗行为是否存在过错，过错行为与其损害后果之间是否存在因果关系及原因力大小进行鉴定。若沙坪坝某医疗美容门诊部诊疗行为存在过错，则申请法院依法委托司法鉴定机构对申请人的伤残等级、后续医疗费、误工期、护理期、营养期等进行司法鉴定。法院委托了双方共同选择的鉴定机构重庆市弘正司法鉴定所对上述问题进行鉴定。2023年7月14日，该鉴定机构作出司法鉴定意见书，认为：被告沙坪坝区某医疗美容门诊部存在违反具体规定、注意义务、告知义务的过错，上述医疗过错导致原告郑某隆鼻术后感染未得到及时有效的治

---

[1] 参见重庆市沙坪坝区人民法院民事判决书，(2022)渝0106民初23673号。

疗,未能以医疗干预手段控制损害后果的进一步发展,直至到西南医院明确病原菌对症治疗后,原告的术后感染才得到有效控制,医疗过错行为与损害后果存在因果关系。原告郑某病情延长、其他损害(隆鼻术后感染)的损害后果本质上是由于病情本身的因素造成,医疗过错行为仅在损害后果的发生或进展过程中起到了轻微的促进作用,即使没有发生医疗过错,损害后果通常情况下仍然难以避免。故被告沙坪坝区某医疗美容门诊部对郑某实施的医疗行为存在过错,医疗行为与郑某的损害后果之间存在一定的因果关系,过错系轻微原因。

2. 法院判决

法院认为,本案系医疗损害责任纠纷案件。根据《民法典》第 1218 条的规定:患者在诊疗活动中受到损害,医疗机构或者医务人员有过错的,由医疗机构承担赔偿责任。因医疗损害责任纠纷案件涉及医疗领域高度专业性的医学知识和丰富的临床实践探索经验,对医疗机构的诊疗行为是否存在医疗过错,与原告的损害后果是否存在因果关系及过错参与程度,一般难以通过普通的生活经验知识去判断,此时法院在审理医疗损害责任纠纷时必须借助专门的鉴定机构通过医疗损害鉴定确认等加以分析和确定。因此,在医疗损害责任纠纷中,被告是否存在医疗过错、与原告的损害后果是否存在因果关系及原因力大小,一般以双方共同选定的鉴定机构作出的鉴定意见为重要参考标准。鉴于重庆市弘正司法鉴定所的鉴定流程符合相关规定,其对被告是否存在医疗过错、与原告的损害后果是否存在因果关系的说明理由充分,法院决定采纳鉴定机构的鉴定意见,认定被告在对原告的诊疗活动中存在过错,与原告的损害后果存在因果关系,应当就原告的相应损失承担赔偿责任。关于承担责任的比例问题。综观全案,原告郑某病情延长、其他损害(隆鼻术后感染)的损害后果本质上是由于病情本身的因素造成,医疗过错行为仅在损害后果的发生或进展过程中起到了轻微的促进作用,即使没有发生医疗过错,损害后果通常情况下仍然难以避免。法院参考重庆市弘正司法鉴定所的鉴定意见,最终确定被告沙坪坝区某医疗美容门诊部承担 15% 的赔偿责任。因沙坪坝区某医疗美容门诊部系个体工商户,丁某作为经营者应对沙坪坝区某医疗美容门诊部的过错共同承担赔偿责任。判决被告沙坪坝区某医疗美容门诊部、丁某赔偿原告郑某医疗费、护理费、住院伙食补助费、误工费、交通费共计 10,864.02 元。

二、实务分析

关于诊疗活动和医疗美容,我国《医疗机构管理条例实施细则》第 88 条第 2 款、第 3 款规定:“诊疗活动:是指通过各种检查,使用药物、器械及手术等方法,对疾病作出判断和消除疾病、缓解病情、减轻痛苦、改善功能、延长生命、帮助患者恢复健康的活动。医疗美容:是指使用药物以及手术、物理和其他损伤性或者侵入性手段进行的美容。”由此可见,医疗美容的诊疗活动,本身就是可能使用损伤性或者侵入性手段达到美容目的,这就势必要求从业人员在对患者(求美者)诊疗过程中尽到注意义务,避免损伤人体其他部位或器官。

我国《民法典》第 1218 条规定:“患者在诊疗活动中受到损害,医疗机构或者其医务人员有过错的,由医疗机构承担赔偿责任。”如果医疗机构主诊医师没有尽到注意义务,造成求美者损伤的,就要承担相应的赔偿责任。如本节第 1 个案例,主诊医师对患者胡某进行腰腹部皮下吸脂术操作不当,导致患者肠穿孔,患者术后出现腹部疼痛难忍,医方又未引起重视,导致未及时发现患者肠穿孔,使肠穿孔病情进行性发展为腹膜炎,医方在对患者诊疗过程中未尽到注意义务,存在过错,与患者肠穿孔后进行“小肠部分切除 + 肠穿孔修补术 + 肠粘连松解术”存在因果关系,为主要原因力(过错参与程度为 56% ~95%)。

第九节 医疗美容机构发布虚假医疗广告构成消费欺诈

一、典型案例

(一)邹某诉北京某医美机构医疗服务合同纠纷案[1]

1. 基本案情

邹某曾在湖南某医院实施眼袋整形术,术后其认为自己下睑皮肤松弛。

[1] 参见北京市第三中级人民法院民事判决书,(2021)京 03 民终 9102 号。

经其了解,得知北京某医美机构主刀医生师出名门,经验丰富,遂于2015年12月来到该医美机构进行了双侧下睑修复术。术后,邹某出现双侧下睑局部凹陷、瘢痕畸形,外眼角畸形短小圆钝等症状。此后,邹某先后六次在其他医院进行修复,但仍无改善。邹某认为,北京某医美机构的修复手术对其造成了损害,遂诉至法院要求该机构赔偿其医疗费、误工费、精神损害抚慰金等损失,并要求适用《消费者权益保护法》3倍赔偿其手术费。

2. 法院判决

首先,本案属于消费型医疗美容,邹某为健康人士,为满足对美的追求的生活需要而接受美容服务,具有消费者的特征;北京某医美机构的经营目的为获取利润,具有经营者的特征。消费者为生活消费接受经营者提供服务的,应当受《消费者权益保护法》调整。经查,北京某医美机构因发布的医疗广告内容与卫生健康主管部门审批的广告内容不相符,广告语不真实等虚假宣传行为屡次受到行政处罚,邹某系受到上述广告误导而接受服务,故北京某医美机构存在虚假宣传的欺诈行为,应适用《消费者权益保护法》关于惩罚性赔偿的规定,由该机构3倍赔偿邹某的手术费用。其次,北京某医美机构的诊疗行为存在过错,但术后邹某在其他医疗美容机构的修复行为确已改变医方的手术结果,法院遂判决北京某医美机构按照60%的过错责任比例赔偿邹某各项损失共计74,948元。

(二)张某诉威海某某专科门诊部有限公司服务合同纠纷案[1]

1. 基本案情

威海某某专科门诊部有限公司成立于2021年3月25日,经营范围如下:许可项目:诊所服务,医疗美容服务,理发服务,医疗服务。一般项目:化妆品零售,技术服务、技术开发、技术咨询、技术交流、技术转让、技术推广,停车场服务。2021年10月18日,被告威海某某专科门诊部有限公司取得医疗机构执业许可证,诊疗科目为妇产科;妇科专业/医疗美容科;美容外科;美容皮肤科/麻醉科。

2021年11月19日,原告张某到被告处就诊,主诉中下面部皮肤松弛、颞部凹陷、法令纹明显3年,双方确定的治疗计划为局麻下行双侧中下面部

〔1〕参见山东省威海市经济技术开发区人民法院民事判决书,(2023)鲁1092民初49号。

埋线提升术、双侧颞部法令纹填充术。当日,原告向被告付款78,158元,项目为抗衰项目。同日,被告为原告实施双侧中下面部埋线提升术、双侧颞部法令纹填充术,手术指导医师侯某某,手术者陈某,门诊手术记录记载的手术经过为:局部麻醉后在颞部发际线处切口,剥离皮下深层,将裁剪好的微拉美可吸收软组织拉提整形带放入并固定,对侧同法。将胶原蛋白填充于颞部及法令纹相对凹陷处皮下,颞部左右各1.5ml,法令纹左右各1ml。手术缝合区域加压包扎,下颌套固定。手术顺利,麻醉满意,术中出血约5ml,求美者无不适。

2021年12月1日,原告到被告处进行额纹、鱼尾纹除皱,手术指导医师侯某某,手术者陈某,门诊手术记录记载的手术经过为:注射A型肉毒毒素(额纹30U,鱼尾纹24U),术毕红霉素眼膏涂抹针眼处。

2021年12月20日,被告为原告进行注射填充中上面部手术,手术指导医师侯某某,手术者陈某,门诊手术记录记载的手术经过为:胶原蛋白分层次填入法令纹0.5ml、颞部1.0ml,并向额部、苹果肌交界处过渡,对侧同法,针眼处红霉素眼膏涂抹。

2021年12月27日,原告向被告支付15,000元,项目为协和医院免疫细胞检测、眼综合、体检,其中眼综合的费用为11,000元,协和医院免疫细胞检测的费用为4000元。当日,被告为原告进行重睑成形术(切开法),手术指导医师侯某某,手术者孙某,门诊手术记录记载的手术经过为:局部麻醉后切开上睑皮肤,暴露睑板及上睑提肌腱膜联合部,松解牵拉韧带及筋膜组织,7/0尼龙线将下唇眼轮匝肌与提上睑肌前端缝合,7/0尼龙线从切口下唇穿挂睑板前筋膜,上唇皮肤出针间断缝合皮肤切口,同法做对侧。后被告向原告交付一份免疫水平与肿瘤相关疾病大数据分析报告。"协和医院免疫细胞检测"系原告与卓尔康公司合作进行,原告实际向卓尔康公司支付检测费用2980元。

2022年1月24日,原告到被告处进行全脸除皱、颈阔肌松解手术,手术指导医师侯某某,手术者陈某,门诊手术记录记载的手术经过为:注射A型肉毒毒素(额纹16U,鱼尾纹12U,眉间纹8U,颈阔肌松解30U),术毕红霉素眼膏涂抹针眼。

侯某某、陈某、孙某均取得临床执业医师资格。

原告主张被告使用其自身血清代替胶原蛋白进行填充,以及面部提升仅提升了苹果肌一个部位，未对其主张进行举证，并明确表示不申请法医鉴定。

另查，被告因 2021 年 8 月 12 日到 2021 年 8 月 31 日未取得医疗机构执业许可证擅自执业，于 2021 年 12 月 6 日被威海卫生健康委员会处以罚款 5 万元，没收违法所得 8168 元的行政处罚。

再查，2022 年 3 月 4 日，有群众举报被告涉嫌虚构所获荣誉、编造医师执业信息、编造合作单位信息、超范围经营、对医疗项目和材料调包等问题，威海经济技术开发区管理委员会于 2022 年 4 月 18 日立案调查。2022 年 9 月 6 日，威海经济技术开发区管理委员会作出的行政处罚决定书载明：被告取得了营业执照及医疗机构执业许可证，免疫细胞检测项目是委托卓尔康公司进行，未发现超范围经营的问题；被告一楼大厅挂有医生、设计师简介 21 份，无法提供宣传中人员所获荣誉称号的证明材料；被告一楼前台背侧挂有名誉铜牌 20 个，提供了一份与卓尔康公司的合作协议、一个卓尔康公司颁发的“授权威海某某专科门诊部有限公司为中国脂肪库大数据采集中心中国医学科学院，北京协和医学院细胞研究进展及前沿资讯报道”荣誉牌，其他荣誉牌提供不了证明材料；被告一楼大厅挂的宣传牌上写有“截止到 2022 年 5 月 3 日累计接待 8386 位求美者，累计完成 3706 例眼部手术，累计完成 1889 例鼻部手术，累计完成 2356 例皮肤美容，累计完成 6852 例注射美容，累计完成 285 例毛发移植，累计完成 286 例私密康养，累计完成 665 例修复”内容。经调查，被告 2022 年 2 月至 2022 年 5 月 31 日共做手术 12 台，其中眼部手术 6 台、鼻手术 3 台、吸脂手术 2 台、鼻手术 + 吸脂手术 1 台，宣传数据与实际数据不符；被告称“王妃针”是注射胶原蛋白，“微拉美”是线雕提拉项目，免疫细胞检测是卓尔康公司做的，报告是中国医学科学院北京协和医学院细胞研究进展及前沿资讯报道出具的；经查，中国医学科学院北京协和医学院所属机构中不存在“中国医学科学院北京协和医学院细胞研究进展及前沿资讯报道”，未委托其他单位授权被告威海某某专科门诊部有限公司为中国脂肪库大数据采集中心，也未与卓尔康公司合作并授权其出具免疫水平与肿瘤相关疾病大数据分析报告；调查过程中，卓尔康公司作出说明称，其与中国医学科学院北京协和医学院不是合作单位，其出具署名有中国医学科学院北京协和医学院的报告和向被告颁发的荣誉铜牌均无授权；调查过程中未发现被告存在调换医疗项目和材料的问题；被告实施了虚假或引人误解的商业宣传。威海经济技术开发区管理委员会认为，当事人宣传未经证实的工作人员所获荣誉、宣传虚假的单位所获荣誉、宣传虚假的手术数量及在收据和检测报告中虚假冒用中国医学科学院北京协和医学院名义的行为违反了《反不正当竞争法》第 8 条第 1 款“经营者不得对其商品的性能、功能、质量、销售状况、用户评价、曾获荣誉等作虚假或者引人误解的商业宣传，欺骗、误导消费者”的规定，构成实施虚假或引人误解的商业宣传的行为，决定对其施以罚款 6 万元的行政处罚。

2. 法院判决

法院认为，本案的争议焦点是被告在为原告提供服务的过程中是否有欺诈行为，是否应当“退一赔三”。

《消费者权益保护法》第 55 条第 1 款规定：“经营者提供商品或者服务有欺诈行为的，应当按照消费者的要求增加赔偿其受到的损失，增加赔偿的金额为消费者购买商品的价款或者接受服务的费用的三倍；增加赔偿的金额不足五百元的，为五百元。法律另有规定的，依照其规定。”本案中，第一，被告为原告实施手术时取得了医疗机构执业许可，手术医师亦取得了临床执业医师资格，具备实施相应手术项目的资质。从被告提交的病历来看，病历中有原告检查、手术的整个过程，未发现以血清代替胶原蛋白进行填充的情况，亦未发现手术未进行完毕的情况。威海经济技术开发区管理委员会经过调查后作出行政处罚决定书，载明调查期间未发现当事人存在调换医疗项目和材料的问题。原告主张被告以其自身血清代替胶原蛋白填充以及全脸提升仅提升了苹果肌部位，未举证证明其主张，法院不予采信。被告虽然存在实施虚假商业宣传的不当行为，但上述宣传内容并非双方服务合同的重要条款或者涉及服务的主体资质、服务的主要标准等重要合同义务，不属于违反合同义务的行为，不构成欺诈。原告要求“退一赔三”，无事实及法律依据，法院不予支持。对于被告的虚假宣传行为，应由主管部门根据相关法律法规进行处罚和纠正。第二，被告称为原告提供协和医院免疫细胞检测，并收取原告检测费用 4000 元，但其向原告提供的检测报告与中国医学科学院北京协和医学院并无关联。被告违反了合同的主要义务，其行为构成欺诈，原告要求被告退还检测费用并接受服务的费用的 3 倍进行赔偿，理由正当，法院予以支持。依照《民法典》第 509 条、第 577 条，以及《消费者权益保护法》第 55 条的规定，判决被告威海某某专科门诊部有限公司退还原告张某免疫细胞检测费用4000元,并赔偿原告张某接受服务的费用的3倍即12,000元。

二、实务分析

原国家工商行政管理总局、原卫生部发布的《医疗广告管理办法》明确规定,医疗广告是指利用各种媒介或者形式直接或间接介绍医疗机构或医疗服务的广告。《广告法》第4条第2款规定,广告主应当对广告内容的真实性负责;第28条第1款规定,广告以虚假或者引人误解的内容欺骗、误导消费者的,构成虚假广告。医疗美容机构发布的医疗广告内容与卫生健康主管部门审批的广告内容不相符,广告语不真实等存在虚假宣传行为,消费者因误导而就医的,构成消费欺诈。

例如,在本节第1个案例中,北京某医美机构因发布的医疗广告内容与卫生健康主管部门审批的广告内容不相符,广告语不真实等虚假宣传行为屡次受到卫生健康主管部门的行政处罚,求美者系受到广告误导而接受服务,故北京某医美机构存在虚假宣传的欺诈行为。根据我国《消费者权益保护法》关于惩罚性赔偿的规定,法院判决北京某医美机构按3倍赔偿求美者的手术费用;因还造成了其他损害,故根据过错原则,北京某医美机构还需按照过错责任比例承担损害赔偿责任。

第十节　无病历资料或病历资料不全、隐匿病历资料,推定医方存在过错

一、典型案例

(一)杜某某诉郭某某、缔某某医疗美容门诊部侵权责任纠纷案[1]

1. 基本案情

2015年,郭某某在漯河市投资成立了名称为缔某某医疗美容门诊部的医疗美容机构,开展医疗美容业务。2017年2月6日,杜某某以"××杜红"

〔1〕 参见河南省漯河市中级人民法院民事判决书,(2020)豫11民终2262号。

的名义到缔某某医疗美容门诊部进行面部美容。该门诊部的医师杨某某采用注射润百颜玻尿酸及肉毒素的方式对杜某某的眉间及下巴两个部位进行填充,效果良好。2017 年 3 月 27 日,杜某某到缔某某医疗美容门诊部进行泪沟和鼻唇沟、下巴美容。该门诊部的工作人员给杜某某注射了××海薇玻尿酸 3 支和赠送的 0.5ml 润百颜玻尿酸。注射后的第二天,杜某某感到面部右边泪沟肿胀,于是到缔某某医疗美容门诊部进行询问,该门诊部工作人员称属于注射后的正常现象,无碍。随后几个月的时间,杜某某多次发生面部肿胀现象,且肿胀程度越发严重。

法院还查明,2015 年 11 月 6 日,漯河市源汇区卫生局为缔某某医疗美容门诊部颁发了医疗机构执业许可证,有效期自 2015 年 11 月 6 日至 2016 年 11 月 5 日。杜某某在缔某某医疗美容门诊部进行面部注射玻尿酸美容时,该医疗美容门诊部取得的医疗机构执业许可证已超过有效期限。庭审中,郭某某未提供杜某某进行面部注射玻尿酸美容时的相关病历材料。

一审法院认为,《侵权责任法》(已失效)第 58 条规定:"患者有损害,因下列情形之一的,推定医疗机构有过错:(一)违反法律、行政法规、规章以及其他有关诊疗规范的规定;(二)隐匿或者拒绝提供与纠纷有关的病历资料;(三)伪造、篡改或者销毁病历资料。"《医疗美容服务管理办法》第 8 条规定:"美容医疗机构必须经卫生行政部门登记注册并获得《医疗机构执业许可证》后方可开展执业活动。"第 19 条规定:"执业医师对就医者实施治疗前,必须向就医者本人或亲属书面告知治疗的适应症、禁忌症、医疗风险和注意事项等,并取得就医者本人或监护人的签字同意……"本案中,郭某某投资成立的缔某某医疗美容门诊部作为医疗美容机构,在其医疗机构执业许可证超过有效期限后,仍然从事医疗美容行为,违反了相关法律法规、规章的规定;诉讼中郭某某未能提供杜某某在缔某某医疗美容门诊部进行面部注射玻尿酸美容时的相关病历,亦未能证明杜某某在缔某某医疗美容门诊部接受玻尿酸注射美容时,由执业医师在实施治疗前向杜某某本人或亲属书面告知治疗的适应证、禁忌证、医疗风险和注意事项等,并取得杜某某本人的签字同意。故本案应推定缔某某医疗美容门诊部存在过错。判决郭某某赔偿原告杜某某各项损失合计 91,618.85 元。

二审法院经审理查明,对一审法院认定事实予以确认。

2. 法院判决

二审法院认为，关于郭某某的诊疗行为与杜某某的面部损害是否存在因果关系，虽然原《侵权责任法》并未明文规定医疗损害侵权责任中因果关系的举证责任分配，但“谁主张，谁举证”是我国民事诉讼举证责任分配的原则，在法律没有明确规定医疗损害责任因果关系适用推定的情形下，即应适用该原则。一审法院适用推定的方式认定本案因果关系，缺乏法律依据。但是，本案为医疗美容行为引发的医疗损害责任纠纷，杜某某并非有病就医，而是为了美化容貌接受面部玻尿酸注射，这就在较高程度上排除了自身疾病导致面部感染、红肿等问题的可能，且注射玻尿酸与面部感染、红肿均为浅表性、直观性较强的诊疗及损害，与普通人身损害赔偿案件中侵权行为与损害后果的因果关系有一定程度的接近。2017 年 3 月 27 日，杜某某到郭某某经营的缔某某医疗美容门诊部接受面部玻尿酸注射。第二天，杜某某即感到面部右边泪沟肿胀。随后几个月的时间中，杜某某多次发生面部肿胀现象，且肿胀程度越发严重。2017 年 9 月 26 日，杜某某到漯河市中心医院做面部 MRI 检查，结果显示双侧颌面部软组织内多发异常信号影呈不均匀明显强化。2017 年 9 月 28 日，杜某某经郑州大学第一附属医院诊断为面部注射不明物后多发肿块伴感染。缔某某医疗美容门诊部还存在医疗机构执业许可证超过有效期，未能提供杜某某面部注射玻尿酸的相关病历，没有向杜某某告知治疗的适应证、禁忌证、医疗风险和注意事项并经杜某某签字的书面记录等推定过错行为。在上述一系列证据事实的基础上，本案双方诊疗行为与损害之间成立因果关系已达到高度盖然性的证明标准，故一审法院作出该案医疗损害责任因果关系成立认定结果正确。二审法院判决驳回上诉，维持原判。

(二)唐某某诉××美医疗美容门诊部医疗损害责任纠纷案[1]

1. 基本案情

2017 年 11 月 8 日，唐某某称因 10 年前在外院施行了奥美定注射丰胸术，术后一直感觉乳房外形不美观且手感硬，遂到××美医疗美容门诊部行胸部奥美定取出及假体隆胸术。术前××美医疗美容门诊部详细向唐某某

〔1〕 参见广东省深圳市中级人民法院民事判决书，(2020)粤 03 民终 13071 号。

说明了病情及手术可能的效果及风险，唐某某签署了手术知情同意书等医疗文书。术后，其自感胸部不适，经B超检查显示有部分奥美定残留。查体双侧乳房有包膜挛缩。遂向法院提起诉讼。

2019年10月30日，经本案一审法院委托广东财安司法鉴定所对本案医疗过错进行鉴定，11月12日，广东财安司法鉴定所函复法院，因提供的鉴定材料中病历资料不完整，无法进行司法鉴定。××美医疗美容门诊部称已经提供了唐某某的全部病历资料，其之前在外院进行了相关美容手术且未追加该外院参加诉讼并提供病历资料，才导致病历资料不完整。

一审法院认为，本案属于医疗损害赔偿责任纠纷。《侵权责任法》(已失效)第58条规定："患者有损害，因下列情形之一的，推定医疗机构有过错：……(二)隐匿或者拒绝提供与纠纷有关的病历资料……"因××美医疗美容门诊部在一审法院通知补交后仍未提交相关病历资料，应当承担对其不利的法律后果。判决××美医疗美容门诊部向唐某某承担赔偿责任124,316元。

后来，××美医疗美容门诊部不服，提起上诉。

2. 法院判决

二审法院认为，××美医疗美容门诊部不能提供为唐某某施行手术的相关医护人员符合《医疗美容服务管理办法》第11条所规定的执业资格、条件，且为唐某某施行的两次手术的术前知情同意书均没有医师签名，2017年11月8日××美医疗美容门诊部未按唐某某本人在手术知情同意书上确认的手术方案对其实施手术。综上，本案可以认定××美医疗美容门诊部在诊疗活动中违反相应的诊疗规范，推定××美医疗美容门诊部存在过错。关于病历资料，因鉴定机构明确缺少的病历资料系在××美医疗美容门诊部手术时的部分病历资料，故亦可认定××美医疗美容门诊部的病历资料不符合有关诊疗规范，推定××美医疗美容门诊部对唐某某的损害存在过错。二审法院判决驳回上诉，维持原判。

(三)王某某、李某某诉西安某某医院医疗损害责任纠纷案[1]

1. 基本案情

2023年1月9日14时，患者李某以"发现言语不能、右侧肢体无力"为

〔1〕 参见陕西省西安市莲湖区人民法院民事判决书，(2023)陕0104民初14328号。

主诉于西安某某医院急诊科。当日,患者李某进行“全脑血管造影术+左侧大脑前动脉机械取栓术+左侧大脑中动脉球囊扩张术”。术后,转入西安某某医院脑科医院一病区住院治疗。入院记录显示入院初步诊断为“1.脑梗死 2.左侧大脑中动脉闭塞 3.左侧大脑前动脉闭塞 4.高血压3级(很高危)5.2型糖尿病2型糖尿病肾病Ⅳ期 6.冠状动脉粥样硬化性心脏病心功能Ⅲ级(NYHA分级)。7.冠状动脉支架植入后状态 8.肺部感染 9.胸腔积液”。入院同日,西安某某医院向李某家属发出病危、病重通知书,载明:“患者李某现在我院脑科医院一病区住院治疗,目前诊断为1.脑梗死 2.左侧大脑中动脉闭塞 3.左侧大脑前动脉闭塞 4.高血压3级(很高危)5.2型糖尿病2型糖尿病肾病Ⅳ期 6.冠状动脉粥样硬化性心脏病心功能Ⅲ级(NYHA分级)。7.冠状动脉支架植入后状态。虽经医护人员积极救治,但目前患者病情危重,并且病情有可能进一步恶化,随时会出现以下一种或多种危及患者生命的并发症……”该病危通知书由李某之妻王某某签名确认。该日,医院共计向李某家属发出一次病危通知书,一次病情告知书,两次均由王某某签字确认。2023年1月10日22时,医院向李某家属发出两份电子支气管镜检查及治疗同意书,李某之妻王某某签字确认,但两次检查均无检查报告单。2023年1月11日,医院向李某家属发出病情告知书载明:“李某突发意识不清、双上肢不自主抽搐,但无口服白沫及牙关紧闭……但患者存在心力衰竭、肾功能不全、肺部感染等多脏器衰竭,手术风险较大,向患者家属充分谈明风险及获益性后,家属表示知晓病情及风险,拒绝手术,签字为证!”李某之妻王某某写明“知道病情风险,拒绝手术”,并签字确认。2023年1月12日,医院向李某家属发出病情告知书载明:“患者目前生命体征不稳定,随时有呼吸心跳骤停危及生命,甚至死亡事件发生,目前需要予以患者行心肺复苏、药物抢救,予以气管插管、呼吸机辅助呼吸、电除颤等一些有创操作抢救。”李某之女婿于告知书上写明“只同意药物抢救,拒绝其他任何有创操作”,并签字确认。2023年1月14日,医院向李某家属发出病情告知书载明:“患者处于临终状态,血压、心率持续性下降,向患者家属告知病情,其了解病情后表示拒绝一切抢救措施,并要求停用药物、呼吸机辅助通气等治疗,并签字为证。”李某之妻王某某在该告知书上写明“知道病情拒绝抢救”,并签字确认。同日,医院向李某家属发出拒绝或放弃医学治疗告知书,李某之妻王某某签字确认。2024年1月14日14时22分,李某死亡。住院记录最后诊断为:“1. 左侧大脑中动脉闭塞 2. 左侧大脑前动脉闭塞 3. 重症肺炎 4. 高血压 3 级(很高危)5. 2 型糖尿病 6. 2 型糖尿病肾病Ⅳ期 7. 冠状动脉粥样硬化性心脏病 8. 缺血性心肌病 9. 心功能Ⅲ级(NYHA 分级)10. 冠状动脉支架植入后状态 11. 胸腔积液 12. 肺气肿 13. 双下肢动脉粥样硬化伴斑块形成。”死亡原因为:脑梗死。2024 年 1 月 14 日,医院向李某之家属王某某发出尸体解剖告知书,王某某于告知书上写明不同意尸检,王某某签字确认。

2023 年 6 月 13 日,王某某、李某某申请对西安某某医院诊疗行为是否存在过错,诊疗行为与患者李某死亡结果之间是否存在因果关系及原因力大小进行司法鉴定。2023 年 11 月 28 日,陕西公正司法鉴定中心出具陕公正司鉴〔2023〕鉴退 149 号终止鉴定告知书:“西安市中级人民法院,贵院委托我中心对王某某等人与西安某某医院医疗损害责任纠纷鉴定(编号:陕 01 鉴 2782 号)。因申请人对部分鉴定材料真实性不予认可(重点针对支气管镜检查告知书),遂终止本次鉴定。”

2024 年 3 月 18 日,王某某、李某某申请对西安某某医院诊疗行为是否存在过错,诊疗行为与患者李某 1 死亡结果之间是否存在因果关系及原因力大小,医疗机构是否尽到了说明义务、取得患者或者患者近亲属书面同意义务进行司法鉴定。2024 年 4 月 17 日,陕西中金司法鉴定中心出具陕中金终字第 76 号不予受理告知书:“西安市中级人民法院,我中心法医司法鉴定人员详细审核送检材料,发现申请人提交的司法鉴定申请书中提出西安某某医院提供的病历中无西安某某医院 2023 年 1 月 10 日实施的两次支气管镜报告单及有创操作记录,及 2023 年 1 月 10 日 21 时 39 分查动脉血气分析报告单。根据《司法鉴定程序通则》第十五条第(二)款‘发现鉴定材料不真实、不完整、不充分或者取得方式不合法的’之规定。我鉴定中心决定不予受理。”

2024 年 5 月 27 日,西安某某医院申请对诊疗行为是否存在过错;诊疗行为与患者李某死亡结果之间是否存在因果关系及原因力大小进行司法鉴定。2024 年 7 月 16 日,陕西军大法医司法鉴定所出具退案说明:“西安中级人民法院,贵院委托我所的西安某某医院与李某、王某某、李某某医疗损害责任纠纷鉴定一案(编号:(2024)陕 01 鉴 1428 号),经审查案卷材料并与申请人联系后,申请人告知无法提供支气管镜报告单,委托事项无法完成。依据《司法鉴定程序通则》第二十九第(一)款之规定,我鉴定所决定终止该案的鉴定工作。现将鉴定材料退回贵院。”

另查,王某某为李某之妻,李某某为李某之女。

2. 法院判决

法院认为,本案的争议焦点是西安某某医院的医疗行为是否存在过错、李某的死亡与西安某某医院的医疗行为是否存在因果关系以及西安某某医院的责任承担问题。根据《民法典》第1218条的规定,患者在诊疗活动中受到损害,医疗机构或者其医务人员有过错的,由医疗机构承担赔偿责任。因此,《民法典》对医疗损害责任实行的是过错责任原则,也就是医疗机构承担民事责任以医务人员存在过错为前提。但是在实践中患者证明医务人员存在过错比较困难,医疗机构具备专业知识和技术手段,掌握相关的证据材料,具有较强的证据能力,患者则处于相对的弱势地位。为了平衡医患双方的利益,《民法典》第1222条规定:“患者在诊疗活动中受到损害,有下列情形之一的,推定医疗机构有过错……(二)隐匿或者拒绝提供与纠纷有关的病历资料;(三)遗失、伪造、篡改或者销毁病历资料。”本案中,患者李某在西安某某医院住院治疗期间死亡,医方判断其死亡原因为脑梗死。在医患双方对医方的诊疗行为是否存在过错,死亡后果是否与诊疗行为存在因果关系意见不一的情况下,只能通过医疗过错鉴定或者医疗事故鉴定进行确定。而客观、全面、规范、完整的病历资料是进行医疗鉴定最基本、最重要的素材,医疗机构应当为鉴定机构、患者亲属提供客观、全面、规范、完整的病历资料。从本案已查明的事实来看,被告西安某某医院无法提供患者李某进行支气管镜检查诊疗的支气管镜报告单,导致鉴定机构无法依据鉴材出具鉴定意见。因此,法院认为,被告西安某某医院存在隐匿病历的行为,西安某某医院的医疗行为存在过错。

关于李某的死亡与被告西安某某医院的医疗行为是否存在因果关系以及某某医院的责任承担问题。通常情况下,医疗损害后果的发生往往与患者自身有直接或间接的关系,应该考虑医疗机构过错程度和诊疗行为在损害结果发生中的原因力大小确定损害赔偿比例。审判实践中,一般要根据鉴定意见认定的医疗过错行为在医疗损害后果中的责任程度来确定赔偿的比例。但就本案而言,西安某某医院无法提供支气管镜报告单,导致了鉴定意见无法作出、各方责任无法确认,应由西安某某医院承担不利法律后果。另结合患者李某入院诊断存在“1. 脑梗死 2. 左侧大脑中动脉闭塞 3. 左侧大脑前动脉闭塞 4. 高血压 3 级(很高危)5. 2 型糖尿病、2 型糖尿病肾病Ⅳ期 6. 冠状动脉粥样硬化性心脏病心功能Ⅲ级(NYHA 分级)7. 冠状动脉支架植入后状态 8. 肺部感染 9. 胸腔积液”等危重症的状况,综合判定西安某某医院对李某死亡造成的损害结果承担 60% 的责任。判决被告西安某某医院向原告王某某、李某某支付赔偿金 480,886.46 元。

二、实务分析

《民法典》第 1222 条规定:“患者在诊疗活动中受到损害,有下列情形之一的,推定医疗机构有过错:(一)违反法律、行政法规、规章以及其他有关诊疗规范的规定;(二)隐匿或者拒绝提供与纠纷有关的病历资料;(三)遗失、伪造、篡改或者违法销毁病历资料。”本条沿用了《民法典》颁布前《侵权责任法》第 58 条的规定,由此可见,病历资料在整个医疗诊疗活动中的重要性。

审判实践中,医疗损害鉴定意见往往是法院认定医疗机构或者其医务人员是否有过错、诊疗行为与损害之间是否具有因果关系的关键证据。而委托鉴定,应当向鉴定机构提供真实、完整、充分的病历等鉴定材料;如果发现鉴定材料不真实、不完整、不充分或者取得方式不合法,鉴定机构都会做退鉴处理,如本节第 2 个案例。虽然鉴定机构并没有指出到底缺少哪部分病历,且法院仅依此认定医疗机构存在过错值得商榷,但足以引起医疗机构的重视。如果医患双方产生纠纷后,双方能及时对病历进行封存,在其后的鉴定过程中也不至被认为隐匿或病历不全。

医疗纠纷发生后的病历复印封存制度,具有证据保全的性质。发生医疗纠纷后需要封存或者启封病历资料的,应当在医患双方在场的情况下进行。封存的病历资料可以是原件,也可以是复制件,由医疗机构保管。病历尚未完成需要封存的,可以对已经完成的病历进行先行封存,待病历按照规定完成后,再对后续完成部分进行封存。在医疗机构申请封存病历的时候,一定要告知患者或者其代理人共同实施病历封存,不能单方进行。在出现患者或者其代理人拒绝或者放弃实施病历封存的情况时,医疗机构可以在公证机构公证的情况下,对病历进行确认,由公证机构签封病历复制件。因此,医疗机构应当对封存的病历开列封存清单,如发现有漏封病历,应及时联系患方进行封存,即使患方拒绝封存,医疗机构也可在公证机构的见证下完成封存。

发生医疗纠纷后,及时封存病历、器械、药物等证据,既可以保障患者的合法权益不受侵害,也可以避免医疗机构因为病历材料问题引发的诉讼风险,同时医疗机构应当建立有效的病历资料管理规定,制定封存病历资料的预案,有效地避免病历资料缺失灭损等风险所导致的类似本节案例举证不能,被推定过错而承担责任的法律风险。

第二章 医疗美容刑事责任案例及分析

第一节 妨害药品管理罪

一、典型案例

(一)包某、庞某涉嫌妨害药品管理罪[1]

1. 基本案情

2023 年起至案发,被告人包某为牟取利益,以上海美某医疗美容门诊部(以下简称"美某")为依托,授意被告人庞某通过非正规渠道采购未在国内正规上市的低价"INIBO"肉毒素针剂,并存放于"美某"隐蔽的暗室内。其间,被告人包某指示"美某"护士利用配药之机,将原本展示给顾客的正规品牌肉毒素针剂替换成"INIBO"肉毒素针剂,并交由医生给顾客注射使用。

2. 法院判决

法院认为,被告人包某、庞某构成妨害药品管理罪。公诉机关的指控成立。依照《刑法》第 142 条之一第 1 款第 2 项,第 25 条第 1 款,第 26 条第 1 款、第 4 款,第 27 条,第 67 条第 1 款、第 3 款,第 52 条,第 53 条,第 64 条;最高人民法院《关于处理自首和立功具体应用法律若干问题的解释》第 1 条及《刑事诉讼法》第 15 条之规定,判决被告人包某犯妨害药品管理罪,判处有

---

[1] 参见上海铁路运输法院刑事判决书,(2024)沪 7101 刑初 175 号。

期徒刑11个月,并处罚金××万元;被告人庞某犯妨害药品管理罪,判处有期徒刑8个月,并处罚金××××元。

(二)朱某、李某等涉嫌妨害药品管理罪[1]

1. 基本案情

2022年以来,被告人朱某为获取非法利益,违反药品管理法规,在明知上线“金某某”(身份不明)销售的A型肉毒毒素(注射剂)等产品未取得药品相关批准证明文件且无法提供合法有效来历证明的情况下,与“金某某”合作将其对外销售的A型肉毒毒素(注射剂)等产品存储于江苏省沭阳县某镇一养鸡场内仓库,接到“金某某”的指令后再代替其将上述产品发往全国各地。截至案发,被告人朱某共向外发货11,949支A型肉毒毒素(注射剂)(每支报酬1元)。另外,被告人朱某还以每支180元至220元的价格对外销售70余支A型肉毒毒素(注射剂),销售数额1万余元,共计非法获利3万余元。

2022年以来,被告人李某为获取非法利益,违反药品管理法规,在明知上线“金某某”销售的A型肉毒毒素(注射剂)等产品未取得药品相关批准证明文件且无法提供合法有效来历证明的情况下,多次向其购买A型肉毒毒素(注射剂)共计510余支(其中100支未销售)。被告人李某在未取得药品销售许可证和医师执业资格证情况下,将上述产品以140元至150元的价格销售给被告人贺某40余支、被告人单某芳35支,并将剩下330余支以300元至500元的价格对外销售并私下给顾客注射使用。截至案发,被告人李某共计销售11万余元,非法获利5万余元。

2022年以来,被告人贺某为获取非法利益,违反药品管理法规,在明知被告人李某销售的A型肉毒毒素(注射剂)产品未取得药品相关批准证明文件且无法提供合法有效来历证明的情况下,从李某处购买A型肉毒毒素(注射剂)40余支。被告人贺某在未取得药品销售许可证和医师执业资格证的情况下,将上述A型肉毒毒素(注射剂)加价对外销售并私下给顾客注射使用。截至案发,被告人贺某共计销售3万余元,非法获利2万余元。

2023年以来,被告人单某为获取非法利益,违反药品管理法规,在明知被告人李某销售的A型肉毒毒素(注射剂)产品未取得药品相关批准证明文件

---

[1] 参见河南省获嘉县人民法院刑事判决书,(2024)豫0724刑初136号。

件且无法提供合法有效来历证明的情况下，从李某处购买A型肉毒毒素（注射剂）35支。被告人单某在未取得药品销售许可证和医师执业资格证的情况下，将上述A型肉毒毒素（注射剂）加价对外销售并私下给顾客注射使用。截至案发，被告人单某共计销售2万余元，非法获利1万余元。

2023年12月6日，经新乡市市场监督管理局认定，涉案A型肉毒毒素（注射剂）属注射剂药品，未取得药品相关批准证明文件且未在国内上市，足以严重危害人体健康。

2024年1月17日，获嘉县公安局委托新乡市卫滨区东方翻译部登录：韩国食品医药品安全部门官方网站（https://nedrug.mfds.go.kr）进行查询，未查询到涉案A型肉毒毒素（注射剂）产品在境外上市的相关信息。

2. 法院判决

法院认为，被告人朱某、李某、贺某、单某违反药品管理法规，销售未取得药品相关批准证明文件生产、进口的药品，足以严重危害人体健康，其行为已构成妨害药品管理罪，公诉机关指控被告人朱某、李某、贺某、单某犯妨害药品管理罪，事实清楚，证据确实、充分，指控罪名成立，法院予以支持。关于被告人系初犯、偶犯的辩护意见，法院认为，被告人李某从事医疗美容行业，明知"金某某"的A型肉毒毒素（注射剂）不是正规合法产品仍多次购买且多次对外销售注射，不属于偶犯，故对于该辩护意见，法院不予采信。综合被告人朱某、李某、贺某、单某犯罪的事实、犯罪的性质、情节及对社会的危害程度，判决被告人朱某、李某、贺某、单某等犯妨害药品管理罪，判处有期徒刑1年3个月至6个月不等，并处罚金。

（三）刘某涉嫌妨害药品管理罪[1]

1. 基本案情

2021年2月至2023年4月，被告人刘某在明知张某（另案处理）、"李某"（具体信息不详）销售的"J某A型肉毒杆菌毒素"未取得药品相关批准证明文件的情况下，仍从二人处购买了25盒"J某A型肉毒杆菌毒素"。后刘某将该"J某A型肉毒杆菌毒素"除部分自用外，另用于向他人销售、注射，获利9200元。

---

〔1〕 参见新疆维吾尔自治区哈密市伊州区人民法院刑事判决书，(2024)新2201刑初273号。

2023 年 4 月 20 日,哈密市食品药品环境犯罪侦查分局、哈密市市场监督管理局在被告人刘某家中查获剩余"J 某 A 型肉毒杆菌毒素"3 盒,在其位于伊州区迎宾大道的某美妆生活馆内查获 1 盒。

2023 年 5 月 10 日,经哈密市市场监督管理局出具认定意见,上述"J 某 A 型肉毒杆菌毒素"未标注合法药品批准文号,系未取得药品注册证书的药品,属于注射用毒性药品;被告人刘某从非法渠道购买并使用的行为,足以严重危害人体健康。

2. 法院判决

法院认为,被告人刘某违反药品管理法规,明知其购买的注射用毒性药品未取得药品相关批准证明文件而向他人销售,足以严重危害人体健康,其行为已构成妨害药品管理罪。公诉机关指控成立,予以支持。根据被告人刘某犯罪的事实、犯罪的性质、情节和对社会的危害程度,判决被告人刘某犯妨害药品管理罪,判处拘役 6 个月,缓刑 8 个月,并处罚金 5000 元。

(四)袁某、马某荣等涉嫌妨害药品管理罪[1]

1. 基本案情

被告人袁某、马某荣、孙某芳、邱某年、谢某香、陈某、丁某、梅某菁、陈某芬明知 ELLELUX(俗称小鲜肉)和 Mutox(俗称魔肉)是未取得药品相关批准证明文件进口的肉毒毒素,分别从赵某丹(另案处理)处购买后对外销售并注射使用。

经核实,涉案肉毒毒素属于医疗用毒性药品,是未取得药品相关批准证明文件生产、进口的药品,上述被告人销售肉毒毒素的行为足以严重危害人体健康。

2. 法院判决

法院认为,被告人袁某、马某荣、孙某芳、邱某年、谢某香、陈某、丁某、梅某菁、陈某芬违反药品管理法规,销售未取得药品相关批准证明文件进口的医疗用毒性药品,足以严重危害人体健康,其行为均已构成妨害药品管理罪。公诉机关指控罪名成立,应予支持。根据 9 被告人犯罪的事实、性质、情节和对社会的危害程度,判决 9 被告人犯妨害药品管理罪,判处有期徒刑 6 个月、拘役 3 个月至 6 个月不等,并处罚金。本案 9 被告人在从事医疗美容

[1] 参见河南省驻马店市驿城区人民法院刑事判决书,(2024)豫 1702 刑初 350 号。

等工作中实施妨害药品管理行为,根据其犯罪情况和预防再犯罪的需要,禁止9被告人在缓刑考验期内从事药品销售相关活动。

(五)王某利涉嫌妨害药品管理罪[1]

1. 基本案情

2021年3月至7月,被告人王某利向张某军(另案处理)借取NABOTA注射A型肉毒素(以下简称"绿毒")3瓶,在其经营的位于哈密市伊州区某小区2201室的伊州区×××美容院内,向顾客邵某某销售注射1支,收取费用701元;向顾客史某销售注射1支,收取费用1200元;向顾客杨某某销售注射1支,收取费用701元。2021年10月18日,被告人王某利在张某军处以每瓶280元的价格购进"绿毒"10支,向张某军返还所借"绿毒"3支,置换MEDITOXIN纯化肉毒杆菌毒素A型复合物(以下简称"粉毒")1支。2024年4月,被告人王某利再次向顾客史某免费注射"绿毒"1支。被告人王某利违法所得2602元。

2023年4月21日,哈密市市场监督管理局等部门在伊州区×××美容院冰箱内查获已开封"绿毒"2支,在被告人王某利的弟弟王某某的×××号机动车内查获"粉毒"1支,其余"绿毒"由被告人王某利自用。

2023年5月10日,经哈密市市场监督管理局出具认定意见,上述查获的A型肉毒毒素均未标注合法药品批准文号,被告人王某利从非法渠道购买并使用的行为,足以严重危害人体健康。

另查,根据原国家食品药品监督管理局、原卫生部《关于将A型肉毒毒素列入毒性药品管理的通知》(国食药监办〔2008〕405号)的规定,涉案的"绿毒""粉毒"属于注射用毒性药品。

2. 法院判决

法院认为,被告人王某利违反药品管理法规,明知其购买的注射用毒性药品未取得药品相关批准证明文件生产、进口而向他人销售,足以严重危害人体健康,其行为已构成妨害药品管理罪。公诉机关的指控成立,予以支持。根据被告人王某利犯罪事实、犯罪性质、情节和对社会的危害程度,判决被告人王某利犯妨害药品管理罪,判处拘役3个月,缓刑5个月,并处罚金3000元(罚金已缴清)。

---

[1] 参见新疆维吾尔自治区哈密市伊州区人民法院刑事判决书,(2024)新2201刑初234号。

二、实务分析

我国《刑法》第 142 条之一第 1 款规定:“违反药品管理法规,有下列情形之一,足以严重危害人体健康的,处三年以下有期徒刑或者拘役,并处或者单处罚金;对人体健康造成严重危害或者有其他严重情节的,处三年以上七年以下有期徒刑,并处罚金:(一)生产、销售国务院药品监督管理部门禁止使用的药品的;(二)未取得药品相关批准证明文件生产、进口药品或者明知是上述药品而销售的;(三)药品申请注册中提供虚假的证明、数据、资料、样品或者采取其他欺骗手段的;(四)编造生产、检验记录的。”

除皱、瘦脸、瘦身、除臭等是常见的医疗美容项目,而该等项目最常用的方法就是注射 A 型肉毒毒素(临床常说的打除皱针)。A 型肉毒毒素有国产和进口两种,虽然进口注射用 A 型肉毒毒素价格较高,但其有纯度高、弥散性小,安全性高等优点,故受到广大求美者的青睐。因进口 A 型肉毒毒素市场需求量大,为获取更大利润,有部分医疗美容机构或从业人员铤而走险,通过非法渠道进口或使用假货,严重扰乱了医疗美容正常的经营秩序。同时,根据原国家食品药品监督管理局、原卫生部《关于将 A 型肉毒毒素列入毒性药品管理的通知》(国食药监办〔2008〕405 号)的规定,注射用 A 型肉毒毒素、纯化肉毒杆菌毒素 A 型复合物等均属于注射用毒性药品,一旦使用不当,将严重危害求美者的身体健康。故我国对于此种行为,均认定为构成妨害药品管理罪,通过刑事处罚采取严厉的打击措施。

第二节 诈 骗 罪

一、典型案例

(一)李某某等涉嫌诈骗罪案[1]

1. 基本案情

2021 年至 2023 年 3 月,宋某某(另案起诉)、鞠某(已判决)等人纠集吴

---

〔1〕 参见浙江省宁波市海曙区人民法院刑事判决书,(2024)浙 0203 刑初 1033 号。

某(已判决)、杨某(另案处理)等组成诈骗团伙。该团伙采用互联网发布高薪招聘夜场工作人员的虚假广告的方式引诱被害人前往宁波市江北区金港大酒店、海曙区望春街道真和大厦等地面试,再由被告人王某1、魏某某、侯某某、郑某某、胡某某、刘某某、罗某某(均另案处理)等人作为招募员利用事先准备好的话术以高薪为诱饵,诱骗被害人至宁波江北某某医疗美容门诊部有限公司等地接受高价整形手术、支付高额费用。其中,宋某某、鞠某等人负责重大决策,并占有一定股份,吴某作为面试人员参与部分诈骗活动。宁波江北某某医疗美容门诊部有限公司中被告人李某1、王某2(宁波江北某某医疗美容门诊部有限公司股东)、方某某(宁波江北某某医疗美容门诊部有限公司职员)和李某2、林某某(均另案处理)等人为被害人提供整容服务并与该团伙按事先约定比例分成。经查证,该团伙通过上述方式骗取被害人邵某、王某1、罗某等多人钱款,诈骗既遂金额达500余万元,未遂金额达20余万元。

2. 法院判决

法院认为,被告人李某1、王某1、方某某、王某2、魏某某、侯某某、郑某某伙同他人虚构事实、隐瞒真相,骗取他人财物,其中被告人李某某、王某1、方某某、王某2、魏某某诈骗数额特别巨大,被告人侯某某、郑某某诈骗数额较大,其行为均已构成诈骗罪,且系共同犯罪。公诉机关指控的罪名成立。综合7被告人的犯罪事实、性质、情节,结合案发后的悔罪表现,可对其宣告缓刑。公诉机关量刑建议适当,法院予以采纳。判决被告人李某某等7人犯诈骗罪,判处有期徒刑3年至拘役不等,并处罚金。

(二) 莫某元涉嫌诈骗罪案[1]

1. 基本案情

2019年间,孙某、赵某、包某、王某2(均已判刑)经预谋,与众颜医院、B公司的经营负责人严某、张某1等人(均已判刑)达成“协议”,由上述人员负责“市场推广”等业务,作为合作“渠道”,为医院招揽整容“客户”。在孙某等人勾连下,杨某鹤(已判决)等人通过纠集于某1(已判决)等人,各自组成诈骗团伙。其间莫某元为牟取非法利益与于某1等人结伙,同时招募、纠集

---

〔1〕 参见上海市嘉定区人民法院刑事判决书,(2021)沪0114刑初1721号。

张某3、于某2、迟某、莫某、郑某、张某4、郭某2、杨某2、唐某(均已判刑)等人组成诈骗团伙(以下简称二级团伙),利用信息网络向众多不特定的人发布所谓"包养""商务伴游"等黑灰行业职位的虚假信息(行话"发帖"),在微信聊天中许以高薪(行话"聊户"),待被害人前来应聘时,以就职需提升形象、费用可报销等为由,使被害人陷入错误认识后接受整容要求(行话"面试"),随即安排涉案人员将被害人带至前述医院(行话"带户"),由孙某等人下属的"面诊师"王某1等人(均已判刑)为其"量身定制"整容项目(行话"面诊")。随后在"渠道"助理的陪同下,被害人经由贷款专员操作手机App软件办理相应平台的消费贷款或自行刷卡消费,缴费后在医院接受整容手术。被害人贷款交付的费用,由医院、"渠道"、二级团伙等各层级涉案人员按比例瓜分。该二级团伙还另行与其他合作"渠道"相勾结,采用上述方式诱骗被害人至佳富美医院、明桥医院贷款整容。

2. 法院判决

法院认为,被告人莫某元以非法占有为目的,伙同他人采用虚构事实、隐瞒真相的方法骗取他人财物,数额巨大,其行为已构成诈骗罪。本案系共同犯罪,结合本案的犯罪事实、危害后果、莫某元在共同犯罪中的相对作用等情节,判决被告人莫某某犯诈骗罪,判处有期徒刑3年9个月,罚金3万元。

(三)许某某、王某等涉嫌诈骗案[1]

1. 基本案情

2019年4月至10月,被告人许某某伙同被告人王某共同虚构招聘高薪职位、入职需整容的事实,在北京市朝阳区望京某某区某号楼某层底商北京橙子医疗美容诊所骗取被害人岳某等人共计46.9248万元。后被告人许某某、王某于2020年8月13日被公安机关抓获,二人均已签署认罪认罚具结书。

2. 法院判决

法院认为,被告人许某某、王某无视国法,以非法占有为目的,共同虚构事实骗取他人钱财,数额巨大,二被告人的行为侵犯了公民财产权,触犯了

[1] 参见北京市朝阳区人民法院刑事判决书,(2021)京0105刑初2148号。

《刑法》，均已构成诈骗罪，依法应予惩处。北京市朝阳区人民检察院指控被告人许某某、王某犯诈骗罪的事实清楚，证据确实、充分，指控的罪名成立。经查，在案被害人陈述、辨认笔录、微信聊天记录、被告人的供述等证据材料能够证明，被告人王某以“金总”身份最先接触被害人，向被害人虚构高薪招聘的事实，负责面试、安排与所谓“老总”见面、向被害人引见所谓的“老总”或“老总”司机等，并与被告人许某某相互配合，共同致使被害人陷入被告人有能力提供高薪职位的错误认识，被告人王某的行为在整个诈骗活动中系必不可少的核心环节，其与被告人许某某在共同犯罪中地位平等、作用相当，不宜区分主从犯。根据两被告人犯罪的事实、犯罪的性质、情节、悔罪表现及在共同犯罪中所起的作用，判决被告人许某某犯诈骗罪，判处有期徒刑4年9个月，罚金5万元；被告人王某犯诈骗罪，判处有期徒刑4年6个月，罚金5万元。

二、实务分析

我国《刑法》第266条规定：“诈骗公私财物，数额较大的，处三年以下有期徒刑、拘役或者管制，并处或者单处罚金；数额巨大或者有其他严重情节的，处三年以上十年以下有期徒刑，并处罚金；数额特别巨大或者有其他特别严重情节的，处十年以上有期徒刑或者无期徒刑，并处罚金或者没收财产。本法另有规定的，依照规定。”构成诈骗罪的主观方面必须是以非法占有为目的，客观方面表现为虚构事实，诈骗公私财物。

与医疗美容相关的诈骗类案件中，常见的犯罪手法是，不法人员采用在互联网发布高薪招聘夜场工作人员、商务伴游等内容的虚假广告的方式，引诱被害人前往某酒店、写字楼面试，再利用事先准备好的话术以重塑形象等为由诱骗被害人至医疗美容机构接受高价整形手术、支付高额费用或通过“医美贷”形式，诱导其分期支付高额医美费用。在这一过程中，医疗美容机构场地通常被用作犯罪场所。如果医疗美容机构或相关从业人员不能正确识别不法人员，甚至主动参与不法行为，将会被以诈骗罪的单位犯罪或犯罪的共犯追究刑事责任。

第三节　非法行医罪

一、典型案例

（一）陈某甲、张某非法行医罪案[1]

1. 基本案情

2018～2022年，被告人张某明知被告人陈某甲无医师执业资格证，仍安排陈某甲为4名被害人进行美容术。2020年11月至2023年1月，陈某甲在无医师执业资格证的情况下7次为被害人张某涵打美容针。2022年5月12日下午，张某安排陈某甲到被害人王某婷的住所施打美容针，陈某甲到现场配药为王某婷施打美容针，造成王某婷左眼失明。经武汉普爱法医司法鉴定所鉴定，王某婷的伤情为重伤二级。检察机关认为，对被告人陈某甲、张某应以非法行医罪追究刑事责任。

2. 法院判决

法院认为，被告人陈某甲未取得医师执业资格，属于非法行医的主体，在明知自己无资质的情况下非法行医具有主观故意，客观方面造成了被害人王某婷失明的后果，且陈某甲打针的行为与王某婷失明的后果具有因果关系，达到重伤二级，八级伤残，属于情节严重的情形，依法应予刑事处罚。被告人张某明知被告人陈某甲无医师执业资格证，安排陈某甲为多名被害人进行美容术，属于非法行医罪的共犯，依法应予以刑事处罚。二被告人的行为均构成非法行医罪。公诉机关指控的罪名成立，法院予以确认。根据《刑法》第336条第1款、第67条第1款、第3款的规定，判决被告人陈某甲犯非法行医罪，判处有期徒刑7个月，并处罚金10,000元；被告人张某犯非法行医罪，判处有期徒刑7个月，并处罚金10,000元。

---

〔1〕 参见湖北省团风县人民法院刑事判决书，（2023）鄂1121刑初169号。

（二）杨某容非法行医罪案[1]

1. 基本案情

2021 年 7 月 14 日 21 时多，被害人马某贤在位于汕头市潮阳区 × × 路的美容店 × × 皮肤调理中心做脸部护理时，从同案人杨某妹（该店的法定代表人，已判决）及被告人杨某容（系杨某妹的胞姐）处了解到“熊猫针”（美容针的一种）的作用（之前被告人杨某容、同案人杨某妹均在同案人张某纯处注射过“熊猫针”、玻尿酸等美容针），便想打美容针。因被告人杨某容、同案人杨某妹也准备打美容针，于是被告人杨某容便通过微信联系同案人张某纯（已判决）于次日上午到美容店为三人打美容针，并将该店的位置发给了同案人张某纯。2021 年 7 月 15 日上午，同案人张某纯到美容店后，在未取得医师执业资质的情况下，在被害人马某贤左右眼袋处敷上麻药，并各注射了一次“熊猫针”。随后，又在被害人马某贤的左右脸颊及额头两边各注射了一次玻尿酸。后被害人马某贤反映其头晕，眼睛痛时，张某纯又为其注射了一针溶解酶。但被害人马某贤的症状仍未得到缓解，于是被告人杨某容及同案人杨某妹等人便将被害人马某贤送医治疗。

2021 年 7 月 21 日，中山大学法医鉴定中心经鉴定并出具鉴定意见：被害人马某贤的损伤程度暂定轻伤二级；建议 180 日后复查视力功能情况再进行补充鉴定。2021 年 11 月 8 日，该中心又出具鉴定意见：被害人马某贤伤残等级评定为《人体损伤致残程度分级》八级伤残。

2022 年 6 月 1 日，该中心再次出具鉴定意见：被害人马某贤因注射药物致医源性右眼动脉阻塞，遗留盲目 5 级，构成重伤二级。

经潮阳区卫生健康局认定，同案人张某纯在未取得执业医师资格情况下，为被害人马某贤注射“熊猫针”、玻尿酸的行为系医疗美容行为，属非法行医行为；× × 皮肤调理中心从事生活美容经营活动未取得公共场所卫生许可证，违反相关法规规定。

2. 法院判决

法院认为，被告人杨某容无视国家法律，明知其经营的美容院不具备医疗机构执业许可资质，仍将美容院提供给未取得医师执业资格的同案人从

---

〔1〕 参见广东省汕头市潮阳区人民法院刑事判决书，（2023）粤 0513 刑初 361 号。

事医疗活动，致一人重伤二级（八级伤残），情节严重，妨害国家对医疗卫生工作的管理制度和公共卫生，其行为已构成非法行医罪。属共同犯罪。判决被告人杨某容犯非法行医罪，判处有期徒刑 11 个月，缓刑 1 年 6 个月，并处罚金 4000 元。

（三）潘某某、刘某某非法行医罪案〔1〕

1. 基本案情

2019 年 6 月，被告人潘某某、刘某某合伙在中山市火炬开发区 × ×路经营 × ×美容馆，在未取得医师资格证书及医师执业证书的情况下为顾客实施注射水光针、瘦脸针及玻尿酸等医疗美容行为。2020 年 7 月 29 日，被告人潘某某在美容馆内为被害人邓某注射玻尿酸过程中，致邓某右眼疼痛无法视物，后被告人潘某某将邓某送医治疗。经鉴定，邓某右眼视网膜中央动脉阻塞，右眼盲目五级，损伤程度构成重伤二级，符合八级伤残。

2. 法院判决

法院认为，公诉机关指控被告人潘某某、刘某某犯非法行医罪的犯罪事实清楚，证据确实、充分，罪名成立，法院予以支持。判决被告人潘某某、刘某某犯非法行医罪，各判处有期徒刑 1 年，并处罚金 1 万元。

（四）洪某某非法行医罪案〔2〕

1. 基本案情

自 2020 年 7 月起，被告人洪某某在未取得医师资格证书和医疗机构执业许可证的情况下，租用玉环市玉城街道 × ×房间作为工作室，为他人提供注射医疗美容服务，非法获利 13,000 元，直至 2021 年 5 月 11 日其在上述地点准备为李某某注射瘦脸针时被卫生行政主管部门工作人员当场查获，现场查获大量药品、医疗器械及医疗垃圾。被告人洪某某曾因非法行医先后被卫生行政主管部门行政处罚两次。

2. 法院判决

法院认为，公诉机关指控被告人洪某某犯非法行医罪的事实清楚，证据

〔1〕 参见广东省中山市第一人民法院刑事判决书，(2022) 粤 2071 刑初 454 号。
〔2〕 参见浙江省玉环市人民法院刑事判决书，(2021) 浙 1021 刑初 499 号。

确实、充分，指控罪名成立，量刑建议适当，应予采纳。依照《刑事诉讼法》第15条，《刑法》(2020年)第336条第1款、第67条第3款、第64条的规定，判决被告人洪某某犯非法行医罪，判处有期徒刑10个月，并处罚金1万元。

(五)刘某某非法行医罪案[1]

1. 基本案情

被告人刘某某在未取得医师执业资格及医疗机构执业许可证的情况下，在武汉市江汉区花楼街某大厦内开设医疗机构，开展医疗美容活动，于2015年6月1日、10月30日先后两次被武汉市江汉区原卫生和计划生育委员会行政处罚，2017年9月因犯非法行医罪被江汉区人民法院刑事处罚。

2018年6月至2019年8月，被告人刘某某在未取得医师执业资格的情况下，收取被害人刘某1美容费用41,500元，分别在武汉市江汉区某广场×座××××室、武汉××××医院等处为被害人刘某1进行玻尿酸注射、自体脂肪填充、肉毒素注射及假体隆鼻术等医疗美容项目。被害人刘某1术后出现假体漏出等不适症状，向江汉区卫生健康局举报，2019年10月8日江汉区卫生健康局在某广场×座××××室现场执法时，当场查获被告人刘某某为李某进行玻尿酸填充，并现场查获大量医疗器械及药品。经法医鉴定，被害人刘某1手术外伤后致鼻孔内及鼻小柱软组织裂伤，其人体损伤程度为轻微伤。

2. 法院判决

法院认为，被告人刘某某曾因犯非法行医罪被判处刑罚，在未取得医师执业资格的情形下仍非法从事医疗活动，情节严重，其行为已构成非法行医罪。公诉机关指控被告人刘某某非法行医的事实清楚，证据确实、充分，指控的罪名成立。判决被告人刘某某犯非法行医罪，判处有期徒刑1年1个月，并处罚金5000元。

二、实务分析

我国《刑法》第336条第1款规定："未取得医生执业资格的人非法行

---

[1] 参见湖北省武汉市江汉区人民法院刑事判决书，(2020)鄂0103刑初311号。

医,情节严重的,处三年以下有期徒刑、拘役或者管制,并处或者单处罚金;严重损害就诊人身体健康的,处三年以上十年以下有期徒刑,并处罚金;造成就诊人死亡的,处十年以上有期徒刑,并处罚金。”

在美容市场,有些从业人员对生活美容和医疗美容没有正确区分,导致很多生活美容场所未取得医疗机构执业许可证,从业人员未取得医师资格证和医师执业证,却从事涉及医疗美容的项目,这也是医疗美容服务过程中最常见的违法违规行为。轻者,通常会被认定为消费欺诈,按《消费者权益保护法》的规定增加赔偿2倍的惩罚性赔偿;重者,造成求美者(消费者)人身损害或重大经济损失的,则构成非法行医罪,依法追究刑事责任。

第四节 虚假广告(诈骗)罪

一、典型案例

(一)陈某虚假广告罪案[1]

1. 基本案情

2021年11月,被告人陈某成立广州某甲公司,叶某敏(另案处理)担任法人,郑某恒(另案处理)担任股东及后勤部负责人,李某芳(另案处理)担任销售部负责人。广州某甲公司起初在抖音、今日头条、天猫平台投放广告销售“协和牌苗条霜”,因亏损,2022年4月,陈某、郑某恒、李某芳、叶某敏商议变更营销模式,广州某甲公司先利用抖音、今日头条、天猫平台投放“协和牌苗条霜”广告,在全国范围内吸引客户,待取得客户联系方式等资料后,通过销售部人员以电话营销的方式与之联系进行二次开发。销售人员与客户取得联系后,以“规划师助理”“规划师”的身份相互配合,以“协和健康管理中心”“协和瘦身顾问”“协和特妆顾问”等身份向客户进行虚假宣传,根据“话术”模板推销相关产品,牟取暴利。2022年7月,陈某等人将公司销售部搬迁至献县,并成立河北某某化妆品有限公司,由郑某恒担任法人代表并负责河北某某化妆品有限公司的日常管理,李某芳担任销售部经理负责销售,张

[1] 参见河北省献县人民法院刑事判决书,(2023)冀0929刑初214号。

某杰(另案处理)担任销售部主管管理8个销售团队。截至案发,销售额共计500余万元,违法所得450余万元。

2. 法院判决

法院认为,被告人陈某为非法获利,违反国家规定,利用广告对商品和服务进行虚假宣传,情节严重,其行为触犯《刑法》,构成虚假广告罪。被告人陈某与郑某恒(另案处理)、李某芳(另案处理)、叶某敏(另案处理)商议采用以"某某药业"的工作人员身份向客户进行虚假宣传,根据"话术"推销产品的营销模式牟利,其行为应认定为引人误解的商业宣传行为。被告人陈某在决策会上明确告知参会人员尽量规避湖南某公司采用冒充专家进行销售的风险点,决定员工以某某药业规划师等身份向消费者进行产品推销,其行为足以引起消费者误解,在共同犯罪中起主要作用,系主犯。公诉机关的指控事实清楚,证据确实、充分,罪名成立。为惩罚犯罪,保护消费者合法权益,维护正常的市场经济秩序,综合考虑被告人的犯罪性质、社会危害、认罪认罚、悔罪态度等量刑情节,依照《刑法》第222条、第25条第1款、第26条第1款、第52条、第53条,《刑事诉讼法》第15条、第201条的规定,判决被告人陈某犯虚假广告罪,判处有期徒刑1年11个月,并处罚金4万元。

(二)朱某诈骗罪案[1]

1. 基本案情

2009年5月初,被告人朱某伙同张某1(已判刑)合谋到遂宁市"搞医疗项目"获取钱财,先后与遂宁某某医院的负责人叶某1、王某洽谈了合作成立肝病科的事宜。同年5月19日,张某1与遂宁某某医院签订合作成立肝病科的协议,同时与朱某一起将制作的虚假广告投放于遂宁各电视台广泛宣传,吹嘘采用"新一代生物针"治疗肝病,并承诺直到治愈为止。协议签订后,张某1聘请了具有执业医师资格的陈某,与没有执业医师资格证的朱某共同坐诊肝病科收治患者。朱某具体负责肝病科的日常管理工作,并在该科坐诊、开药。2009年5月底,被告人朱某与张某1设立的肝病科对外以遂宁某某医院名义收治患者,并每针收取1000元至2000元的治疗费用,实际用药为干扰素、核糖核酸、苦参素、肝水解肽等××普通治疗药品,无法成功

---

[1] 参见四川省遂宁市船山区人民法院刑事判决书,(2020)川0903刑初425号。

治疗肝病。截至2010年1月,朱某等人共收取被害人张某林、黄某艳等433人次诊疗费1,969,206.96元,后携款潜逃。公安机关立案后,朱某被上网追逃,并于2019年12月1日在南宁市青秀区被抓获归案。

2. 法院判决

法院认为,被告人朱某伙同他人以非法占有为目的,采取虚构事实、隐瞒真相的手段,骗取他人财物,数额特别巨大,其行为已构成诈骗罪。公诉机关指控的事实和罪名成立。被告人及辩护人提出朱某系从犯、适用缓刑等辩解辩护意见,经查,上述证据相互印证并形成证据链,能够证实,被告人朱某在共同犯罪中所起作用相对较小,可以认定为从犯,对该辩护意见依法予以采纳;被告人以谎称能够治疗肝病的方式骗取患者钱财,数额特别巨大,且案发后被告人逃匿多年,主观恶性较大,情节较为恶劣,社会危害程度较大,不符合缓刑的适用条件,故对其适用缓刑的辩护意见法院不予采纳。被告人归案后,如实供述主要犯罪事实,系坦白,且在庭审中自愿认罪,依法从轻处罚。在共同犯罪中,被告人朱某所起作用相对较小,系从犯,应当从轻或减轻处罚。综合被告人犯罪的事实、性质、情节、对社会的危害程度及悔罪态度,并经法院审判委员会讨论决定,依照《刑法》(2017年)第266条、第25条第1款、第27条、第67条第3款、第52条、第53条第1款、第64条之规定,判决被告人朱某犯诈骗罪,判处有期徒刑7年10个月,并处罚金7万元;对被告人共同的违法所得1,969,206.96元予以追缴并责令退赔给相关被害人。

二、实务分析

我国《刑法》第222条规定:“广告主、广告经营者、广告发布者违反国家规定,利用广告对商品或者服务作虚假宣传,情节严重的,处二年以下有期徒刑或者拘役,并处或者单处罚金。”

本节第1个案例中,被告人为非法获利,违反国家规定,利用广告对商品和服务进行虚假宣传,商议采用以“某某药业”的工作人员身份向客户进行虚假宣传,根据“话术”推销产品的营销模式牟利,其行为应认定为引人误解的商业宣传行为。被告人在决策会上明确告知参会人员尽量规避湖南某公司采用冒充专家进行销售的风险点,决定员工以某某药业规划师等身份向消费者进行产品推销,其行为足以引起消费者误解。至案发时,其犯罪金额已经特别巨大,依法应当以虚假广告罪追究刑事责任。本节第2个案例中,被告人伙同他人以非法占有为目的,通过发布虚假医疗广告,虚构事实、隐瞒真相的手段,以所谓的"医疗项目"骗取他人财物,数额特别巨大,其行为已构成诈骗罪。

第五节 生产、销售有毒、有害食品罪

一、典型案例

(一)金某某等生产、销售有毒、有害食品罪案[1]

1. 基本案情

被告人金某某在未取得食品经营许可的情况下,于 2018 年 9 月在威海市通过微信朋友圈销售 DL 减肥咖啡。2018 年 9 月、11 月,冯某通过微信联系金某某,以每袋 298 元的价格订购 2 袋该减肥咖啡,金某某遂通过微信向同样未取得食品经营许可并通过微信朋友圈销售减肥咖啡的被告人林某订购此种咖啡并支付价款,后被告人林某联系陈某(另案处理),由陈某通过快递直接将咖啡邮寄给被告人金某某,金某某将咖啡交给冯某。冯某收到从金某某处购买的咖啡并饮用后感觉身体不适,于 2019 年 12 月 26 日向公安机关报案。被告人金某某、林某在销售该减肥咖啡时,均未按照《食品安全法》及相关规定的要求查验其产品合格证明等文件。经检验,在冯某提交的 13 袋(每袋 10 克)DL 减肥咖啡中均检出西布曲明成分。

2. 法院判决

法院认为,被告人金某某、林某销售明知掺有有毒、有害的非食品原料的食品,其行为已构成销售有毒、有害食品罪。根据被告人金某某、林某犯罪的事实、性质、情节以及对社会的危害程度,依照《刑法》(2020 年)第 144 条,第 25 条第 1 款,第 52 条,第 53 条,第 64 条,第 67 条第 1 款、第 3 款;最高人民法院、最高人民检察院《关于办理危害食品安全刑事案件适用法律若干问题的解释》(2013 年,已失效)第 20 条;《侵权责任法》(已失效)第 6 条、第 8 条、第 16 条;最高人民法院《关于审理人身损害赔偿案件适用法律若干问

[1] 参见山东省威海市环翠区人民法院刑事附带民事判决书,(2021)鲁 1002 刑初 33 号。

题的解释》(2020年修正)第6条、第7条、第8条、第9条、第10条;《刑事诉讼法》第15条之规定,判决被告人金某某、林某犯销售有毒、有害食品罪,各判处有期徒刑6个月,并处罚金2000元。

(二)周某销售有毒、有害食品罪案[1]

1.基本案情

2019年3月,被告人周某为牟取非法利益,非法购进来源不明的Sshow减肥胶囊330盒,通过快手、微信等平台宣传销售,以每盒280元的价格,先后向侯某、孔某1、樊某等100余人出售共计225盒,销售金额共计63,000元,部分客户服用该胶囊后出现头晕、呕吐、胃肠功能紊乱等不良症状。2019年3月19日,济宁市任城区市场监督管理局接到群众举报后依法进行检查,在被告人周某经营的济宁市任城区环城西路某服装店内查扣Sshow减肥胶囊105盒及记账本等物品。2019年5月5日,经山东省食品药品检验研究院检验,被告人周某销售的Sshow减肥胶囊含有西布曲明违禁成分。

2019年11月5日,被告人周某经公安机关电话传唤后积极配合调查,如实供述了主要犯罪事实。

被告人周某供述,其原来有两个微信号,昵称是"晴子Am医美集团总部Ceo""安美整形。晴子院长助理",现在用的昵称是"AA晴子Am.整形集团总部CEO",快手号叫"济宁大晴子(安美院长)",其卖过减肥药,即Sshow减肥药,从2019年3月1日开始,在朋友圈里发信息卖Sshow减肥药。其微信朋友圈里有不少关注其快手的人,有买Sshow减肥药的,就用微信私信和其联系,其发快递给客户,有的时候是发位置给客户,客户去其服装店里拿。Sshow减肥药是其以180元一盒从景某那里买的,卖280元一盒。其知道Sshow减肥药里面有违禁成分,Sshow减肥药没有药品批准文号或者进口药品注册号,是"三无"产品,其感觉是景某自己做的。之所以销售,是因为想赚钱。2019年3月,有个顾客吃了之后说恶心,上医院了,其把减肥药钱和医药费1200元钱都还给人家了。进了多少货,卖了多少货,都在一个绿皮记录本上记着,上面写着减肥出货登记,付某某等字。

---

[1] 参见山东省济宁市任城区人民法院刑事判决书,(2020)鲁0811刑初1241号。

2. 法院判决

法院认为,被告人周某销售明知掺有有毒、有害的非食品原料的食品,其行为已构成销售有毒、有害食品罪。公诉机关指控的犯罪事实和罪名成立,法院予以支持。被告人周某自动归案,如实供述自己的罪行,系自首,依法予以从轻处罚。被告人周某自愿认罪认罚,依法予以从宽处罚。被告人周某系初犯、偶犯,可酌情予以从轻处罚。被告人周某案发前主动赔偿消费者损失,可酌情从轻处罚。被告人周某积极退缴违法所得,预缴罚金,可酌情从轻处罚。辩护人关于被告人犯罪情节轻微、社会危害性不大,建议判处缓刑的辩护意见,因本案涉及食品公共安全,危害不特定对象的人身健康,社会危害性较大,不适合判处缓刑,该辩护意见不能成立,不予采纳。依照《刑法》(2017 年)第 144 条第 1 款、第 67 条第 1 款、第 52 条、第 53 条、第 64 条之规定,判决被告人周某犯销售有毒、有害食品罪,判处有期徒刑 8 个月,并处罚金 15 万元。

(三)曾某某、王某某等生产、销售有毒、有害食品罪案[1]

1. 基本案情

2018 年 9 月左右至 2019 年 1 月,被告人曾某某明知用于减肥的"营养片"(自称)片剂掺有有毒、有害的非食品原料,仍从他人处购买,并将上述"营养片"片剂一盒与其从他人处购买的用于减肥的标示为"同和堂俏媚人酵素压片糖果"的片剂一盒搭配组成减肥产品以 50 元/套的价格向被告人王某某销售,共计 600 套。其中,被告人曾某某直接向被告人王某某发货 360 套;根据被告人王某某提供的地址代其向被告人王某发货 180 套、向被告人王某的下家"苹苹"发货 60 套,销售金额合计 31,800 元。

2018 年 9 月前后至 2019 年 1 月,被告人王某某明知上述"营养片"片剂掺有有毒、有害的非食品原料,仍从被告人曾某某处购买上述减肥产品,并以 60 元/套的价格向被告人王某销售,共计 540 套,销售金额合计 34,500 元。

2018 年 9 月前后至 2019 年 1 月,被告人王某明知上述"营养片"片剂掺有有毒、有害的非食品原料,仍从被告人王某某处购买上述减肥产品,并以 75 元/套、180 元/套等不等的价格向陈某 1 等人销售,销售金额合计 40,287

---

〔1〕 参见江苏省宜兴市人民法院刑事附带民事判决书,(2019)苏 0282 刑初 1157 号。

元;被告人王某为被告人王某某向其下家谢某代发上述减肥产品20套,销售金额合计1200元。

2019年1月3日,仲某(女,殁年24岁)服用了陈某1从被告人王某处购买的上述标示为"同和堂俏媚人酵素压片糖果"片剂和"营养片"片剂后突发不适,后送医院抢救无效于当日死亡。

经检验,上述"营养片"片剂中检出酚酞、西布曲明药物成分。经鉴定,仲某系患有肾上腺嗜铬细胞瘤,合并服用西布曲明引起急性循环功能衰竭死亡。

2019年1月17日,被告人王某主动至公安机关投案;2019年3月7日,被告人王某某主动至公安机关投案;2019年4月17日,被告人曾某某被公安机关抓获。归案后,三被告人均如实供述了上述犯罪事实。

案发后,被告人曾某某与被害人仲某的近亲属达成民事赔偿协议,现已支付赔偿款合计250,000元;被告人王某某已对被害人仲某的近亲属赔偿200,000元;被告人王某已向被害人仲某的近亲属支付赔偿款合计200,000元,三被告人均得到了被害人仲某近亲属的谅解。

2. 法院判决

法院认为,被告人曾某某、王某某、王某明知是掺有有毒、有害的非食品原料的食品仍予以销售,致人死亡,均应当以销售有毒、有害食品罪追究其刑事责任。被告人王某某、王某犯罪后自首,可以从轻或减轻处罚;被告人曾某某归案后能如实供述自己的罪行,可以从轻处罚;三被告人能积极赔偿被害人亲属经济损失,取得谅解,可以从轻处罚,综上,法院决定对被告人曾某某从轻处罚,对被告人王某某、王某减轻处罚。宜兴市人民检察院指控三被告人犯罪的事实清楚,证据确实、充分,量刑建议适当,予以采纳。

被告曾某某、王某某、王某明知食品中禁止添加违禁药物,仍将含有西布曲明和酚酞成分的"营养片"片剂与"同和堂俏媚人酵素压片糖果"搭配销售,以提高效果,并通过微信朋友圈等途径对外宣称系具有减肥功效的保健食品,严重违反食品安全规定,严重损害了消费者的生命、身体、健康,侵害众多消费者的合法权益,依法应当承担损害赔偿等民事责任。法院对公益诉讼机关提出的赔偿请求,予以支持。依照《刑法》(2017年)第144条、第141条,第25条第1款,第67条第1款、第3款;《侵权责任法》(已失效)第2条,第8条,第15条;《食品安全法》第34条、第148条;最高人民法院《关于审理消费民事公益诉讼案件适用法律若干问题的解释》(2016年)第13条第1款的规定,判决被告人曾某某犯销售有毒、有害食品罪,判处有期徒刑10年,并处罚金30万元;被告人王某某犯销售有毒、有害食品罪,判处有期徒刑6年,并处罚金25万元;被告人王某犯销售有毒、有害食品罪,判处有期徒刑6年,并处罚金26万元。被告人曾某某、王某某、王某于本判决发生法律效力之日起10日内向宜兴市人民检察院支付赔偿金402,870元(连带赔偿),由宜兴市人民检察院纳入公益基金依法管理。被告人曾某某、王某某、王某于本判决发生法律效力之日起30日内在国家级媒体向购买、食用"同和堂俏媚人酵素压片糖果"片剂套装的消费者赔礼道歉(内容需经法院审核)。

二、实务分析

《刑法》第144条规定:"在生产、销售的食品中掺入有毒、有害的非食品原料的,或者销售明知掺有有毒、有害的非食品原料的食品的,处五年以下有期徒刑,并处罚金;对人体健康造成严重危害或者有其他严重情节的,处五年以上十年以下有期徒刑,并处罚金;致人死亡或者有其他特别严重情节的,依照本法第一百四十一条的规定处罚。"本条即生产、销售有毒、有害食品罪的规定,本罪按生产和销售行为不同,根据情节分别处罚。我国《食品安全法》第38条规定:"生产经营的食品中不得添加药品,但是可以添加按照传统既是食品又是中药材的物质。按照传统既是食品又是中药材的物质目录由国务院卫生行政部门会同国务院食品安全监督管理部门制定、公布。"

医疗美容服务过程中,有些机构会根据求美者的需求,向其推荐或直接销售某些减肥食品等美容辅助用品,如本节案例中的减肥咖啡、减肥胶囊、减肥营养片等,如果对所销售产品的进货渠道等不加管理,甚至明知是掺有有毒、有害的非食品原料的食品仍然进行销售,则可能构成生产、销售有毒、有害食品罪。医疗美容机构在经营与美容有关的食品等辅助用品时,除依法取得食品经营许可证以外,还应当做好产品进、出记录,按照《食品安全法》及相关规定的要求查验其产品合格证明等文件并留底以备查验。

第六节 生产、销售假药罪

一、典型案例

（一）米某某、张某某生产、销售假药案[1]

1. 基本案情

河北某某公司于2011年10月10日注册成立。现住所地：石家庄市新华区。公司类型：有限责任公司。经营范围：自营和代理各类商品和技术的进出口业务、包装材料、纸制品的销售。注册资本：300万元，其中被告人米某某出资180万元，占注册资本的60%，被告人张某某出资120万元，占注册资本的40%。

某某公司自成立以来，在未取得药品生产许可证、药品经营许可证的情况下大量购入A型肉毒毒素、高级谷胱甘肽、维生素C、注射用二硫辛酸、还原型谷胱甘肽、美雄酮、睾丸酮、异维A酸软胶囊、左某肉碱注射液、抗衰老注射液、伐地那非、加强型谷胱甘肽、硫辛酸注射液、注射用谷胱甘肽、六胜肽、辅酶Q10、VC等裸瓶药品，并由其公司设计成ELE、REX、SWISS、DINAMICS、Elepharm等品牌，在公司库房内采用"泡签""贴标""装盒"的方式加以包装生产后，通过网络平台联系客户达成购销协议后向马来西亚、印度尼西亚、菲律宾等国家进行销售。经河北省原食品药品监督管理局认定：某某公司生产、销售的A型肉毒毒素、谷胱甘肽、维生素C、左某肉碱注射液、伐地那非、美雄酮、睾丸酮、六胜肽等32种药品均为假药。

被告人米某某系某某公司的法定代表人、总经理，负责公司全面工作；被告人张某某系某某公司的股东、副经理，负责公司的业务沟通、销售；被告人刘某某系某某公司的副总经理，负责公司业务管理、A型肉毒毒素、粉针剂、胶囊片剂、外包装的采购；被告人任某某系某某公司的办公室主任，负责公司后勤管理、水针剂的采购；被告人薛某某系某某公司的员工，负责公司在外驻药厂药品生产的监督、管理；被告人聂某某、李某某系某某公司的库

---

[1] 参见河北省石家庄市新华区人民法院刑事判决书，(2018)冀0105刑初216号。

管,负责粉针剂、水针剂、油针剂、A 型肉毒毒素及相关外包装的出入库管理;被告人马某某系某某公司的设计部员工,负责公司药品的外包装设计。

2011 年 10 月以来,被告人米某某为便于某某公司药品的报关出口,在与各个药厂签订供销合同和参加展会时向对方提供虚假材料,伪造了河南某药业集团有限公司、河南某制药有限公司、开封制药(集团)有限公司、河南某制药有限公司等公司印章及河南省原食品药品监督管理局、山东省原食品药品监督管理局等国家机关印章。公诉机关认定上述事实的证据有:书证、证人证言、被告人的供述与辩解、鉴定意见等。公诉机关认为,被告人米某某的行为触犯了《刑法》(2017 年)第 141 条,第 280 条第 1 款、第 2 款,犯罪事实清楚,证据确实、充分,应当以生产、销售假药罪,伪造国家机关印章罪、伪造公司印章罪追究其刑事责任。被告人张某某、刘某某、任某某、薛某某、聂某某、李某某、马某某的行为触犯了《刑法》(2017 年)第 141 条,犯罪事实清楚,证据确实、充分,应当以生产、销售假药罪追究其刑事责任。

2. 法院判决

法院认为,某某公司未取得药品生产许可证、药品经营许可证销售假药,其行为已构成生产、销售假药罪,被告人米某某作为公司法人,应对公司全部犯罪行为承担责任。被告人张某某、刘某某、任某某、薛某某、李某某、聂某某、马某某,应对其职责范围内的犯罪行为承担直接责任。8 被告人的行为系共同犯罪,米某某系主犯,其余各被告人系从犯。被告人米某某为便于某某公司药品的报关出口,在与各个药厂签订供销合同和参加展会时向对方提供虚假材料,伪造了河南某药业集团有限公司、河南某制药有限公司、开封制药(集团)有限公司、河南某制药有限公司等公司印章及河南省原食品药品监督管理局、山东省原食品药品监督管理局等国家机关印章,其行为已构成伪造国家机关印章罪、伪造公司印章罪。公诉机关的指控,事实清楚,证据确实、充分,指控罪名成立。

结合各被告人的犯罪事实、情节等情况,根据《刑法》(2017 年)第 141 条,第 280 条第 1 款、第 2 款,第 31 条,第 25 条第 1 款,第 26 条第 1 款,第 27 条,第 64 条,第 69 条,第 72 条,最高人民法院、最高人民检察院《关于办理危害药品安全刑事案件适用法律若干问题的解释》(2014 年,已失效)第 1 条第 6 项、第 11 条第 1 款之规定,判决被告人米某某犯生产、销售假药罪,伪造国家机关印章罪,伪造公司印章罪,数罪并罚,决定执行有期徒刑 2 年,并处罚金20万元;被告人张某某等人犯生产、销售假药罪,各判决1年至1年5个月不等的有期徒刑。

（二）刘某某生产、销售假药案[1]

1. 基本案情

2018年3月,被告人刘某某在襄城区宜宾路15号注册开办襄城区刘某某诊所,经营范围为中医科诊疗服务。刘某某在未取得医疗机构制剂许可证的情况下,私自加工、配制中药丸、中药粉及外用药膏。随后,刘某某通过网络对省外患有静脉曲张的病人进行诊治,并销售其已配制好的药丸、药粉及药膏。2018年6月7日,襄城区原食品药品监督管理局执法人员进行日常监督检查,从刘某某开办的诊所内现场查获其配制好的中药丸1200袋、中药粉2000袋、外用药膏2盒。2018年6月29日,襄阳市原食品药品监督管理局对襄城区原食品药品监督管理局送检的药丸、药粉及药膏进行检测,认定送检的药丸、药粉及药膏均是使用固定处方配制,成批量生产,不属于临方调配,属于中药制剂,且明示治疗疾病专用,符合药品属性。鉴于该三种产品均未标示药品批准文号,依据《药品管理法》(2015年)第48条第3款第1项[2]的规定,按假药论处。2018年8月6日,襄城区原食品药品监督管理局对刘某某进行了没收药品、罚款的行政处罚。

另查明,刘某某于2018年11月26日主动到襄城公安分局治安大队投案,如实供述了生产、销售假药的事实。

还查明,刘某某通过网络销售其配制的中药丸、中药粉及外用药膏获利的14,080元,案发后已经退还被害人9860元,剩余4220元被害人已经折抵继续治疗的药费。

2. 法院判决

法院认为,被告人刘某某生产、销售假药,其行为已构成生产、销售假药罪。公诉机关指控被告人刘某某构成生产、销售假药的犯罪事实清楚,证据确实、充分,指控罪名成立。刘某某主动投案,如实供述其犯罪事实,系自

---

[1] 参见湖北省襄阳市襄城区人民法院刑事判决书,(2019)鄂0602刑初78号。

[2] 《药品管理法》已于2019年8月26日修订,本条已删除。相关条款参见第98条第1款、第2款。

首,依法可从轻处罚。被告人刘某某犯罪情节较轻,有悔罪表现。经审前社会调查宣告缓刑对其所居住的社区没有重大不良影响,依法可以适用缓刑。根据被告人刘某某犯罪的事实,犯罪性质、情节及其行为对社会的危害程度,经法院审判委员会讨论决定,依照《刑法》(2017 年)第 141 条,第 67 条第 1 款,第 72 条,第 73 条第 2 款、第 3 款之规定,判决被告人刘某某犯生产、销售假药罪,判处有期徒刑 8 个月,缓刑 1 年,并处罚金 6000 元。

二、实务分析

我国《刑法》第 141 条规定:"生产、销售假药的,处三年以下有期徒刑或者拘役,并处罚金;对人体健康造成严重危害或者有其他严重情节的,处三年以上十年以下有期徒刑,并处罚金;致人死亡或者有其他特别严重情节的,处十年以上有期徒刑、无期徒刑或者死刑,并处罚金或者没收财产。药品使用单位的人员明知是假药而提供给他人使用的,依照前款的规定处罚。"本罪的主观方面必须是明知,即明知生产的是假药或明知销售的是假药。

关于假药的认定,我国《药品管理法》第 98 条第 1 款、第 2 款规定:"禁止生产(包括配制,下同)、销售、使用假药、劣药。有下列情形之一的,为假药:(一)药品所含成份与国家药品标准规定的成份不符;(二)以非药品冒充药品或者以他种药品冒充此种药品;(三)变质的药品;(四)药品所标明的适应症或者功能主治超出规定范围。"如本节第 1 个案例,某某公司在未取得药品生产许可证、药品经营许可证的情况下,通过购入 A 型肉毒毒素、高级谷胱甘肽、维生素 C、注射用二硫辛酸、还原型谷胱甘肽、美雄酮、睾丸酮、异维 A 酸软胶囊、左某肉碱注射液、抗衰老注射液、伐地那非、加强型谷胱甘肽、硫辛酸注射液、注射用谷胱甘肽、六胜肽、辅酶 Q10、VC 等裸瓶药品,采用"泡签""贴标""装盒"的方式加以包装生产后销售。经河北省原食品药品监督管理局认定,32 种药品均为假药。此类药品绝大部分都是医疗美容药品,根据《刑法》第 141 条第 2 款的规定,医疗美容机构作为药品使用单位,如果明知是假药仍然从该等公司购买并提供给患者(求美者)使用,则亦按销售假药罪处罚。

第三章

医疗美容行政责任案例及分析

第一节　未取得医疗机构执业许可证擅自开展医疗美容服务被行政处罚

一、典型案例

（一）林某某未取得医疗机构执业许可证擅自开展诊疗活动案[1]

1. 基本案情

无为某某医院将其医院二楼部分科室出租于非本单位的职工林某某，2018年6月至8月，林某某未取得医疗机构执业许可证擅自开展“男科”诊疗活动，并以无为某某医院二楼“男科”对外发布医疗广告，其在二楼独立设置药房和男科挂号、诊疗，二楼东闸口男科独立收费。独自聘用医疗技术人员，收支账目独立，账面非法收入为587,116.7元。无为市卫生健康委员会开展医疗机构依法执业专项监督稽查时发现林某某未取得医疗机构执业许可证擅自开展“男科”诊疗活动。

2. 处罚结果

经查证后，无为市卫生健康委员会依据原卫生部《关于对非法采供血液和单采血浆、非法行医专项整治工作中有关法律适用问题的批复》（卫政法

---

〔1〕 参见安徽省无为市卫生健康委员会行政处罚决定书，皖芜无卫医罚〔2018〕71号。

发〔2004〕224 号,已失效)、《医疗机构管理条例》(2016 年)第 44 条及《医疗机构管理条例实施细则》第 77 条之规定,对林某某作出行政处罚决定,没收林某某药品医疗器械和没收非法所得 587,116 元,并处以 8000 元罚款。

(二)曹某某未取得医疗机构执业许可证擅自开展医疗美容服务案[1]

1. 基本案情

2023 年 4 月 1 日晚,曹某某租赁丹东市元宝区某某店(丹东市振兴区)内一房间设置"洗脸"美容场所,该场所未取得医疗机构执业许可证,被执行人无医师资格证书、医师执业证书,在该场所内给投诉人刘某使用具有创伤性、侵入性的医学技术方法擅自执业开展"水光针"的医疗美容服务活动,并通过微信收取投诉人刘某 1066 元。2023 年 11 月 10 日,丹东市卫生健康委员会查实曹某某的上述行为。

2. 处罚结果

曹某某的行为违反了《医疗美容服务管理办法》第 8 条、第 11 条、第 15 条、第 23 条,《医疗机构管理条例》第 23 条,《基本医疗卫生与健康促进法》第 38 条第 2 款,《医师法》第 13 条第 4 款的规定。依据《医疗美容服务管理办法》第 28 条、《医疗机构管理条例》第 43 条第 1 款、《基本医疗卫生与健康促进法》第 99 条第 1 款之规定,决定没收违法所得 1066 元和药品、医疗器械,并处罚款 5 万元的行政处罚。

二、实务分析

随着社会经济的发展以及技术水平的提高,人们追求美、崇尚美的热情也越来越高。很多机构或个人看到医疗美容市场的前景,纷纷开展医疗美容服务。《医疗美容服务管理办法》第 23 条规定:"任何单位和个人,未取得《医疗机构执业许可证》并经登记机关核准开展医疗美容诊疗科目,不得开展医疗美容服务。"《医疗机构管理条例》第 23 条规定:"任何单位或者个人,未取得《医疗机构执业许可证》或者未经备案,不得开展诊疗活动。"《基本医疗卫生与健康促进法》第 99 条第 1 款规定:"违反本法规定,未取得医疗机构执业许可证擅自执业的,由县级以上人民政府卫生健康主管部门责令停

---

〔1〕 参见辽宁省丹东市卫生健康委员会行政处罚决定书,丹振卫医罚字〔2023〕第 008 号。

止执业活动,没收违法所得和药品、医疗器械,并处违法所得五倍以上二十倍以下的罚款,违法所得不足一万元的,按一万元计算。”

生活美容店、美甲店等非医疗机构未取得医疗机构执业许可证擅自开展医疗美容项目服务,卫生健康行政部门将依据《基本医疗卫生与健康促进法》第99条第1款的规定进行处罚,没收违法所得、没收药品和医疗器械,违法所得1万元以上的,处违法所得5~20倍的罚款,违法所得不足1万元的,罚款5万~20万元。

第二节　医疗美容机构使用非卫生技术人员从事医疗美容活动被行政处罚

一、典型案例

(一)柳州新某医疗美容医院有限公司使用非卫生技术人员从事医疗卫生技术工作案[1]

1. 基本案情

经柳州市城中区卫生健康局查明,柳州新某医疗美容医院有限公司使用非卫生技术人员从事医疗卫生技术工作、未按规定填写病历资料的行为,违反了《医疗美容服务管理办法》第12条和第18条、《医疗机构管理条例实施细则》第81条第2款、《医疗机构管理条例》第27条、《医疗纠纷预防和处理条例》第15条第1款的规定。

2. 处罚结果

依据《医疗机构管理条例》第47条、《医疗纠纷预防和处理条例》第47条第4项的规定,并参照《柳州市城中区卫生健康局行政处罚法自由裁量权基准制度》第4条第2项、《柳州市城中区卫生健康局行政处罚自由裁量量化标准》序号2.10、4.6中一般情形的裁量标准,对柳州新某医疗美容医院有限公司上述违法行为责令立即改正,给予如下行政处罚:(1)警告;(2)罚款48,000元。

---

〔1〕 参见广西壮族自治区柳州市城中区卫生健康局行政处罚决定书,柳城中卫医罚〔2023〕6号。

（二）赛某某医疗美容门诊部使用非卫生技术人员从事医疗卫生技术工作案[1]

1. 基本案情

2019年5月5日，汪某某向渝中区卫生健康委员会投诉，称其在赛某某医疗美容门诊部做了修复双眼皮和假体隆胸等美容手术后，质疑该门诊部及其医师马某的资质存在问题，并向渝中区卫生健康委员会提供了手术约定合同书、收据、术前沟通记录单等材料，渝中区卫生健康委员会于同日受理后，于同月10日到赛某某医疗美容门诊部进行现场检查，发现马某涉嫌开展美容外科诊疗活动，并调取了汪某某的病历、手术术后拆线记录单、隆乳手术记录单。同月13日，渝中区卫生健康委员会执法人员对汪某某、马某、兰某某进行询问，形成询问笔录，并向赛某某医疗美容门诊部及马某发出卫生监督意见书。

2. 处罚结果

2019年6月17日，渝中区卫生健康委员会作出行政处罚决定，认定赛某某医疗美容门诊部于2018年4月4日使用执业范围为口腔专业的执业医师马某施行美容外科手术，构成使用非卫生技术人员从事医疗卫生技术工作，决定对其罚款2800元。2019年8月7日，渝中区卫生健康委员会作出行政处罚决定，认定马某于2018年4月4日为患者施行美容外科手术，未按照注册的执业范围执业，决定对其处以暂停6个月执业活动的行政处罚。

二、实务分析

使用非卫生技术人员独立操作医疗美容项目、使用护士独立操作医疗美容项目，是医疗美容活动中常见的违法行为，也是投诉和医疗纠纷中的高频事由。激光脱毛、光子嫩肤等光电类医疗美容项目因操作简单，在医疗机构内由护士实施并负责，而美容主诊医师实际并未参与的情况较多见，由此引发的风险及纠纷日益增多。

我国《医疗美容服务管理办法》第14条规定："未经卫生行政部门核定并办理执业注册手续的人员不得从事医疗美容诊疗服务。"同时，该办法第

[1] 参见重庆市渝中区卫生健康委员会行政处罚决定书，渝中卫医罚〔2019〕23号。

11条对实施医疗美容项目的主诊医师的条件、资格进行了明确规定:“负责实施医疗美容项目的主诊医师必须同时具备下列条件:(一)具有执业医师资格,经执业医师注册机关注册;(二)具有从事相关临床学科工作经历。其中,负责实施美容外科项目的应具有6年以上从事美容外科或整形外科等相关专业临床工作经历;负责实施美容牙科项目的应具有5年以上从事美容牙科或口腔科专业临床工作经历;负责实施美容中医科和美容皮肤科项目的应分别具有3年以上从事中医专业和皮肤病专业临床工作经历;(三)经过医疗美容专业培训或进修并合格,或已从事医疗美容临床工作1年以上;(四)省级人民政府卫生行政部门规定的其他条件。”第13条对从事医疗美容护理工作的人员也进行了规定:“从事医疗美容护理工作的人员,应同时具备下列条件:(一)具有护士资格,并经护士注册机关注册;(二)具有二年以上护理工作经历;(三)经过医疗美容护理专业培训或进修并合格,或已从事医疗美容临床护理工作6个月以上。”从以上规定不难看出,医疗美容服务的从业人员比一般医疗从业人员的要求高。

第三节　医疗美容机构虚假宣传被行政处罚

一、典型案例

(一)日照某某医疗美容医院有限公司虚假宣传案[1]

1.基本案情

2017年12月27日,日照市市场监督管理局(以下简称日照市监督局)接到投诉举报,声称日照某某医疗美容医院有限公司在其网站进行虚假宣传,误导消费者。日照市监督局于当日立案,经调查、听证,日照市监督局认定某某医疗美容医院有限公司网站宣传的医疗美容服务情况、荣誉、医师等信息不存在或与实际情况不符,构成以虚假或引人误解的内容欺骗、误导消费者的违法行为,违反了《反不正当竞争法》(2017年)第8条第1款的规定,但鉴于日照某某医疗美容医院有限公司在执法人员调查取证过程中积极配

[1] 参见山东省日照市市场监督管理局行政处罚决定书,日市监撤行处字〔2019〕1号。

合,并能够及时进行整改,日照市监督局在自由裁量情节上按照较轻幅度对其处罚。

2. 处罚结果

日照市监督局依照《反不正当竞争法》(2017 年)第 25 条、第 20 条第 1 款之规定,决定对日照某某医疗美容医院有限公司作如下处罚:(1)责令立即停止违法行为;(2)罚款 200,000 元。日照某某医疗美容医院有限公司不服该处罚决定,于 2018 年 12 月 26 日向法院提起行政诉讼,案件审理过程中,日照市监督局于 2019 年 8 月 26 日作出撤销前述处罚的决定。日照某某医疗美容医院有限公司亦撤回起诉。后日照市监督局根据《反不正当竞争法》(2017 年)第 20 条第 1 款“经营者违反本法第八条规定对其商品作虚假或者引人误解的商业宣传……由监督检查部门责令停止违法行为,处二十万元以上一百万元以下的罚款……”和第 25 条“经营者违反本法规定从事不正当竞争,有主动消除或者减轻违法行为危害后果等法定情形的,依法从轻或者减轻行政处罚;违法行为轻微并及时纠正,没有造成危害后果的,不予行政处罚”的规定并结合实际情况,决定对日照某某医疗美容医院有限公司予以减轻处罚,2019 年 9 月 12 日重新作出行政处罚:(1)责令立即停止违法行为;(2)罚款 5 万元。

(二)惠州市某某医疗器械有限公司虚假宣传案[1]

1. 基本案情

2019 年 3 月,惠州市某某医疗器械有限公司在位于仲恺高新区陈江立新街××号××综合市场 2 楼的经营场所,以“集中上课 + 体验”的方式,向现场群众播放 PPT,介绍、推销由武汉兆丰创新有限公司生产的电位治疗仪(型号:WZK-901)。该电位治疗仪的适用范围是失眠、便秘、疼痛等慢性病的康复理疗和日常保健。向群众宣传的 PPT 中有“净化血液、改善体质”“身体应得轻盈、走路轻松,提早入眠、夜尿减少、早上起床精神好”“血压、血脂、血糖、血粘度减低或恢复至正常水平、神经、呼吸、骨骼、消化等系统疾病得到良好改善。随着使用时间的增长,次数的增多,效果叠加,疗效更加确切”

---

[1] 参见广东省惠州仲恺高新技术产业开发区市场监督管理局行政处罚决定书,惠仲市监稽一处决字〔2020〕3 号。

"调免疫、调酸碱、调循环、调肠胃"等内容。但惠州市某某医疗器械有限公司未提供证据证明电位治疗仪(型号:WZK－901)有上述PPT宣传的功能及疗效。

2. 处罚结果

惠州仲恺高新技术产业开发区市场监督管理局认为,惠州市某某医疗器械有限公司的上述行为,违反《反不正当竞争法》第8条第1款的规定,构成了虚假宣传的行为。故依据《反不正当竞争法》第20条第1款的规定,责令惠州市某某医疗器械有限公司停止违法行为,并处罚款450,000元。

二、实务分析

医疗美容行业因涉及的宣传、广告模式相对于其他医疗服务更为多样和前沿,医疗美容求美者也不同于一般的患者、消费者,相关业务模式与互联网传播属性具有高度关联性,尤其是近几年,随着医疗美容行业的逐步兴起,一些医疗美容行业乱象丛生,如虚假宣传、夸大疗效等。为此,监管机关也一直将医疗美容行业的广告、宣传等规范,作为医疗行业相关规范的要务。

2022年10月13日,国家市场监督管理总局价格监督检查和反不正当竞争局发布了《医疗美容行业虚假宣传和价格违法行为治理工作指引》,主要依据《反不正当竞争法》《价格法》等法律、法规、规章明确列举了8项虚假宣传、6项价格违法行业及相应处罚依据,具体如下。

(一)防范医疗美容服务虚假宣传行为规范

医疗美容服务行业经营者应当严格遵守《反不正当竞争法》规定,不得在商业营销过程中,作虚假或者引人误解的商业宣传、欺骗、误导消费者或引人误解的商业宣传。欺骗误导消费者或者其他相关公众,损害消费者和其他经营者的合法权益,破坏公平竞争秩序。

(1)不得利用会议、讲座、电话、健康咨询、上门推销等途径,对医疗美容机构资质荣誉、医生资质资历、医疗美容产品及美容功效等内容,通过展示、演示、说明、解释或者推介等方式,进行虚假商业宣传。违者,依据《反不正当竞争法》有关规定予以查处。

(2)不得在经营场所内或宣讲会、推介会、展销会、展览会等场合,对医疗美容机构资质荣誉、医生资质资历、医疗美容产品及美容功效等内容，通过展示、演示、说明、解释或者推介等方式，进行虚假商业宣传。违者，依据《反不正当竞争法》有关规定予以查处。

(3)不得利用网站、自媒体等网络手段，对医疗美容机构资质荣誉、医生资质资历、医疗美容产品及美容功效等内容，通过展示、演示、说明、解释或者推介等方式，进行虚假商业宣传。违者，依据《反不正当竞争法》有关规定予以查处。

(4)不得通过虚假交易、组织虚假交易、虚构经营数据信息、虚假预定、虚假抢购等营销方式，进行虚假商业宣传。违者，依据《反不正当竞争法》有关规定予以查处。

(5)不得通过编造用户评价、利诱用户作出指定好评等方式，或者利用虚构收藏量、关注量、点赞量等流量数据方式，进行虚假商业宣传。违者，依据《反不正当竞争法》有关规定予以查处。

(6)不得通过平台推荐、网络文案、"种草笔记"等方式伪造"口碑"，或者利用直播带货、炮制话题、制造虚假舆论热点等方式，实施虚假营销互动。违者，依据《反不正当竞争法》有关规定予以查处。

(7)不得在医疗美容产品包装、标签或说明书中，对法律、行政法规规定必须标注内容之外的其他信息，进行虚假标注宣传。违者，依据《反不正当竞争法》有关规定予以查处。

(8)不得帮助他人实施上述虚假宣传行为。违者，依据《反不正当竞争法》有关规定予以查处。

(二)医疗美容服务价格行为规范

(1)医疗美容机构提供医疗美容服务时，应当在经营场所显著位置标示主要服务项目、服务内容和价格或计价方法，同时采用电子查询系统的方式进行明码标价。未按照规定明码标价的，依据《价格法》第 42 条予以查处。

(2)医疗美容机构通过微信公众号、网站等方式提供服务的，应当通过网络页面，以文字、图像等方式进行明码标价，且应与经营场所上价格公示一致。违者，依据《价格法》第 42 条予以查处。

(3)医疗美容机构提供医疗美容服务时，不得在标价之外加价，不得收取任何未予标明的费用。违者，依据《价格法》第 42 条予以查处。

(4)网络交易平台为医疗美容提供标价模板的,应当符合明码标价的规定。违者,依据《明码标价和禁止价格欺诈规定》第25条予以查处。

(5)医疗美容机构提供医疗美容服务时,不得采用划线价、低标高结、虚构原价、虚假打折等方式实施价格欺诈。违者,依据《价格法》第40条予以查处。

(6)医疗美容机构提供医疗美容服务时,不得采用低价耗材冒充高价耗材、多计耗材使用数量等方式违规收取费用;不得采用分解收费项目、重复收费、扩大范围收费、低价医药项目套用高价医药项目等方式变相提高收费标准。

《反不正当竞争法》第8条第1款规定:"经营者不得对其商品的性能、功能、质量、销售状况、用户评价、曾获荣誉等作虚假或者引人误解的商业宣传,欺骗、误导消费者。"第20条第1款规定:"经营者违反本法第八条规定对其商品作虚假或者引人误解的商业宣传,或者通过组织虚假交易等方式帮助其他经营者进行虚假或者引人误解的商业宣传的,由监督检查部门责令停止违法行为,处二十万元以上一百万元以下的罚款;情节严重的,处一百万元以上二百万元以下的罚款,可以吊销营业执照。"医疗美容机构在进行医疗美容服务活动中,尤其是进行广告推广、宣传的过程中,应当严格遵守《广告法》《反不正当竞争法》等法律法规,不得进行虚假宣传,否则应当承担相应的法律责任。

第四节 医疗美容机构发布医疗广告违法被行政处罚

一、典型案例

(一)蕲春县某氏口腔诊所发布医疗广告违法案[1]

1. 基本案情

蕲春县某氏口腔诊所自2020年9月9日经核准登记为个体工商户,从

[1] 参见湖北省蕲春县市场监督管理局行政处罚决定书,蕲市监处罚〔2023〕21号。

事提供口腔诊疗服务经营活动。2020 年 10 月 14 日,蕲春县某氏口腔诊所与某某信息技术(上海)有限公司签订《商户入驻服务合同》,在美团网和大众点评网某丙店上推出树脂补牙、喷砂洁牙、基础洗牙等科目,每年支付管理费用 5000 元。蕲春县某氏口腔诊所自 2020 年 10 月在美团网和大众点评网某丙店上推出医疗宣传活动,设计制作上述医疗广告在某丙店上发布。蕲春县某氏口腔诊所在其美团网和大众点评网某丙店上提供"喷砂洁牙"服务项目中购买须知页面有"1. 超声波洁牙和喷砂洁牙的区别,超声波洁牙主要是通过超声震动,将口腔大块牙结石震碎,能去除牙结石和色素,达到清洁牙齿的目的,在我国已用了数十年,作用可靠,效果肯定,喷砂洁牙不仅可以去除色素,把附着在牙齿表面上的菌斑、烟垢、茶垢及食物软垢清理干净,而且可以使牙面光滑,令牙齿非常光洁,以延缓菌斑和牙结石的附着,不易再次沉积牙结石;2. 喷砂洁牙 3 大优点,使用特殊喷砂颗粒,通过高压气枪将颗粒高速喷射到牙齿表面,从而达到去除牙齿表面烟斑、茶渍、咖啡渍等色素沉着,喷砂可以提高牙齿的光泽度,对牙齿的美观有一定帮助,喷过砂的牙齿非常光洁,不易再次沉积牙结石,所以洗牙和喷砂应结合进行;3. 喷砂,通过特制的盐加上高压水为牙齿做进一步的清洗,清除色素的效果比较不错"等内容,其宣传用语涉及喷砂洁牙医疗技术、诊疗方法和治疗功效等内容。因蕲春县某氏口腔诊所在美团网和大众点评网某丙店只显示当年的业务量,截至案发日,当年喷砂洁牙 21 例,诊疗收入 3300 元。

2. 处罚结果

蕲春县市场监督管理局认为,蕲春县某氏口腔诊所发布含有医疗技术、诊疗方法内容医疗广告的行为违反了《医疗广告管理办法》第 7 条"医疗广告的表现形式不得含有以下情形:(一)涉及医疗技术、诊疗方法、疾病名称、药物的……"的规定,构成了违规发布医疗广告的违法行为。依据《医疗广告管理办法》第 22 条"工商行政管理机关对违反本办法规定的广告主、广告经营者、广告发布者依据《广告法》、《反不正当竞争法》予以处罚,对情节严重,造成严重后果的,可以并处一至六个月暂停发布医疗广告、直至取消广告经营者、广告发布者的医疗广告经营和发布资格的处罚。法律法规没有规定的,工商行政管理机关应当对负有责任的广告主、广告经营者、广告发布者给予警告或者处以一万元以上三万元以下的罚款……"的规定处罚。蕲春县市场监督管理局于 2023 年 3 月 6 日作出行政处罚决定,决定对蕲春县某氏口腔诊所处以罚款 12,000 元。

(二)某某公司发布医疗广告违法案[1]

1. 基本案情

2023 年 4 月 10 日,兰州市城关区市场监督管理局(以下简称城关市监局)执法人员对某某公司微信公众号所发布的内容进行检查,发现某某公司的行为涉嫌违反《广告法》的相关规定。2023 年 4 月 24 日,城关市监局执法人员依法对某某公司经营场所进行检查,发现当事人大门左侧有三块广告牌,在最右侧广告牌中有"开展无创产前筛查、易感基因、肿瘤及靶向基因检测等,是全省开展基因检测项目数量最多、涉及范围最广、报告时间最快的健康体检中心"字样;在门口第一块广告牌中出现"同时某某中心嫁接影像诊断中心、病理诊断中心、医学检验实验室和某某集团等优势医疗资源,具有其他体检中心不可比拟的独特性、专业性、权威性和高端性"字样,认证主体为"某某公司"的微信公众号内也出现上述广告字样。城关市监局要求某某公司提供医疗广告审查证明,某某公司现场提供了有效期自 2018 年 7 月 2 日至 2019 年 7 月 1 日的医疗广告审查证明,无法提供检查时在有效期内的医疗广告审查证明。城关市监局制作了现场笔录并拍摄了照片。2023 年 4 月 27 日,城关市监局作出行政案件有关事项审批表。2023 年 5 月 15 日,城关市监局作出立案审批表,对某某公司涉嫌发布违法广告及未经审查发布医疗广告的行为予以立案调查。2023 年 6 月 9 日,城关市监局对某某公司委托代理人王某某进行了询问,并制作了询问笔录,在笔录中王某某认可了 2023 年 4 月 24 日城关市监局工作人员检查情况的真实性,并陈述该公司微信号为"×××y1"的微信公众号的"严防出生缺陷,NIPT 无创产前筛查"项下的"孕妈小课堂"中有"1. 严重遗传病是出生缺陷的主要原因,其新生儿发病率约为 2%,主要由染色体异常综合征(发病率约为 1.6%)和严重单基因病(发病率约为 0.4%)组成……4. 我国唐氏综合征发生率约为 14.7/万,每年新增 2.3 万~2.5 万例"内容;在"误区小课堂"下有"Q:胎儿染色体异常疾病发生率太低了,不必重视! A:每 160 个新生宝宝中,就有 1 个为染色体疾病患儿。实际上胎儿染色体非整倍体异常是临床上最常见的染色体疾

[1] 甘肃省兰州市城关区市场监督管理局行政处罚决定书,(兰城)市监罚〔2023〕424 号。

病，任何夫妇，各个年龄段的孕妇都有可能怀上患有染色体非整倍体的胎儿！Q：我年轻，不需要做产前筛查！A：统计数据表明，80%的唐氏儿是由年龄小于35岁的母亲生育的！现今我们生活工作压力越来越大，加上各种自身免疫疾病、遗传因素、病毒感染，长期在放射性或污染环境下工作等，使得怀上唐氏儿的孕妇越来越趋于年轻化”内容；在消息页面中“高灵敏检测助力××精准治疗”项下有“我国每年肝癌发生病例占全球肝癌发生病例的55%，其中80%～90%与乙型××病毒（HBV）感染慢性化有关。据估算我国现有慢性HBV感染者约9300万例，其中慢性乙型××患者约2000万例，××的防治已成为我国重大公共健康问题之一”内容。某某公司“宫颈癌筛查小常识”的宣传册中有“我国每年新发宫颈癌患者超过13万，死于宫颈癌患者超过8万”“人的一生中有80%的HPV感染风险，大部分人（80%）两年内可自动清除病毒”中的精准数据系从网络获取，因该公司工作人员法律意识淡薄，工作疏忽，未标明出处。2023年6月29日，城关市监局再次对王某某进行了询问，并制作了询问笔录，笔录中王某某陈述，该公司大门左侧三张宣传页应该是2023年年初制作，具体时间记不清，某某公司于2023年4月24日下午进行了拆除；“宫颈癌筛查小常识”宣传册大概是2022年6月印制的，总共30册左右，没有进行过发放，放置在该公司内部展架上；该公司微信公众号发布的医疗广告是该公司自己制作的，疫情原因医疗广告审查证明没有及时批复下来，2019年7月1日后该公司继续发布广告，现在该公司已经提交了审查资料；该公司因在微信公众号发布医疗广告自2017年至2022年每年向深圳市某某计算机系统有限公司信息技术服务微信平台交纳服务费300元，并向城关市监局提供了增值税发票佐证。

2. 处罚结果

2023年8月4日，城关市监局作出案件调查终结报告，建议给予某某公司以下行政处罚：（1）对某某公司涉嫌在广告中使用绝对化用语的违法行为罚款210,000元；（2）对某某公司涉嫌广告使用数据、统计资料、调查结果、文摘、引用语等引证内容未标明出处的违法行为，罚款10,000元；（3）对某某公司涉嫌未经审查发布医疗广告的违法行为，处广告费用两倍的罚款2400元。以上合计罚款222,400元，上缴国库。2024年1月2日，城关市监局向某某公司送达了行政处罚决定书。

（三）某医疗美容诊所发布医疗广告违法被处罚案〔1〕

1. 基本案情

某医疗美容诊所成立于2019年12月9日，经营范围为：医疗服务（依法须经批准的项目，经相关部门批准后方可开展经营活动），具备医疗机构执业许可。

2022年9月20日，患者蔡某某经抖音一个网红（陌生人）推荐去该诊所植发际线，后投诉称：(1)不按照其要求设计；(2)手术过程中，应该由医生操作的打孔过程却由护士操作，导致其对植发效果非常不满意；(3)隐瞒其的具体毛囊数量；(4)使用伪造的公章与其签订协议；(5)使用未注册的医疗器械给其实施手术。2023年3月31日，重庆市江北区市场监督管理局经查实认定上述事实。

2. 处罚结果

重庆市江北区市场监督管理局认为，某医疗美容诊所案例展示墙上张贴有8张患者治疗前后对比图，违反了《医疗广告管理办法》第7条"医疗广告的表现形式不得含有以下情形：……（六）利用患者、卫生技术人员、医学教育科研机构及人员以及其他社会社团、组织的名义、形象作证明的"的规定，作出行政处罚决定，决定对其罚款；某医疗美容诊所耗材柜内有未经注册的医疗器械1支，决定没收该器械并处罚款。

二、实务分析

针对医疗美容行业发展过程中的乱象，尤其是某些机构违法违规发布医疗美容广告，误导求美者或消费者的行为，如违背社会良好风尚，制造"容貌焦虑"，或将容貌不佳与"低能""懒惰""贫穷"等负面评价因素做不当关联，或将容貌出众与"高素质""勤奋""成功"等积极评价因素做不当关联。为规范和加强医疗美容广告监管，有效维护医疗美容广告市场秩序，保护消费者合法权益，依据《广告法》《医疗广告管理办法》等法律、法规和规章的规定，国家市场监督管理总局于2021年11月1日发布了《医疗美容广告执法指南》，主要内容如下。

---

〔1〕 参见重庆市江北区市场监督管理局行政处罚决定书，渝江北市监处字〔2023〕113号。

本指南旨在向地方各级市场监管部门提示医疗美容广告监管工作中需要重点关注的问题，为地方各级市场监管部门加强医疗美容广告监管工作提供指引。

本指南所称医疗美容，是指运用手术、药物、医疗器械以及其他具有创伤性或者侵入性的医学技术方法对人的容貌和人体各部位形态进行的修复与再塑。本指南所称医疗美容广告，是指通过一定媒介或者形式直接或间接介绍美容医疗机构或者医疗美容服务的商业广告。

医疗美容广告属于医疗广告，广告主必须依法取得医疗机构执业许可证才能发布或者委托发布医疗美容广告。广告主发布医疗美容广告，必须依法取得医疗广告审查证明；广告经营者、广告发布者设计、制作、代理、发布医疗美容广告必须依法查验医疗广告审查证明，并严格按核准内容发布。

美容医疗机构依据《消费者权益保护法》《电子商务法》等法律法规及国务院卫生健康行政部门规定的内容、形式和途径主动公开医疗美容服务信息，不具有商业目的，一般不视为商业广告行为。

市场监管部门依法整治各类医疗美容广告乱象，着力解决危害性大、群众反映集中的问题，对以下情形予以重点打击：(1)违背社会良好风尚，制造“容貌焦虑”，将容貌不佳与“低能”“懒惰”“贫穷”等负面评价因素做不当关联或者将容貌出众与“高素质”“勤奋”“成功”等积极评价因素做不当关联；(2)违反药品、医疗器械、广告等法律法规规定，对未经药品管理部门审批或者备案的药品、医疗器械作广告；(3)宣传未经卫生健康行政部门审批、备案的诊疗科目和服务项目；(4)宣传诊疗效果或者对诊疗的安全性、功效做保证性承诺；(5)利用行业协会以及其他社会社团或组织的名义、形象作证明，使用患者名义或者形象进行诊疗前后效果对比或者作证明；(6)利用广告代言人为医疗美容做推荐、证明。医疗美容广告中出现的所谓“推荐官”“体验官”等，以自己名义或者形象为医疗美容做推荐证明的，应当被认定为广告代言人；(7)以介绍健康、养生知识、人物专访、新闻报道等形式变相发布医疗美容广告；(8)对食品、保健食品、消毒产品、化妆品宣传与医疗美容相关的疾病治疗功能；(9)其他违反广告法律法规规定，严重侵害群众权益的行为。

市场监管部门在医疗美容广告监管过程中，发现从事医疗美容活动的机构未取得执业许可或未经过备案的,以及生活美容机构等非医疗机构开展医疗美容广告宣传的,要及时通报同级卫生健康行政部门。

市场监管部门在医疗美容广告监管过程中,发现相关广告主未取得医疗广告审查证明或者未按医疗广告审查证明内容发布医疗广告的,依照《广告法》处理的同时,要通报同级卫生健康行政部门。

医疗美容广告中涉及“医生”“专家”的,市场监管部门应注意以下情形:

(1)医疗美容广告中出现的卫生技术人员、医疗教育科研机构及其人员的名义、形象属实的,应认定为使用医生或者专业人士为医疗广告代言的广告违法行为。

(2)广告中将未依法取得医师执业资格或医疗教育、科研相关职称的人宣称为“医生”“医学专家”等医学专业人士,足以误导消费者认为其属于医生等专业人士的,应认定为虚假医疗美容广告。相关人员涉嫌非法行医的,要及时通报同级卫生健康行政部门。

(3)对卫生技术人员、医疗教育科研人员的专访、专题报道中出现有关美容医疗机构的地址和联系方式等内容的,应认定为以介绍健康、养生知识、人物专访、新闻报道等形式变相发布医疗美容广告。

各级市场监管部门在医疗美容广告监管过程中,发现相关违法行为涉嫌犯罪的,依照有关规定移送公安机关。

各级市场监管部门要指导、督促网络平台建立健全内部审核机制,在广告发布、提供互联网信息服务过程中,拦截违法违规医疗美容广告宣传信息。网络平台经营者未依法履行平台责任的,市场监管部门依法从严查处。

医疗美容机构常用的宣传推广方法是发布医疗广告,在进行宣传推广中,应当严格依法依规开展相关广告活动,否则应当承担相应的法律责任。

第五节　非医师行医被行政处罚

一、典型案例

（一）张某未取得医师资格证书、医师执业证书从事医疗美容活动案〔1〕

1. 基本案情

2023年9月11日，遂昌县卫生健康局执法人员接到12345平台举报，张某多次在宾馆等地为举报人开展脸部产品注射，现举报人眼部周围凹凸不平，请求相关部门核实处理。遂昌县卫生健康局于2023年9月18日立案调查。张某供认自己未取得医师资格证书、医师执业证书，于2023年5月5日至7月30日为顾客开展脸部提升、皮膜、眼部去皱项目。

2. 处罚结果

鉴于张某的行为违反《医疗美容服务管理办法》第14条、《医师法》第13条第4款，已构成非医师行医的违法事实。根据《医师法》第59条，结合《浙江省卫生行政处罚自由裁量基准》的规定，遂昌县卫生健康局作出行政处罚决定，决定对张某处罚如下：(1)没收违法所得1100元；(2)罚款2万元。

（二）德宏某某商贸有限公司使用非医师从事医疗美容服务案〔2〕

1. 基本案情

德宏某某商贸有限公司于2022年7月31日至8月3日存在在未取得医疗机构执业许可证的情况下聘用未取得医师资格证书、医师执业证书的人员许某留、杨某花、李某团、钱某石通过使用牙签和滚针对顾客赵某某面部皮肤实施侵入性操作来促使化妆品的吸收达到面部祛斑效果的医疗美容服务的违法事实，其违法所得共计10,313元。

---

〔1〕 参见浙江省遂昌县卫生健康局行政处罚决定书，遂卫医罚〔2023〕18号。

〔2〕 参见云南省芒市卫生健康局行政处罚决定书，芒卫医罚〔2023〕05号。

2. 处罚结果

经芒市卫生健康局认定：德宏某某商贸有限公司的行为违反了《医疗美容服务管理办法》第 23 条、《医疗机构管理条例》第 23 条，依据《医疗机构管理条例》第 43 条第 1 款、《基本医疗卫生与健康促进法》第 99 条第 1 款的规定，对德宏某某商贸有限公司作出行政处罚决定，决定没收违法所得 5757 元，并处违法所得 10,313 元 8 倍的罚款，即 82,504 元。

二、实务分析

非医师行医的违法行为，一般是指机构未取得医疗机构执业许可证或从业人员未取得医师资格证、医师执业证而从事医疗美容服务。非医师行医严重危害人民群众的生命健康安全，严重扰乱正常的医疗秩序，严重影响卫生健康事业的健康发展，是医疗卫生行业中极大的安全隐患。打击非医师行医，对于保障人民群众的身体健康和生命安全，促进卫生健康事业的发展，维护社会稳定都具有重大意义。

我国《医师法》第 13 条第 4 款规定："未注册取得医师执业证书，不得从事医师执业活动。"国家中医药管理局办公室、原国家卫生和计划生育委员会办公厅《关于打击非法行医专项行动中有关中医监督问题的批复》第 1 条规定："中医诊疗活动是以疾病诊断和治疗为目的，在中医理论指导下通过各种检查，使用药物、技术、器械及手术等方法，对疾病作出判断和消除疾病、缓解病情、减轻痛苦、改善功能、延长生命、帮助患者恢复健康的活动。"第 2 条规定："非医疗机构及其人员在经营活动中不得使用针刺、瘢痕灸、发泡灸、牵引、扳法、中医微创类技术、中药灌洗肠以及其他具有创伤性、侵入性或者高危险性的技术方法；不得开具药品处方；不得宣传治疗作用；不得给服务对象口服不符合《既是食品又是药品的物品名单》、《可用于保健食品的物品名单》规定的中药饮片或者《保健食品禁用物品名单》规定禁用的中药饮片。对违反该规定的行为，应当按照《医师法》、《医疗机构管理条例》等有关法律法规进行处理。涉嫌犯罪的，依法移送司法机关。"《医疗美容服务管理办法》第 23 条规定："任何单位和个人，未取得《医疗机构执业许可证》并经登记机关核准开展医疗美容诊疗科目，不得开展医疗美容服务。"

"爱美之心，人皆有之。"在此，也特别提醒广大消费者，追求美丽的同时，一定要注意健康安全。医疗美容不是普通服务项目，爱美人士一定要理性选择正规美容医疗机构接受服务。千万不要被一些违法提供医疗美容服务的机构或个人所欺骗,造成人身健康损害和财产损失。作为医疗美容机构,应当依法依规执业,把好机构设置、从业人员、药械管理、运营营销等管理关,尤其是做好接诊人员、导医等的业务、法律法规培训工作,切实避免经营过程中的法律风险。

附录 1　医疗美容消费服务合同*

附录 2　医疗美容病历范本

* 因篇幅所限,附录 1、附录 2 可扫描本页的二维码阅读。

参考文献

[1]白玉洁:《医疗美容纠纷法律问题研究——以三个案例为视角》,贵州民族大学 2021 年硕士学位论文。

[2]蔡琦:《违约精神损害赔偿制度研究》,延边大学 2021 年硕士学位论文。

[3]付雪:《医疗美容纠纷的法律适用问题研究》,辽宁科技大学 2023 年硕士学位论文。

[4]哈书菊、刘沫含:《论医疗美容的法律风险及其规范管理》,载《齐齐哈尔大学学报(哲学社会科学版)》2022 年第 8 期。

[5]贺惠慧:《非治疗性医疗美容行为的消法适用研究》,湘潭大学 2020 年硕士学位论文。

[6]华蓉:《医疗美容纠纷相关法律问题研究》,延边大学 2021 年硕士学位论文。

[7]赖红梅:《医疗损害责任纠纷研究》,武汉大学出版社 2021 年版。

[8]罗书平、陈敏:《消费者维权诉讼案例法律适用指引》,中国民主法制出版社 2023 年版。

[9]乔子怡:《我国医疗美容侵权损害赔偿问题研究》,天津商业大学 2022 年硕士学位论文。

[10]邱次珍:《医疗美容纠纷法律适用问题研究》,江西理工大学 2023 年硕士学位论文。

[11]任明艳:《民法典中违约精神损害赔偿新规探析》,载《人民法院报》2021 年 1 月 7 日,第 7 版。

[12] 宋健文、刘斌、周旭文:《医疗美容纠纷司法鉴定若干问题的研究》,载《中国卫生法制》2023 年第 4 期。
[13] 孙晓庆:《医疗美容纠纷中患方的权利保护研究》,华北理工大学 2023 年硕士学位论文。
[14] 唐玉洁:《医疗美容侵权诉讼举证责任问题研究》,湖南师范大学 2020 年硕士学位论文。
[15] 夏晓宇:《论医疗美容纠纷的消费者保护路径》,载《中国政法大学学报》2021 年第 2 期。
[16] 肖曼婷:《医疗美容损害法律问题探究》,贵州大学 2022 年硕士学位论文。
[17] 谢龙婷、吴阅莹、梅达成:《医疗美容纠纷的法律问题分析》,载《医学与法学》2020 年第 1 期。
[18] 姚璇:《医疗美容领域消费者权益保护探究》,载《中国市场监管研究》2023 年第 12 期。
[19] 张钦润、吕子瑛:《医疗美容纠纷的法律适用问题研究》,载《中国卫生法制》2021 年第 6 期。
[20] 周舒奕:《医疗美容纠纷适用消费者权益保护法的法律问题研究》,南京航空航天大学 2020 年硕士学位论文。
[21] 卢意光、魏俊璟:《医疗机构及医药企业法律风险管理实务》,中国法制出版社 2016 年版。

后　记

经历了十多年的医师执业生涯后，因儿时的梦想，我转行开始了律师执业，一晃又过了十余载。在医事法律实务办理过程中，也积累了些许经验，总觉得应当留下点什么。于是乎，经过了近两年的资料收集、整理分析后，拙作终于完稿。

在律师行业迅速发展的今天，专业化已成为一名执业律师生存、发展的立身之本。如何实现专业化，如何成为专业律师，本书或可抛砖引玉。在为医疗美容机构合规执业提供参考的同时，也能为有志于专业化的年轻律师贡献思路，汲取精华，则善莫大焉！吾等也甚幸也。

因医疗美容行业的特殊性，我国法律法规规定了比普通医疗机构更严格的准入条件。然而从我国医疗美容机构的实际发展历程来看，最早多是从生活美容机构诸如美容院等发展而来，加之在发展初期的以趋利性为主，医疗管理不规范，从业人员水平也参差不齐，病历书写不规范，有的甚至根本没有病历留存，导致医疗纠纷不断。所以规范医疗美容行业发展，对医美机构进行精细化和规范化管理尤为关键，合规执业也是势在必行。本书针对医疗美容机构执业中的不足提出了诸多有利建议，助力相关机构坚持合规导向，规避纠纷发生。

随着医疗美容行业的规范化和资本的投入，医疗美容机构发展迅速，全国各地也相继出台相应措施支持医疗美容行业的发展。如深圳，早在2021年7月，深圳市就发布了《关于促进消费扩容提质创造消费新需求的行动方案(2021—2023年)》，方案提出，扩大高水平医疗健康服务供给，推进深港澳跨境医疗服务衔接，探索允许特定医疗机构进口临床急需、在境外获批的药品和医疗器械，支持医疗美容机构集团化发展，打造全国领先、全球知名的"医美之都"。期望医疗美容行业能在国家政策法规加持下稳步、良性发展，让求美、爱美之人都能放心地去追求美！

最后，我要特别感谢健君医药健康律师团队成员刘藕英律师、黄淳芝律师等为本书编辑、书写了部分章节并提供了全书校对；感谢利格尔企业管理咨询（深圳）有限公司总经理彭程为本书提供了资料检索、收集整理等工作；还要感谢法律出版社的编辑们，为本书认真勘误校正。因为有你们的辛劳和付出，才使本书得以顺利出版。

真诚希望本书能对您或您的机构执业有所帮助！如需进一步与我们联系，可关注健君医药健康律师团队微信公众号"健君医法"，期待与您沟通、交流。

彭建军

2025 年 5 月 8 日